国务院参事室
中央文史研究馆　编

———

袁行霈　王仲伟　陈进玉　主编

中华传统文化经典百篇

下

中华书局

论衡·自纪篇

〔东汉〕王充

【题解】

　　王充（27—97？）字仲任，会稽上虞（今属浙江）人。少孤，乡里称孝。后到京师，受业太学，师事班彪，好博览，博通众流百家之言。学成，归乡里，屏居教授。后仕为州从事，议事不合，辞职家居。章帝特诏公车征，病不行。和帝永元中，卒于家。著有《论衡》八十五篇。《后汉书》卷四九有传。

　　王充著作多已散佚，唯有《论衡》（今本八十四篇）独存。有研究者认为今本《论衡》中可能杂有其他著作的内容。如《自纪篇》所说，《论衡》乃因"伤伪书俗文，多不实诚"而作，针对当时庸俗的社会风气及对历史典章进行辨析批判，其内容总括"上自黄、唐，下臻秦、汉而来"的天文地理、典章制度、经传文章，"折衷以圣道，析理于通材"，体现了王充高度的历史责任感、博学淹通的识见和卓然独立的人格魅力。书中名句"知屋漏者在宇下，知政失者在草野"，充分显示了他"问政于民，问需于民，问计于民"的求真务实的精神。《自纪篇》既是《论衡》的自序，也是王充的自传，全文甚长，这里只节选其叙论为人处世及发愤著书的部分章节。

充既疾俗情[1]，作《讥俗》之书；又闵人君之政[2]，徒欲治人，不得其宜，不晓其务，愁精苦思，不睹所趋，故作《政务》之书。又伤伪书俗文[3]，多不实诚，故为《论衡》之书。夫贤圣殁而大义分，蹉跎殊趋，各自开门。通人观览，不能钉铨[4]。遥闻传授[5]，笔写耳取，在百岁之前。历日弥久，以为昔古之事，所言近是，信之入骨。不可自解，故作实论。其文盛，其辩争，浮华虚伪之语，莫不澄定。没华虚之文，存敦庬之朴[6]；拨流失之风，反宓戏之俗[7]。

充书形露易观。或曰："口辩者其言深，笔敏者其文沉。案经艺之文，贤圣之言，鸿重优雅，难卒晓睹[8]。世读之者，训古乃下[9]。盖贤圣之材鸿，故其文语与俗不通。玉隐石间，珠匿鱼腹，非玉工珠师，莫能采得。宝物以隐闭不见，实语亦宜深沉难测。《讥俗》之书，欲悟俗人，故形露其指[10]，为分别之文；《论衡》之书，何为复然？岂材有浅极[11]，不能为深覆。何文之察与彼经艺殊轨辙也？"答曰：玉隐石间，珠匿鱼腹，故为深覆。及玉色剖于石心，珠光出于鱼腹，其犹隐乎？

吾文未集于简札之上，藏于胸臆之中，犹玉隐珠匿也；及出荴露[12]，犹玉剖珠出乎！烂若天文之照，顺若地理之晓，嫌疑隐微，尽可名处，且名白，事自定也。

《论衡》者，论之平也[13]，口则务在明言，笔则务在露文。高士之文雅，言无不可晓，指无不可睹。观读之者，晓然若盲之开目，聆然若聋之通耳。三年盲子，卒见父母[14]，不察察相识，安肯说喜[15]？道畔巨树，堑边长沟，所居昭察，人莫不知。使树不巨而隐，沟不长而匿，以斯示人，尧、舜犹惑。人面色部七十有馀[16]，颊肌明洁，五色分别[17]，隐微忧喜，皆可得察，占射之者[18]，十不失一[19]。使面黝而黑丑，垢重袭而覆部[20]，占射之者，十而失九。夫文由语也[21]，或浅露分别，或深迂优雅，孰为辩者？故口言以明志，言恐灭遗[22]，故著之文字。文字与言同趋[23]，何为犹当隐闭指意？狱当嫌辜[24]，卿决疑事，浑沌难晓，与彼分明可知，孰为良吏？夫口论以分明为公，笔辩以荴露为通，吏文以昭察为良。深覆典雅，指意难睹，唯赋颂耳[25]！经传之文，贤圣之语，古今言殊，四方谈异也。当言事时，非务难知，使指意闭隐也。后人不晓，世相离远，此名曰语异，不名曰材鸿。浅文读之难晓，名曰不巧，不名曰知明。秦始皇读韩非之书[26]，叹曰："犹独不得此人同时。"其文可晓，故其事可思。如深鸿优雅，须师乃学，投之于地，何叹之有？夫笔著者，欲其易晓而难为，不贵难知而易造，口论务解分而可听，不务深迂而难睹。孟子相贤，以眸子明瞭者，察文以义可晓。

充书违诡于俗[27]。或难曰："文贵夫顺合众心，不违人意，百人读之莫谴，千人闻之莫怪。故管子曰：'言室满室[28]，言堂满堂。'今殆说不与世同，故文刺于俗[29]，不合于众。"答曰：论贵是而不务华[30]，事尚然而不高合[31]。论说辩然否，安得不谲常心、逆俗耳[32]？众心非而不从，故丧黜其伪，而存定其真。如当从众顺人心者，循旧守雅，讽习而已，何辩之有？孔子侍坐于鲁哀公，公赐桃与黍，孔子先食黍而后啖桃[33]，可谓得食序矣。然左右皆掩口而笑，贯俗之日久也。今吾实犹孔子之序食也；俗人违之，犹左右之掩口也。善雅歌于郑为人悲；礼舞于赵为不好。尧、舜之典，伍伯不肯观[34]；孔、墨之籍，季、孟不肯读[35]。宁危之计，黜于闾巷；拨世之言，訾于品俗。有美味于斯，俗人不嗜，狄牙甘食。有宝玉于是，俗人投之，卞和佩服。孰是孰非，可信者谁？礼俗相背，何事不然？鲁文逆祀[36]，畔者三人，盖独是之语，高士不舍，俗夫不好；惑众之书，贤者欣颂，愚者逃顿[37]。

充书不能纯美。或曰："口无择言[38]，笔无择文。文必丽以好，言必辩以巧。言瞭于耳，则事味于心[39]；文察于目，则篇留于手。故辩言无不听，丽文无不写。今新书既在论譬，说俗为戾，又不美好，于观不快。盖师旷调音，曲无不悲；狄牙和膳，肴无澹味。然则通人造书[40]，文无瑕秽。《吕氏》、《淮南》悬于市门[41]，观读之者无訾一言。今无二书之美，文虽众盛，犹多谴毁。"答曰：夫养实者不育华，调行者不饰辞[42]。丰草多华英，茂林多枯枝。为文欲显白其为，安能令文而无谴毁？救火拯溺，义不得好；辩论是非，言不得巧。入泽随龟[43]，不暇调足[44]；深渊捕蛟，不暇定手。言奸辞简[45]，指趋妙远；语甘文峭[46]，务意浅小。稻谷千锺[47]，糠皮太半；阅钱满亿[48]，穿决出万。大羹必有澹味[49]，至宝必有瑕秽，大简必有大好，良工必有不巧。然则辩言必有所屈，通文犹有所黜。言金由贵家起，文粪自贱室出。《淮南》、《吕氏》之不无累害，所由出者，家富官贵也。夫贵，故得悬于市；富，故有千金副[50]。观读之者，惶恐畏忌，虽见乖不合，焉敢谴一字？

充书既成，或稽合于古[51]，不类前人。或曰："谓之饰文偶辞，或径或迂，或屈或舒。谓之论道，实事委璅[52]，文给甘酸[53]，谐于经不验，集于传不合，稽之子长不当[54]，内之子云不入。文不与前相似，安得名佳好，称工巧？"答曰：饰貌以强类者失形，调辞以务似者失情。百夫之子，不同父母，殊类而生，不必相似，各以所禀，自为佳好。文必有与合然后称善，是则代匠斫不伤手[55]，然后称工巧也。文士之务，各有所从，或调辞以巧文，或辩伪以实事。必谋虑有合，文辞相袭，是则五帝不异事，三王不殊业也。美色不同面，皆佳于目；悲音不共声，皆快于耳。酒醴异气，饮之皆醉；百谷殊味，食之皆饱。谓文当与前合[56]，是谓舜眉当复八采，禹目当复重瞳。

充书文重[57]。或曰："文贵约而指通，言尚省而趋明。辩士之言要而达，文人之辞寡而章。今所作新书，出万言，繁不省，则读者不能尽；篇非一，则传者不能领。被躁人之名[58]，以多为不善。语约易言，文重难得。玉少石多，多者不为珍；龙少鱼众，少者固为神。"答曰：有是言也。盖要言无多[59]，而华文无寡。为世用者，百篇无害；不为用者，一章无补。如皆为用，则多者为上，少者为下。累积千金，比于一百，孰为富者？盖文多胜寡，财富愈贫。世无一卷，吾有百篇；人无一字，吾有万言，孰者为贤？今不曰所言非而云泰多，不曰世不好善而云不能领，斯盖吾书所以不得省也。夫宅舍多，土地不得小；户口众，簿籍不得少。今失实之事多，华虚之语众，指实定宜，辩争之言，安得约径？韩非之书，一条无异[60]，篇以十第，文以万数。夫形大，衣不得褊[61]；事众，文不得褊。事众文饶，水大鱼多。帝都谷多，王市肩磨。书虽文重，所论百种。按古太公望，近董仲舒，传作书篇百有馀，吾书亦才出百，而云泰多，盖谓所以出者微[62]，观读之者不能不谴呵也[63]。河水沛沛，比夫众川，孰者为大？虫茧重厚，称其出丝，孰为多者？

《论衡校释》卷三〇

【注释】

[1]疾：痛恨。　　[2]闵：忧虑。　　[3]伤：痛心，痛恨。　　[4]钉铨（quán 全）：订正谬误，衡量斟酌。　　[5]"遥闻传授"二句：指那些久远的传说代代相传，后来有被记录下来的，还有被口耳相传的。　　[6]敦厐（máng 忙）：敦厚。　　[7]反宓（fú 扶）戏之俗：恢复纯朴的习俗。反，同"返"，恢复。宓戏，也写作"伏羲"，上古伏羲氏时代，这里指纯朴的习俗。　　[8]难卒晓睹：很难一下子读懂。卒，同"猝"，仓促。　　[9]训古乃下：这里是说必须靠注释才能读得下去。训古，即训诂，对古书的字句加以注释。　　[10]"故形露其指"二句：指，通"旨"，主旨，用意。分别，分明，通俗易懂。　　[11]"岂材有浅极"二句：难道是才能浅薄到了极点，根本写不出深刻的东西来？　　[12]获（fū 夫）露：散布，散发。　　[13]平：权衡，评判。　　[14]卒：同"猝"，仓猝。　　[15]说：同"悦"。　　[16]人面色部七十有馀：看相的把人的面部颜色分成七十多个部分。　　[17]五色：指青、赤、白、黄、黑五色。　　[18]占射之者：指看相的人。《论衡·骨相篇》："人命禀于天，则有表候于体，察表候以知命，犹察斗斛以知容矣。"　　[19]十不失一：这里指看相的准确度达到百分之九十以上。　　[20]覆部：遮盖住

脸上的色部。　　[21]由：通"犹"。　　[22]灭遗：消失遗忘。　　[23]同趋：同一个道理。　　[24]狱当嫌辜：办案的人判断嫌疑与犯罪。　　[25]赋颂：汉代盛行的两种文体。刘勰《文心雕龙》说："赋者，铺也，铺采摛文，体物写志也"，"颂惟典雅，辞必清铄。"　　[26]"秦始皇读韩非之书"三句：《史记·老子韩非列传》："人或传其书至秦。秦王见《孤愤》、《五蠹》之书，曰：'嗟乎，寡人得见此人与之游，死不恨矣。'"　　[27]违诡：违反。　　[28]"言室满室"二句：见《管子·牧民》。指无论在何处讲话，都能得到大家的赞赏。　　[29]剌（là 辣）：违背，违反。　　[30]是：正确。华：浮华。　　[31]然：是，正确。高合：以符合世俗的观点为高。　　[32]谲（jué 决）：违反，迥异。　　[33]孔子先食黍而后啖桃：《孔子家语·子路初见》记载，孔子见鲁哀公，获赐桃和黍，孔子先食黍而后食桃，众人不解，孔子说黍为五谷之长，而桃为下品，如黍用来擦拭桃毛，则有害于义。　　[34]伍伯：指伍长之类的平常人。　　[35]季、孟：刘盼遂认为，季、孟，犹言张三、李四，与伍伯间巷俗人并列。　　[36]"鲁文逆祀"二句：《春秋公羊传》定公八年："文公逆祀，去者三人。定公顺祀，叛者五人。"意思是说，鲁文公祭祀祖先，先祭祀近宗后祭祀远祖，有人认为于礼不合，就离开了他。　　[37]逃顿：逃遁。　　[38]择：同"斁（dù 杜）"，败坏。　　[39]味：仔细推究。　　[40]通人：通达事理、无所遮蔽之人。　　[41]"《吕氏》、《淮南》悬于市门"二句：《史记·吕不韦列传》说，吕不韦使其门客著成《吕氏春秋》，布陈于咸阳，请游士宾客阅读，有能增损一字者，赏千金。"一字千金"之典出于此。又史书记载，汉淮南王尝聘天下变通者以著篇章，书成后亦如法布陈于市。　　[42]调行者不饰辞：修养操行者不在言辞上下工夫。调，调理，修养。　　[43]随：逐。　　[44]调：选择，计度。　　[45]"言奸辞简"二句：语言虽直率简约，旨趣却高妙深远。奸，犯，引申为直率意。指趋，旨趣。　　[46]"语甘文峭"二句：作品语言美妙峻峭，意义却浅薄细小。甘，美。峭，高。 [47]锺：汉朝时，十斗为一斛，十斛为一锺。 [48]"阅钱满亿"二句：用绳穿过钱孔而溃决者在万次以上，谓不能提纲挈领、意义深刻。 [49]大羹：太羹，不调五味之羹。 [50]副：相称，指一字千金的文章。 [51]稽合于古：考合于古。 [52]委璅（suǒ 琐）：委琐，琐碎。本段"或曰"以下几句都是对《论衡》的文风所发的议论。 [53]文给甘酸：文章充满了不合口味的杂质。 [54]"稽之子长不当"二句：子长，司马迁，字子长，这里指史传作者。子云，扬雄，字子云，这里指子书经传作者。 [55]代匠斫（zhuó 浊）不伤手：《老子》第七十四章："夫代大匠斫者，希有不自伤其手。" [56]"谓文当与前合"三句：要求作文章应与前代的人相似，就好比要求舜的眉毛像尧一样有八种风采，要求禹的眼睛像舜一样有重瞳。《论衡·骨相篇》："尧眉八采，舜目重瞳。" [57]重：繁多。 [58]躁人：轻狂浮躁之人。人或以为王充好辩言诡，所以被污为"躁人"。这也与上文提及的他的父辈性情相似。本段"或曰"以下几句仍是他人指摘《论衡》一书的话。 [59]要：原本作"寡"。刘盼遂认为"寡"当是"要"之形误，"要言无多"与"华文无寡"为对文。据改。 [60]一条无异：谓皆是法家治国言论。 [61]褊（biǎn 贬）：衣服狭小，这里指狭小。 [62]出者微：指自己出身于细族孤门。 [63]谴呵：一作"谴诃"，谴责呵斥。

【解析】

《自纪篇》是《论衡》的最后一篇，可视为王充的学术自传，为文专擅论辩，从侧面显示了东汉时期的社会、文化风气。

王充为人不喜世俗，清高稳重，能够坦然面对外界的误解和非议。所谓"浩然恬忽，无所怨尤"，充分体现了他对当时社会文化氛围中老庄思想的吸纳。他不在乎外在的名相和权势等级，而安于知命、发奋学习。王充谈论自己的著作，内容有三个方面：第一，因为非常痛恨当时世俗的趋炎附势、平庸无能，他创作了《讥俗》、《节义》十二篇，"冀俗人观书而自觉"，因为是给世俗之人看，所以文风浅露，"贤圣铨材之所宜，故文能为深浅之差"。第二，他担忧当世君王只想着统治百姓，而没有相宜的办法，所以作《政务》。第三，又遗憾"伪书俗文，多不实诚"，所以创作了《论衡》。他认为，随着历史的变迁，百年前的文章传说都渐渐被分解、谬断，而人们却信以为真，迷乱好古，所以他作此书以"拨流失之风，反宓戏之俗"。

接下来，他用对答的论辩方式谈自己的著作，尤其是《论衡》的风格特点，他提倡明白晓畅的文风，指出不同的文体的特点，区分了辩论文、吏文（公文）、赋颂等文体的语言风格。而《论衡》是明辨求实之作，自然应当"务解分而可听"。他还认为，为文如果顺从世俗的眼光，往往容易偏离真理，"论贵是而不务华，事尚然而不高合"，应当改变论说文中芜杂奢靡的文风，不抄袭古人，"各以所禀，自为佳好"。

《自纪篇》显示了王充在精神和人格上的独立品格，以及独立思考和批判精神。在王充身上，我们既能看到道家老庄思想恬忽静怡的特点，同时也能看到儒家思想中济世救弊的情感，以及求真务实、不迷信、不盲目好古的怀疑精神和创造力。这些对我们都有所启发。

说文解字叙

〔东汉〕许慎

【题解】

许慎（58?—147?）字叔重，汝南召陵（今河南郾城东）人。师从古文经学大师贾逵，又校书于"东观"（东汉皇家图书馆），得见秘籍，被誉为"五经无双许叔重"。许慎最初在汝南郡做功曹，后被推举为孝廉，之后又任太尉府的南阁祭酒。《后汉书》卷七九有传。和帝永元十二年（100），许慎开始作《说文解字》（以下简称《说文》），至安帝建光元年（121），因病居家，于病中遣其子许冲进上，前后二十多年，花费了半生心血。许慎之所以作《说文》，是与两汉时期经今古文之争分不开的。古文、今文本来是汉代儒家经典两种不同的传本，但由于依据、解说、观点、研究方法等方面的不同，发展成为两个不同的学术派别。东汉中叶，正是古文经学的全盛时期。古文经学家为了压倒今文经学，提出应该重视文字训诂学，认为只有准确地分析字形、解释词义，才能准确地解释六艺群书，发扬"五经之道"。正是在这样的政治思想和学术风气下，许慎完成了《说文》的创作。后世研究《说文》的著述很多，其中以清段玉裁《说文解字注》为善，这篇叙即据段注本录入。

　　古者庖牺氏之王天下也[1]，仰则观象于天[2]，俯则观法于地[3]，视鸟兽之文与地之宜[4]，近取诸身，远取诸物，于是始作《易》八卦，以垂宪象[5]。及神农氏[6]，结绳为治[7]，而统其事，庶业其繁，饰伪萌生。黄帝之史仓颉[8]，见鸟兽蹄远之迹[9]，知分理之可相别异也，初造书契。百工以乂[10]，万品以察，盖取诸《夬》[11]。"夬[12]，扬于王庭。"言文者宣教明化于王者朝廷[13]，君子所以施禄及下，居德则忌也。仓颉之初作书，盖依类象形[14]，故谓之文。其后形声相益[15]，即谓之字。文者，物象之本；字者，言孳乳而浸多也[16]。著于竹帛谓之书[17]，书者，如也。以迄五帝三王之世[18]，改易殊体[19]，封于泰山者七十有二代[20]，靡有同焉。

　　《周礼》：八岁入小学[21]，保氏教国子[22]，先以六书[23]。一曰指事。指事者[24]，视而可识，察而见意，"二"、"二"是也。二曰象形。象形者[25]，画成其物，随体诘诎，"日"、"月"是也。三曰形声。形声者[26]，以事为名，取譬相成，"江"、"河"是也。四曰会意。会意者[27]，比类合谊，以见指㧑，"武"、"信"是也。五曰转注。转注者[28]，建类一首，同意相受，"考"、"老"是也。六曰假借。假借者[29]，本无其字，依声讬事，"令"、"长"是也。

及宣王大史籀著大篆十五篇[30]，与古文或异[31]。至孔子书"六经"[32]，左丘明述《春秋传》[33]，皆以古文，厥意可得而说[34]。其后诸侯力政[35]，不统于王，恶礼乐之害己，而皆去其典籍，分为七国，田畴异亩[36]，车涂异轨，律令异法，衣冠异制，言语异声，文字异形。

秦始皇帝初兼天下，丞相李斯乃奏同之[37]，罢其不与秦文合者[38]。斯作《仓颉篇》[39]，中车府令赵高作《爰历篇》，大史令胡母敬作《博学篇》，皆取史籀大篆，或颇省改，所谓小篆者也[40]。是时秦烧灭经书，涤除旧典，大发吏卒[41]，兴戍役，官狱职务繁。初有隶书[42]，以趣约易[43]，而古文由此绝矣。

自尔秦书有八体：一曰大篆，二曰小篆，三曰刻符[44]，四曰虫书[45]，五曰摹印[46]，六曰署书[47]，七曰殳书[48]，八曰隶书。汉兴有草书。尉律[49]：学僮十七已上，始试，讽籀书九千字[50]，乃得为史[51]。又以八体试之，郡移大史并课[52]，最者以为尚书史。书或不正[53]，辄举劾之。今虽有尉律不课，小学不修[54]，莫达其说久矣[55]。

孝宣皇帝时，召通《仓颉》读者[56]，张敞从受之[57]。凉州刺史杜业[58]、沛人爰礼、讲学大夫秦近[59]，亦能言之。孝平皇帝时，征礼等百馀人，令说文字未央廷中[60]，以礼为小学元士[61]。黄门侍郎扬雄[62]，采以作《训纂篇》。凡《仓颉》已下十四篇[63]，凡五千三百四十字，群书所载，略存之矣。

及亡新居摄[64]，使大司空甄丰等校文书之部[65]，自以为应制作[66]，颇改定古文。时有六书[67]：一曰古文，孔子壁中书也。二曰奇字[68]，即古文而异者也。三曰篆书，即小篆。秦始皇帝使下杜人程邈所作也[69]。四曰左书[70]，即秦隶书。五曰缪篆[71]，所以摹印也。六曰鸟虫书，所以书幡信也[72]。壁中书者，鲁恭王坏孔子宅[73]，而得《礼记》、《尚书》、《春秋》、《论语》、《孝经》。又北平侯张苍献《春秋左氏传》[74]。郡国亦往往于山川得鼎彝[75]，其铭即前代之古文[76]，皆自相似。虽叵复见远流[77]，其详可得略说也。

而世人大共非訾[78]，以为好奇者也[79]，故诡更正文[80]，乡壁虚造不可知之书，变乱常行，以耀于世。诸生竞逐说字解经谊[81]，称秦之隶书为仓颉时书，云父子相传，何得改易。乃猥曰[82]："马头人为长"[83]，"人持十为斗"，"虫者，屈中也。"廷尉说律[84]，至以字断法。苛人受钱[85]，"苛"之字[86]，"止"、"句"也。若此者甚众，皆不合孔氏古文，谬于史籀。俗儒啚夫[87]，玩其所习[88]，蔽所希闻，不见通学，未尝睹字例之条[89]，怪旧埶而善野言[90]，以其所知为秘妙，究洞圣人之微恉。又见《仓颉篇》中"幼子承诏"[91]，因曰古帝之所作也，其辞有神仙之术焉。其迷误不谕，岂不悖哉！

《书》曰："予欲观古人之象[92]。"言必遵修旧文而不穿凿。孔子曰："吾犹及史之阙文[93]，今亡矣夫。"盖非其不知而不问。人用己私[94]，是非无正，巧说邪辞，使天下学者疑。盖文字者，经艺之本，王政之始，前人所以垂后，后人所以识古。故曰："本立而道生[95]。"知"天下之至啧而不可乱"也[96]。

今叙篆文[97]，合以古籀，博采通人[98]，至于小大，信而有证，稽撰其说[99]。将以理群类，解谬误，晓学者，达神恉[100]。分别部居[101]，不相杂厕也。万物咸睹[102]，靡不兼载。厥谊不昭[103]，爰明以谕。其称《易》孟氏、《书》孔氏、《诗》毛氏、《礼》周官、《春秋》左氏、《论语》、《孝经》[104]，皆古文也。其于所不知，盖阙如也[105]。

《说文解字注》卷一五上

【注释】

[1]庖牺氏：传说中的古代帝王之一，教民渔猎，并且制作八卦。也写作伏戏、宓羲、伏羲、包牺。　　[2]象：指日月星辰等天象。　　[3]法：法则，指山川地理的规则。　　[4]文：同"纹"，纹理。宜：形状。　　[5]垂：显示。宪象：法象，指天地万物显示的规则现象。以上几句是说远古时代没有文字，庖牺氏通过观察天地万物，近的参照人体，远的参照万物，创造了八卦，用来显示自然现象的变化规律。　　[6]神农氏：传说中的古代帝王之一，发明农具，教民耕作，发现药草，给人治病。　　[7]"结绳为治"四句：大意是说随着社会发展，事物繁复，用结绳记事，会发生虚假不实的事情。意指结绳的办法已经不能解决问题。庶业，各种事业。其，通"綦"，极其。饰伪，文饰、伪

诈之事。　　　[8]黄帝：传说是我国中原各族的祖先。仓颉（jié 节）：传说是黄帝的史官，发明了汉字。也写作"苍颉"。　　　[9]"见鸟兽蹄远（háng 杭）之迹"三句：是说看到鸟迹的纹理知道是鸟，看到兽迹的纹理知道是兽，明白纹理是可以区别的。由此得到启发，发明汉字。远，野兽的足迹。分理，纹理。书契，刻划的文字符号。　　　[10]"百工以乂（yì 义）"二句：百官由此得到治理，万民由此得到明察。意指不再发生饰伪之事。乂，治理。万品，人民。　　　[11]夬（guài 怪）：六十四卦之一，乾下兑上（☱），卦象有缺口，故用以象征分决、决断之意。古人认为文字能决断万事，因此认为文字的创造取法于夬卦。　　　[12]夬，扬于王庭：一切分决的事情都显扬在朝廷。　　　[13]"言文者宣教明化于王者朝廷"三句：大意是说文字是用来在朝廷宣明政教风化的，统治者给掌握文化的人加赏俸禄，对自己则要求贵德不贵文。君子，指统治者。　　　[14]"盖依类象形"二句：依照事物的形状去描摹所成的文字，称之为"文"。主要指象形、指事字。　　　[15]"其后形声相益"二句：在文产生之后，又以文为单位，取形和声相互配合增益成为字。主要指会意、形声字。　　　[16]孳（zī 姿）乳：派生，滋生。浸：渐渐。此句意指字是滋生发展而逐渐增多的。　　　[17]"著于竹帛谓之书"三句：是说文字写在竹简、缣帛上，就称之为"书"。到成书时才能如其意，表达意思。　　　[18]五帝："五帝"有不同说法，《史记·五帝本纪》指黄帝、颛顼（zhuānxū 专须）、帝喾（kù 库）、尧、舜。三王：三代之王，指夏禹、商汤、周文王和周武王。　　　[19]改易殊体：文字屡经改变，成为种种不同的形体。　　　[20]"封于泰山者七十有二代"二句：古代帝王在泰山举行封禅礼的次数非常多，但历代封泰山祭天所埋的玉牒文书上的文字没有相同的。这几句都在讲文字的演变。七十有二代，指非常多。靡，无。　　　[21]小学：周代贵族子弟分小学和大学两个阶段接受教育。八岁入小学接受童蒙教育，十五岁入大学接受成人教育。　　　[22]保氏：官名，掌教育。国子：贵族、公卿大夫子弟。　　　[23]六书：六种造字的方法和原则。以下几句就是六书的命名和定义。　　[24]"指事者"四句：所谓指事，是指看到字的形体就能够认识它，但是需要观察分析才能领悟它的意义，例字是"上"和"下"。"上"的古文写作⊥或二，"下"的古文写作丅或二，用抽象符号标识上下的方位，指明事物所在，所以叫指事。　　[25]"象形者"四句：意思是所谓象形，是指画成那种事物，随着物体外部线条的弯曲而弯曲，例字是"日"和"月"。"日"、"月"小篆写作 ⊙ 、 ⊅ ，甲骨文写作 ⊙ 、 ⊅ ，象太阳、月亮之形，所以称为象形。诘诎（jiéqū 节屈），曲折。　　[26]"形声者"四句：所谓形声，是用表示事类的字作为义符，用在语言中接近于该字（词）声音的字作为声符，合起来便构成这个字，例字是"江"和"河"。譬，比拟，指读音。　　[27]"会意者"四句：所谓会意，是指比并代表某些事物的文，融合其意义，从而看出一个新意义，例字是"武"和"信"。指撝（huī 灰），所指向的新意义。撝，同"挥"。　　[28]"转注者"四句：所谓转注，就是辗转互注，依据事类建立统一的部首，同一部首所属的字中，意思相同，就可以彼此互相解释，例字是"考"和"老"。　　[29]"假借者"四句：所谓假借，是指语言中的某个词没有记录它的专门字，只是依照声音（相同或相近）将这个词寄托在表示其他事物的文字上，例字是"令"和"长"。讬，同"托"。　　[30]大史籀（zhòu 昼）：周宣王时的史官，名籀。大史，即太史。下同。大篆：即"籀文"，秦始皇时定的名称，以别于小篆。　　[31]古文：指汉代在孔子宅壁中发现的藏书的文字。或异：有一些不同。　　[32]六经：指《易》、《书》、《诗》、《礼》、《乐》、《春秋》。　　[33]左丘明：春秋时期鲁国太史，氏左丘，名明。相传是《左传》和《国语》的作者。　　[34]厥意：古文字义。厥，其。　　[35]力政：以武力相征伐。政，通"征"。　　[36]"田畴异亩"六句：是说七国制定不同的土地面积单位、车道宽度、法律政令和服饰制度。各国的语言和文字也有所不同。轨，古代车辙的宽度。　　[37]李斯：荀子弟子，秦始皇时期任丞相。他规定以小篆为规范字体，对统一文字有着很大的贡献。奏同之：上奏书要求统一各国文字。　[38]罢其不与秦文合者：李斯建议废除六国文字中与秦国文字（大篆）不同的。　[39]"斯作《仓颉篇》"五句：《仓颉篇》、《爰历篇》、《博学篇》都是我国古代童蒙识字的课本，由章句组成，用韵语行文。《仓颉篇》，也写作《苍颉篇》。这几句是说李斯、赵高、胡母敬都用大篆来书写，只是有些略微作简化和改造。颇，稍微。　[40]小篆：秦始皇统一中国之后实行"书同文"政策时颁行的标准字体，由史籀大篆稍加省改而来。　[41]"大发吏卒"三句：大规模地征发士卒，加重百姓徭役负担，官狱的事务繁忙。官，行政官吏。狱，主管讼事法律的官。　[42]隶书：由小篆演变来的字体，这种字体将小篆的长圆线条变为方正笔画。传说由隶徒所发明，故名隶书。　[43]以趋约易：（文字）趋向简单容易方便。　[44]刻符：刻在符信上的文字。　[45]虫书：也叫鸟虫书。因笔画起末像鸟头和虫身之形而得名。　[46]摹印：因用在玺印上而得名。　[47]署书：用于封检题字的文字。　[48]殳（shū 书）书：刻在兵器上的文字。殳，古代一种兵器。从小篆到殳书，这六种字体都属于小篆体系。　[49]尉律：这里指汉律。　[50]讽籀书九千字：朗读并能解释尉律中九千字的一段文章。讽，朗诵。籀，读，古时的"读"有解释的意思。　[51]史：指郡县的文书吏。　[52]郡移大史并课：郡试选拔的各郡考生移到太史令，要把"讽籀书九千"和"八体"合起来考试。课，考核。　[53]"书或不正"二句：如果写得不正确，就要受到惩罚。劾（hé 禾），惩罚，处分。　[54]小学：指语言文字之学，如"六书"等。　[55]达：通晓。其说：用"六书"解释文字的学说。　[56]通《仓颉》读者：通《仓颉》句读者，亦即通晓《仓颉》者。　[57]张敞从受之：张敞跟着"通《仓颉》读者"学习《仓颉》的音义。张敞，字子高。河东平阳（今山西临汾）人。　[58]杜业：张敞的外孙，《汉书》作"杜邺"。　[59]爰礼、秦近：王莽时人。讲学大夫：王莽时所设官名。　　[60]未央廷：西汉未央宫。　　[61]小学元士：汉官名，相当于小学博士。　　[62]黄门侍郎：汉官名，供职于黄门（掌管皇宫门的官署）。扬雄：西汉学者，著有《法言》、《太玄》、《长杨赋》、《甘泉赋》、《方言》、《训纂篇》等。其中《方言》是研究古代汉语和汉语史的重要资料，《训纂篇》是字书，四字一句，共三十四章，每章六十字。　　[63]凡《仓颉》已下十四篇：从《仓颉》到《训纂篇》共十四篇。　　[64]亡新：指王莽。新是王莽代汉以后的国号。居摄：摄政。　　[65]大司空：汉成帝时改御史大夫为大司空，三公之一。甄丰：平帝时为少傅，后依附王莽。　　[66]"自以为应制作"二句：甄丰等人自认为受皇帝（王莽）之命而作，因此校对古书时将文书中的古字改为当时的通行字。　　[67]六书：六种字体，与上文用来分析汉字结构的"六书"不同。　　[68]奇字：古文异体字。如《说文》所见的"人"字作"儿"，"無"作"无"等。　　[69]秦始皇帝使下杜人程邈所作：此十二字，依段玉裁校，应在下文"即秦隶书"之下。下杜，西汉地名，在今陕西西安南。程邈，相传为县狱史，因得罪秦始皇被囚于云阳狱，在狱中将大、小篆改写为隶书，得到秦始皇的赏识，后出为御史。　　[70]左书：辅助的书，这里指隶书。因隶书书写方便，可作为小篆之辅助，因以为名。左，同"佐"。　　[71]缪篆：用于印章的篆书。　　[72]幡（fān 帆）信：符节之类的器物。古人在旗帜上写明官号以为凭信，故称幡信。　　[73]鲁恭王：汉景帝之子刘馀，初封为淮阳王，后改为鲁王，谥号为恭。武帝时，鲁恭王为扩建宫宅而拆孔子旧居，在墙壁中发现藏匿其中的先秦经书，用古文字所写，旧称为"古文经"或"壁中书"。　　[74]张苍：秦时为御史，后归汉，封北平侯，官至丞相。　　[75]鼎彝：鼎原指炊具，彝是酒尊，这里统指青铜器。　　[76]铭：青铜器上的款识。　　[77]叵（pǒ 笸）：不可。远流：远古文字的流变。　　[78]世人大共非訾（zī 资）：当代人却群起诋毁。世人，指反对古文经的儒生。訾，诽谤，诋毁。　　[79]好奇者：喜欢标新立异的人，这里指世人眼中通晓古文的人。　　[80]"故诡更正文"四句：大意是说世人认为好奇者故意更改文字，凭空伪造出不认识的书，变乱汉字通常的写法。所以在世人看来，所谓的古文只是某些人伪造的。乡，通"向"。　　[81]诸生竞逐说字解经谊：俗儒争着分析隶书来解释经义。谊，通"义"。　　[82]猥（wěi 伟）：胡乱，歪曲。　　[83]"马头人为长"四句：主要指一些人根据隶书字形对长、斗、虫三字的错误解释。　　[84]"廷尉说律"二句：指廷尉解释法律条文，也通过分析文字来判断刑律。　　[85]苛人受钱：本意是责人不法，受人之钱。苛，通"诃"，斥责，责问。　　[86]"'苛'之字"二句：苛，本从"艸"、"可"，发展到隶书，"艸"与"止"、"可"与"句"形体相乱，故字形被误认为从"止"、"句"。于是就根据这样的字形来解释"苛人受钱"这一法律，是止人（要挟人）而句（钩）取人钱。　　[87]俗儒啚（bǐ 比）夫：指今文经派诸儒。啚，同"鄙"，鄙陋。　　[88]"玩其所习"二句：欣赏他们所熟知的东西，但对自己知晓很少的东西蒙蔽不知。希闻，这里指今文经学派不熟知的古文字知识。　　[89]字例之条：分析文字的条例，指"六书"等。　　[90]怪旧埶（yì 义）而善野言：以传统知识为怪，反而相信毫无根据的说法。此处传统知识指古代文字，野言则指对文字的错误解说。埶，同"艺"。　　[91]幼子承诏：学僮接受师教。俗儒不知《仓颉篇》是李斯所作，因后世以君命为诏，遂误为古代帝王所作。　　[92]予欲观古人之象：引自《尚书·益稷》。意思是我要看古人的物象，意指继承前代之文物、制度。　　[93]"吾犹及史之阙文"二句：引自《论语·卫灵公》。原文是"吾犹及史之阙文也，有马者借人乘之，今亡矣夫"。原意是我还赶上看到史书里有阙疑的文字，今人好穿凿附会，没有这种阙疑的态度了。许慎引用此句的意思是感慨汉代某些小学家不知不问，穿凿附会。　　[94]"人用己私"四句：大意是各人凭自己的主观意见解说，没有正确的是非判断标准，出现各种穿凿歪曲的言论，使学者的认识模糊混乱。　　[95]本立而道生：见《论语·学而》"君子务本，本立而道生"。原指道德修养要打好基础。这里把文字看作基础。　　[96]天下之至啧而不可乱：见《周易·系辞上》"言天下之至赜而不可恶也，言天下之至动而不可乱也"。啧（zé　责），通"赜"，幽深难测。以上两句引文，前句说明文字的重要性，后句说明文字有内在的深奥规律，不能乱说。　　[97]"今叙篆文"二句：以篆文为主，再加上一些古文籀文。此处许慎是在说明《说文》收字原则。　　[98]"博采通人"二句：广泛地采用专家的说法，无论大家小家。通人，通晓文字的学者。　　[99]稽撰：考证诠释。　　[100]达神恉（zhǐ　旨）：使学者通晓文字的构造规律。恉，同"旨"。　　[101]"分别部居"二句：指全书分为五百四十部，以此来统摄所收字。各部按一定规律编排，井然有序。　　[102]"万物咸睹"二句：万事万物都可以看到，没有不被记载的。意指《说文》内容丰富。　　[103]"厥谊不昭"二句：如果遇到字义不清楚的，就引用经典加以说明。谕，使明白。　　[104]"其称《易》孟氏"至"《论语》、《孝经》"：这里许慎列出所引用的经典，并对他所本的各家也作了说明。　　[105]阙如：存疑，阙而不论。

【解析】

《说文解字》（以下简称《说文》）是我国语言学史上第一部分析字形、说解字义、辨识声读的专书，它以周秦的书面语言作为研究对象，是传统语言文字学的奠基之作。作为《说文》正文的纲领，许慎的《叙》是我国较早阐释语言文字理论的著作之一，它叙述了文字的起源、周秦文字的发展演变，总结了汉字"六书"的概念，记述了西汉的文字概况以及东汉解释文字的混乱和错误，并且阐明了作书的体例，使我们了解《说义》产生的背景以及许慎著书的目的。

在许慎那个时代，有一大批儒生认为当时通行的隶书就是仓颉所创的文字，否定隶书之前古文字的客观性，并且随意拆解文字附会经义。在这样的时代背景下，作为古文经学派大师的许慎，能够清晰地认识到汉字发展演变的客观性，看到语言文字与社会实践的辩证关系。他还充分认识到了汉字的表意性质，对汉字的形义关系有着极为深刻的理解，并且用系统的观点去认识汉字的内部规律。正是在这些思想的指引下，《说文》从汉字"据义构形"的特点出发，通过对字形的分析来说解字的本义，总结汉字的造字规律——六书，并将之充分运用到汉字分析实践中；同时首创了部首概念，建立五百四十部，使丰富繁复的汉字体系能够"分别部居，不相杂厕"，对后代字书有着极大的影响。

从世界语言学史来看，与《说文》成书时代相近的其他国家，都尚未形成后代的词典。可以说，《说文》是出现最早的、系统合于科学精神的、具有独创的民族风格的专书。而它能有如此深远的影响，是与许慎科学的语言文字观分不开的。本篇《说文解字叙》就向我们呈现了这位古文经学家在发展语言文字科学方面的积极贡献。

刺世疾邪赋

〔东汉〕赵壹

【题解】

赵壹字元叔,汉阳西县(今甘肃天水西南)人。为人恃才倨傲,后来屡次获罪,几至死,经过友人解救得免。灵帝光和元年(178),为郡上计吏(地方官向朝廷报告人口、钱粮、狱讼等情况)入京,受到司徒袁逢、河南尹羊陟的赏识,名动京师。后西归,十次拒绝公府的征召,卒于家。《后汉书》卷八〇有传。著有赋、颂、箴、诔、书、论及杂文十六篇。一说《刺世疾邪赋》作于熹平二年(173,陆侃如《中古文学系年》)。赵壹在赋中直抒胸臆,批判了东汉后期社会窳(yǔ 宇)败、是非颠倒的黑暗现实,表达了不与世俗同流合污的高贵品格。

伊五帝之不同礼[1],三王亦又不同乐,数极自然变化[2],非是故相反驳。德政不能救世溷乱[3],赏罚岂足惩时清浊[4]?春秋时祸败之始,战国愈复增其荼毒[5]。秦、汉无以相逾越,乃更加其怨酷。宁计生民之命，唯利己而自足。

于兹迄今，情伪万方[6]。佞谄日炽[7]，刚克消亡[8]。舐痔结驷[9]，正色徒行。妪媚名势[10]，抚拍豪强[11]。偃蹇反俗[12]，立致咎殃。捷慑逐物[13]，日富月昌。浑然同惑[14]，孰温孰凉。邪夫显进，直士幽藏。

原斯瘼之攸兴[15]，实执政之匪贤[16]。女谒掩其视听兮[17]，近习秉其威权[18]。所好则钻皮出其毛羽[19]，所恶则洗垢求其瘢痕。虽欲竭诚而尽忠，路绝嶮而靡缘[20]。九重既不可启[21]，又群吠之狺狺。安危亡于旦夕，肆嗜欲于目前。奚异涉海之失柁[22]，积薪而待燃？荣纳由于闪揄[23]，孰知辨其蚩妍[24]？故法禁屈挠于势族[25]，恩泽不逮于单门[26]。宁饥寒于尧舜之荒岁兮，不饱暖于当今之丰年。乘理虽死而非亡，违义虽生而匪存。

有秦客者，乃为诗曰：河清不可俟[27]，人命不可延。顺风激靡草[28]，富贵者称贤[29]。文籍虽满腹[30]，不如一囊钱。伊优北堂上[31]，抗脏倚门边。

鲁生闻此辞，系而作歌曰：势家多所宜，咳唾自成珠[32]。被褐怀金玉[33]，兰蕙化为刍[34]。贤者虽独悟，所困在群愚。且各守尔分[35]，勿复空驰驱[36]。哀哉复哀哉，此是命矣夫！

《后汉书》卷八〇下《赵壹传》

【注释】

[1]"伊五帝之不同礼"二句：五帝、三王时代的礼乐典章制度不同。伊，发语词。五帝，说法不一，据《史记·五帝本纪》，指黄帝、颛顼、帝喾、尧、舜。三王指夏禹、商汤、周文王和周武王。　　[2]"数极自然变化"二句：天数运行到极点，自然会发生变化。不同朝代的更迭以及礼乐典章制度的不同，并不是出于有意的背离和排斥，而只是天道运行的结果。数，天数，气运。驳，背离。　　[3]溷乱：混乱。溷，通"混"。　　[4]赏罚：这里主要指刑罚，与"德政"相对。清浊：这里主要指污浊，与"溷乱"相应。　　[5]荼（tú 图）毒：这里比喻苦难。荼，一种苦菜。毒，螫人之虫。《尚书·汤诰》："罹其凶害，弗忍荼毒。"　　[6]情伪万方：诈伪之事各种各样。情伪，此为偏义复词。　　[7]佞谄：巧言善辩，奉承巴结。　　[8]刚克：刚直的品德。　　[9]"舐（shì 试）痔结驷"二句：卑鄙无耻的人拥有很多的车马，正直不阿的人只能徒步行走。比喻奉承权贵的人受到重用、势力浩大，正道直行的人寂寞冷清、不受重用。"舐痔结驷"的典故见于《庄子·列御寇》，宋人曹商出使秦国，秦王赏赐了他一百辆车子，曹商见庄子，庄子说："秦王有病召医，破痈溃痤者得车一乘，舐痔者得车五乘，所治愈下，得车愈多。子岂治其痔邪，何得车之多也？子行矣！"舐痔比喻厚颜无耻，极意奉事权贵。结驷是说四匹马拉着的车子相连结，形容车马之

443

多。驷，四马拉一车。正色，代指正直的人。　　[[10]妪媠（yùqǔ 遇取）：犹伛偻，这里的意思是卑躬屈膝。名势：有名有势的权贵。　　[11]抚拍：亲近讨好。　　[12]偃蹇（jiǎn 减）反俗：正直高傲，不与世俗苟合。偃蹇，高傲的样子。　　[13]捷慑逐物：急切而小心地追名逐利。捷，快速。慑，畏惧，小心。　　[14]“浑然同惑”二句：形容全部的人都浑浑噩噩，是非不辨。　　[15]瘼（mò 墨）：病。　　[16]执政：这里指皇帝及其宠信的人，尤指宦官、外戚等。匪：同“非”。　　[17]女谒掩其视听兮：通过宫中妃嫔的进言影响皇帝的视听。　　[18]近习秉其威权：佞幸亲近的小人把持了权力。习，亲信。　　[19]“所好则钻皮出其毛羽”二句：意思是说，对喜欢的人则千方百计寻找出其优点，提拔任用；对厌恶的人则吹毛求疵，排挤打击。语本张衡《西京赋》：“所好生毛羽，所恶生疮痏。”　　[20]路绝崄而靡缘：路极端艰险而无路可走。崄，同“险”。　　[21]“九重既不可启”二句：出自宋玉《九辩》：“岂不郁陶而思君兮，君之门以九重。猛犬狺狺而迎吠兮，关梁闭而不通。”这里用以比喻妃嫔和宦官把持了朝柄，逞凶得势，皇帝的视听被遮蔽，导致臣下无法效忠进谏。九重，宫门。狺（yín 银）狺，犬吠声。　　[22]“奚异涉海之失柂（duò 惰）”二句：意思是说这种情况与在航海中失去了船舵，坐在堆积的柴堆上等待燃烧有何区别？形容时势极其危急。柂，同“舵”。　　[23]荣纳：享荣华，被重用。闪揄：谄佞的样子。　　[24]蚩：通“媸”，丑。　　[25]屈挠：屈服，削弱。势族：势家大族。　　[26]单门：这里指孤单无依的寒族。　　[27]“河清不可俟”二句：意思是说人生短暂，等不到太平盛世出现的那一天。《左传》襄公八年：“《周诗》有之曰：‘俟河之清，人寿几何？’”河清，黄河水清，比喻天下太平。　　[28]激：疾吹。靡草：细弱的草。　　[29]富贵者称贤：富贵的人，就被称为品德高尚的贤人。这是作者激于义愤的正话反说。　　[30]文籍：文章典籍。这里借指人的学问。　　　[31]"伊优北堂上"二句：意思是说，谄佞者登堂入室受重用，正直者则见弃，被置之门外。伊优，屈曲谄佞的样子。北堂，明堂五室之一，这里指皇帝布政的宫殿。抗脏，刚直不屈的样子。　　　[32]咳唾：咳嗽，喷唾沫。《庄子·秋水》："子不见夫唾者乎？喷则大者如珠，小者如雾，杂而下者不可胜数也。"　　　[33]被褐怀金玉：意思是说，穿着粗布衣服的卑贱之人却有高贵的品质。《老子》第七十章："圣人被褐怀玉。"被，通"披"。褐，粗布短袄。这里用"被褐"代指孤单无依的寒门子弟，与上文的"势家"相对。　　　[34]兰蕙化为刍：意思是说，虽然位处卑贱而身怀金玉之质，但其兰蕙一样的才德却不为人看重。《楚辞·离骚》："荃蕙化而为茅。"兰蕙，指香草之类。刍，喂牲口的干草。　　　[35]分：本分。　　　[36]驰驱：来回奔走。

【解析】

东汉后期，皇帝幼弱，外戚或宦官把持国柄，互相争斗，从而酿成了为祸长达百年之久的乱局。在此情势下，一部分鲠直的大臣与贵族、太学生品题人物，指摘朝政，形成了一股新的政治势力。但是，在外戚或宦官这两大集团的高压与倾轧下，正直的士人仕进无路，众多的名士或流亡，或罹难，或遭禁锢。这就是赵壹写作《刺世疾邪赋》的历史背景。

作者指出，纵览五帝三王时代，天数运命盛极而衰，这一切都是自然变化的结果。儒家的德政思想以及法家的刑罚思想，都无法救世。从春秋到战国，从战国到秦汉，社会的酷烈一代甚于一代。"宁计生民之命，唯利己而自足"，历代统治者不顾百姓死活，只顾利己残民的本性，正是导致社会不可救药的根本原因。

接下来，作者描写了东汉社会是非颠倒、美丑混淆、贤愚倒置、忠奸不辨的社会乱象。黄钟毁弃，瓦釜雷鸣，奸邪之人飞黄腾达，正直之士却被弃而不用。"于兹迄今，情伪万方"，这句话看起来指的是从春秋到东汉这一段时间，但其重点所指，则是东汉后期的社会现实。"偃蹇反俗，立致咎殃""被褐怀金玉，兰蕙化为刍"，则是对东汉时期"党锢之祸"的映射。党锢之祸对东汉社会的影响是巨大的，对此，司马光曾有如下评论："天下有道，君子扬于王庭以正小人之罪，而莫敢不服。天下无道，君子囊括不言以避小人之祸，而犹或不免。党人生昏乱之世，不在其位，四海横流，而欲以口舌救之，臧否人物，激浊扬清，撩虺蛇之头，跣虎狼之尾，以至身被淫刑，祸及朋友，士类歼灭而国随以亡，不亦悲乎！"（《资治通鉴》卷五六）"党锢之祸"摧残了东汉名士，而这些人，则是当时社会的中坚。随着这些士人的被消灭，东汉王朝也就无力支撑最后的危局，并最终走向了灭亡。

"法禁屈挠于势族，恩泽不逮于单门。"在东汉时期，"衣冠族"把持了社会的特权，阻止了寒门之士上升的渠道，世族、寒门的对立已经形成，"举秀才，不知书。察孝廉，父别居。寒素清白浊如泥，高第良将怯如鸡"，就是对这一状况的辛辣讽刺。灵帝中平六年（189），世族出身的司隶校尉袁绍杀死了宦官两千多人，中国社会开始进入世族专政的时期。

"文籍虽满腹，不如一囊钱。"这是对当时崇尚金钱的社会风气的真实揭露。桓、灵之世，卖官鬻爵是普遍的社会现象。其中一个典型的例子，就是灵帝于光和元年（178）初开西邸卖官，"私令左右卖公卿，公千万，卿五百万"。灵帝是东汉荒淫皇帝的典型，东汉后期社会的腐败，由此可见一斑。金钱至上，斯文扫地，对于士人来说，通经入仕的道路几乎由此断绝。随着察举制的破坏和儒学的式微，东汉王朝加速了走向覆亡的过程。

值得注意的是，作者不但把批判的矛头指向了以皇帝为代表的执政者——"原斯瘼之攸兴，实执政之匪贤"，而且还放言无忌，痛陈东汉王朝危在旦夕的社会局势，正犹如"涉海之失柂，积薪而待燃！"三四十年之后，东汉王朝就在黄巾起义的巨大声浪中走向了彻底的覆灭，这也从另一个侧面显示出赵壹对社会现实的深刻洞察力。

典论·论文

〔三国魏〕曹丕

【题解】

曹丕（187—226）字子桓，沛县谯（今安徽亳州）人。曹操次子。汉献帝建安二十二年（217），立为魏太子。二十五年，取代献帝而自立，为魏国的开国皇帝，史称魏文帝。《三国志》卷二有传。曹丕还是一名出色的文学家，尤以诗歌著称，与其父曹操、其弟曹植并称"三曹"。《典论》是曹丕精心结撰的一部著作。据考证，此书写于建安二十二年至延康元年（220）之间，但早在宋代便已散佚，只有《论文》见载于《文选》，得以流传。

文人相轻，自古而然。傅毅之于班固[1]，伯仲之间耳，而固小之[2]，与弟超书曰[3]："武仲以能属文，为兰台令史[4]，下笔不能自休[5]。"夫人善于自见[6]，而文非一体，鲜能备善[7]，是以各以所长，相轻所短。里语曰："家有弊帚，享之千金。"斯不自见之患也。今之文人：鲁国孔融文举、广陵陈琳孔璋、山阳王粲仲宣、北海徐幹伟长、陈留阮瑀元瑜、汝南应玚德琏、东平刘桢公幹，斯七子者[8]，于学无所遗[9]，于辞无所假[10]，咸以自骋骥騄于千里[11]，仰齐足而并驰[12]。以此相服，亦良难矣！盖君子审己以度人[13]，故能免于斯累[14]，而作《论文》。

王粲长于辞赋，徐幹时有齐气[15]，然粲之匹也[16]。如粲之《初征》、《登楼》、《槐赋》、《征思》，幹之《玄猿》、《漏卮》、《圆扇》、《橘赋》，虽张、蔡不过也[17]，然于他文未能称是[18]。琳、瑀之章表书记[19]，今之隽也[20]。应玚和而不壮。刘桢壮而不密。孔融体气高妙，有过人者，然不能持论，理不胜词[21]，以至乎杂以嘲戏[22]；及其所善，扬、班俦也[23]。常人贵远贱近，向声背实[24]，又患闇于自见[25]，谓己为贤。夫文，本同而末异[26]。盖奏议宜雅，书论宜理，铭诔尚实[27]，诗赋欲丽。此四科不同，故能之者偏也，唯通才能备其体。

文以气为主[28]，气之清浊有体，不可力强而致[29]。譬诸音乐，曲度虽均，节奏同检[30]，至于引气不齐[31]，巧拙有素[32]，虽在父兄，不能以移子弟。

盖文章经国之大业[33]，不朽之盛事。年寿有时而尽，荣乐止乎其身，二者必至之常期，未若文章之无穷。是以古之作者，寄身于翰墨，见意于篇籍，不假良史之辞，不托飞驰之势[34]，而声名自传于后。故西伯幽而演《易》[35]，周旦显而制礼[36]，不以隐约而弗务[37]，不以康乐而加思[38]。夫然，则古人贱尺璧而重寸阴[39]，惧乎时之过已。而人多不强力，贫贱则慑于饥寒，富贵则流于逸乐，遂营目前之务，而遗千载之功[40]。日月逝于上，体貌衰于下，忽然与万物迁化[41]，斯志士之大痛也！融等已逝，唯幹著论[42]，成一家言。

《文选》卷五二

【注释】

[1]傅毅：毅（？—89）字武仲，扶风茂陵（今陕西兴平东北）人。东汉文学家，《后汉书》卷八〇上有传。　　[2]小：轻视，藐视。　　[3]超：即班超（32—102），字仲升。《后汉书》卷四七有传。　　[4]兰台令史：兰台为汉代宫廷藏书处，东汉设兰台令史六人，负责典校图籍，管理文书。　　[5]下笔不能自休：形容傅毅为文冗长。休，止。　　[6]自见：自见其长，发现自己的长处。　　[7]鲜：少。备善：指精通所有的文体。备，全。　　[8]斯

七子者：以上七人主要活动于汉献帝建安（196—220）年间，后人称之为"建安七子"。除孔融因反对曹操，后来被杀之外，其他六人均为曹氏效力。孔融《后汉书》卷七○、《三国志》卷一二有传。王粲，《三国志》卷二一有传。徐幹等五人附见《三国志·王粲传》。鲁国，今山东曲阜。广陵，今江苏扬州西北。山阳，今山东金乡。北海，今山东昌乐西。陈留，今河南开封东南。汝南，今河南项城。东平，今山东东平东北。 [9]于学无所遗：即无所不学。遗，遗漏。 [10]于辞无所假：即自创新辞。假，假借，指援引他人之说。 [11]咸以自骋骥（jì 计）騄（lù 路）于千里：都认为自己是骏马驰骋纵横于天下。骥騄，千里马。 [12]仰齐足而并驰：形容七个人的才华并驾齐驱。仰，凭借。 [13]君子：德高的长者，此处为曹丕自谓。审己：仔细地了解自己。度：比较评判。 [14]免于斯累：指能超越文人相轻的陋习。累，过错。 [15]齐气：指齐国的文风，以舒缓见称，作者于此略有贬抑。 [16]粲之匹也：刚好与王粲相当。匹，对手。 [17]张、蔡：张衡和蔡邕，二人均为东汉著名的辞赋家。张衡有《西京赋》、《东京赋》、《南都赋》、《思玄赋》等，蔡邕有《述行赋》。 [18]他文：除辞赋之外的其他文体。 [19]章表：臣子上奏帝王的文书。书记：用以记事的文体。 [20]隽：杰出，出众。 [21]理不胜词：即辞过于理，文辞华丽而道理不足。 [22]嘲戏：嘲讽戏谑，汉赋中的一种题材。 [23]扬、班俦也：可与扬雄、班固相媲美。扬雄《解嘲》、班固《答宾戏》是汉赋"嘲戏"题材的代表作。俦（chóu 愁），等，辈。 [24]向声背实：崇尚虚名而脱离实际。 [25]闇（àn 暗）于自见：不能够认识自己。 [26]本：指内在实质。末：指不同文体的表现形式。 [27]铭：带有记述、纪念性质的文体。诔（lěi 垒）：表示哀悼的文体。 [28]气：指作者的禀性、才气、感情、气度等因素构成的内在修养。 [29]力强：勉强。致：追求。 [30]检：法度。 [31]引气：运用气息。 [32]巧拙有素：巧拙的区别在于平常的训练和习惯。　　[33]经国: 治国。　　[34]飞驰之势: 指位高权重的人。　　[35]西伯幽而演《易》: 西伯即周文王,《史记》记载他曾被囚禁在羑里, 推演原始的八卦为六十四卦。幽, 拘囚。　　[36]周旦显而制礼: 周旦即周公旦, 相传周朝的礼乐制度由他创立。　　[37]隐约: 穷困。　　[38]加思: 转移兴趣。　　[39]贱尺璧而重寸阴: 形容时间比金钱珍贵。　　[40]遗: 丢失。千载之功: 指著书立说能传扬千秋万代。　　[41]迁化: 指死去。　　[42]唯幹著论: 指只有徐幹著成《中论》。

【解析】

曹丕所处的魏晋时期, 用鲁迅先生的话说, 是"文学的自觉时代"。文学逐渐从经学、史学的附庸中独立出来, 人们开始对文学中的诸多问题加以探讨。《典论·论文》正是曹丕立足于当时的文学创作, 提出的一篇具有纲领性意义的文献, 对后世影响深远。

首先, 他将文学创作的意义提升到前所未有的高度。儒家历来有"三不朽"之说, 所谓"大上有立德, 其次有立功, 其次有立言", "立言"居于最后。而曹丕则说"盖文章经国之大业, 不朽之盛事", 把文学提高到与事功并重的地位, 并鼓励创作者们全身心地投入。

其次, 他提出"文以气为主", 把创作者的个性气质与作品的风格联系在一起。在经学时代, 文学创作被要求贯彻礼义、合于雅正之音, 具有浓厚的政教色彩, 以《诗经》为代表的"乐而不淫, 哀而不伤"的"温柔敦厚"风格成为审美典范。曹丕则突破了这种规范, 强调并鼓励来自创作者的个性风格。

　　最后，曹丕还认识到创作者的个性才能常常有所偏重，因此对一位创作者而言，常常只能擅长某类文体的写作，即"文非一体，鲜能备善"。所以创作者们不要"各以所长，相轻所短"，而应该对自己的才能有清晰客观的认识，将它与合适的文体相结合，相互促进，这样才能有所成就。

周易略例·明象

〔三国魏〕王弼

【题解】

王弼（226—249）字辅嗣，三国魏山阳高平（今山东微山西北）人，魏晋玄学主要代表人物之一。因他思想成熟的年代是在正始（240—249）期间，所以东晋袁宏（328—376）作《名士传》，便把他列为"正始名士"看待。其事附见《三国志》卷二八《魏书·锺会传》，裴松之注引有晋何劭《王弼传》。其著作流传到今天的有《老子注》、《老子指略》、《周易注》、《周易略例》四种。前两种是老学方面的代表作，后两种是易学方面的代表作。王弼的注释，注重义理的分析和抽象的思辨，一反两汉以来经学家离经辨句的繁琐作风，抛弃了阴阳灾异和谶纬之学，在学术上开创了儒道融通的新风气。《周易略例》是《周易注》的总纲，它申明《周易》的基本原则，凡注解《易经》卦爻辞的方法即本于此。全书一卷分为七节，这里所选《明象》是第四节。

夫象者[1]，出意者也；言者，明象者也。尽意莫若象[2]，尽象莫若言。言生于象[3]，故可寻言以观象；象生于意，故可寻象以观意。意以象尽，象以言著。故言者所以明象[4]，得象而忘言；象者所以存意，得意而忘象。犹蹄者所以在兔[5]，得兔而忘蹄；筌者所以在鱼，得鱼而忘筌也。然则言者，象之蹄也；象者，意之筌也。是故存言者非得象者也，存象者非得意者也。象生于意而存象焉[6]，则所存者乃非其象也；言生于象而存言焉，则所存者乃非其言也。然则忘象者乃得意者也，忘言者乃得象者也。得意在忘象，得象在忘言。故立象以尽意，而象可忘也；重画以尽情[7]，而画可忘也。

是故触类可为其象[8]，合义可为其征。义苟在健[9]，何必马乎？类苟在顺，何必牛乎？爻苟合顺，何必坤乃为牛？义苟应健，何必乾乃为马？而或者定马于乾[10]，案文责卦，有马无乾，则伪说滋漫，难可纪矣。互体不足[11]，遂及卦变[12]，变又不足，推致五行[13]。一失其原[14]，巧愈弥甚。纵复或值，而义无所取。盖存象忘意之由也。忘象以求其意，义斯见矣。

《周易略例》

【注释】

[1]"夫象者"四句：意思是说，象是用来表达意的，言辞是用来说明象的。象就筮法说，指卦象、爻象；就哲学说，指物象。意就筮法说，指一卦或一爻的含义；就哲学说，指义理。言就筮法说，指卦辞或爻辞；就哲学说，指语言和概念。　　[2]"尽意莫若象"二句：意思是说，只有通过象才能将意充分地表现出来，只有通过言才能将象充分地展示出来。　　[3]"言生于象"四句：《周易·系辞下》："古者包牺氏之王天下也，仰则观象于天，俯则观法于地，观鸟兽之文与地之宜，近取诸身，远取诸物，于是始作八卦，以通神明之德，以类万物之情。"圣人通过观物取象，悟到了天地万物之存在和运动的本质及规律性，故可以通神明而类万物，这就是圣人之"意"。圣人为了把这个"意"传达出来，就画成了八卦，此即"象"。对这些卦、爻的解说，就形成了"辞"，即"言"。从"意"到"象"再到"言"，叙述的是《周易》的形成过程。而从"言"到"象"再到"意"，则叙述了后人对圣人之"意"的体察过程。　　[4]"故言者所以明象"四句：意思是说，既然言是为了说明象的，那么得象是目的，言是工具。达到了目的，就可以把工具忘掉，所以说"得象而忘言"。同样，既然象是存意的，那么得意是目的，象是工具。达到了目的，就可以忘掉工具。所以说"得意而忘象"。存，存有，守住。　　[5]"犹蹄者所以在兔"四句：《庄子·外物》："筌者，所以在鱼，得鱼而忘筌；蹄者，所以在兔，得兔而忘蹄。"蹄，一种能拴住兔子的网，泛指捕兔的工具。筌，捕鱼的竹器。这几句是说，蹄、筌是捕捉兔、鱼的工具，目的达到了，工具就可以不要了。　　[6]"象生于意而存象焉"四句：意思是说，象由意而生，象是表达意的工具，所以不应当停留于象本身。如果停留在象本身，象就不是"得意"的工具了。同样，言是由象而生，言是说明象的，如果停留在言本身，言就不是"明象"的工具了。　　[7]重画：指重叠爻画而产生卦。画，指爻画，包括阳

爻（—）、阴爻（－－）。情：真实。《周易·系辞上》："圣人立象以尽意，设卦以尽情伪。" [8]"是故触类可为其象"二句：意思是说，遇到同类的事物，可以用同一物象来表示。如以马象征刚健的东西，以牛象征柔顺的东西。义理相同的事物可用某一种事理作为象征。合义，综合义理相同的事物。征，象征。 [9]"义苟在健"八句：《周易·说卦》用马象征乾的刚健，用牛象征坤的柔顺。这几句是说，如果意义同是刚健，则象征刚健就不必限于马，也不必以乾为马。如果类同柔顺，则象征柔顺就不必限于牛，也不必以坤为牛。如《大壮卦》九三有刚健之意义，但却说"羝羊"（羊之壮者）。《坤卦》没有刚健之意义，但《象辞》也说"牝马"（马之柔顺者）。又如《遯卦》六二也说"黄牛"，《明夷卦》六二亦称"马"等。 [10]"而或者定马于乾"五句：这几句话是说，有些人认定马就是乾，可是按照卦辞和爻辞来考察卦象，遇到讲马的时候，并没有乾（如《坤卦》没有乾，卦辞却说"利牝马之贞"），于是就穿凿附会，产生许多荒谬的言论而无法抓住卦意之要领。文，指卦辞和爻辞。卦，指卦象。滋漫，漫衍滋长。纪，统纪。 [11]互体：一卦六爻，由上下两卦重叠而成，其中的二至四爻、三至五爻又可各成一卦，一卦包含四卦。卦与卦互相包含，称为互体。汉代郑玄注《易》，多用互体。 [12]卦变：指改变卦中某爻，另成一卦，以此卦象来评论吉凶。汉代京房和三国时虞翻等注《易》喜用卦变说。后来朱熹的《周易本义》列《卦变图》，说法很不一致。 [13]推致五行：汉代京房注《易》，以金、木、水、火、土为象，又以五行生克说解释卦义，说法繁难而神秘。以上几句是王弼对汉儒象数学所作的批判，意思是说，这些人一心追求那些繁琐的具体的象征，为了牵强附会地解释卦意，就引出了互体之说，当互体不足以说明时，又引出卦变之说，卦变仍不足以说明时，又推演出五行来作比喻。 [14]"一失其原"五句：意思是说，一旦失其本原，穿凿附会之说就会愈演愈烈，纵然偶尔有说对的地方，但在意义上却一无可取，这就是由"存象忘意"而产生的流弊。值，相符。

【解析】

王弼注《易》的最大特点是以义理解经，这对扫除汉儒繁琐荒谬的象数《易》，转而建设义理《易》，以及使僵死的《易》变成有生命的《易》，是有极大贡献的。

王弼"扫除象数"的言论最明显处见诸《周易略例·明象》。"言、象、意"是他在《明象》中对于《易经》之探究所提出的主张。他认为整部《周易》可解析为"言、象、意"三部分，其中"言"是指卦辞、爻辞，象是指卦象、爻象，意是指一卦或一爻的含义。"言、象、意"三者关系，王弼认为人是先有"意"的领会，而后有图像显示，有图像显示而后才能运用语言表达，其中"象"是关键。王弼接受了《周易·系辞上》"圣人立象以尽意"的说法，并且认为"尽意莫若象"。卦象、爻象，都是运用象征的方式来表达意念的。所谓象征，是一种比拟，是一种设定。它在意念的表达上则是一种指点，一种启发。这与言辞的描述、论说不同。《易》的作者，凭藉物象来表意；读者则凭藉自己对于物象的联想来领会其中的涵义。王弼指出，卦象、爻象是用来表达意的，而卦辞、爻辞，则是对于卦象、爻象所作的说明。充分地表达意念，没有比卦象、爻象更有效的了；清晰地说明卦象、爻象，没有比卦辞、爻辞更有效的了。王弼这种观点，仍是依循《周易·系辞上》所谓"立象以尽意，设卦以尽情伪，系辞焉以尽其言"。

王弼一方面据传解经，一方面又援《老》、《庄》入《易》。这体现了在义理建设上，王弼是有意会通儒、道两家思想的。在《明象》里，王弼有关"言、象、意"的简短议论即是源于《庄子·外物》："筌者，所以在鱼，得鱼而忘筌；蹄者，所以在兔，得兔而忘蹄。"王弼指出，我们循着卦辞、爻辞，可以探索"象"的涵义；循着卦象、爻象，可以探索"意"的内容。不过，对于卦辞、爻辞与卦象、爻象都不能拘泥。因为拘泥于卦辞、爻辞，就会把言辞当作研究的目的，而忽略了它作为工具的功能，这样就会停留在言辞的专研工作上，寻章摘句，反复推敲，不再循着这些言辞去了解卦象、爻象的涵义。同样的，如果拘泥于卦象、爻象，也会把卦象、爻象当作研究的目的，而忽略了它作为工具的功能。于是停留在卦象、爻象的专研工作上，把象与卦、爻的设定关系看成必然关系。因此王弼强调"得象而忘言"与"得意而忘象"。

王弼"得意忘言"原本是针对汉《易》滥用"互体"、"卦变"等五花八门的手段解《易》而发出的不满。但这种新型的解释方法对两汉繁琐的章句之学是一场思想革命，它启示了人们超越语言的桎梏去追求终极的本真，以致超越形质的拘累去追求精神的自由。它不仅为儒、道两家哲学文本的解读提供了一个全新的视野，而且推衍到宗教和文学文本的理解与阐释，进而渗透到关于人生、自然或艺术的审美体验中，具有广泛的方法论意义。

出师表

〔三国蜀〕诸葛亮

【题解】

诸葛亮（181—234）字孔明，琅邪阳都（今山东沂南）人。早年避乱荆州，躬耕垄亩，自比管仲、乐毅，被称作"卧龙"。建安十二年（207），刘备三顾茅庐，诸葛亮提出联吴抗曹的策略，并辅佐刘备建立蜀汉。章武元年（221），刘备称帝，拜诸葛亮为丞相。刘备死后，又辅佐后主刘禅，被封为武乡侯。诸葛亮东连孙吴，南平孟获，前后六次出师伐魏，最后因病卒于五丈原（今陕西岐山五丈原镇）。诸葛亮长于巧思，损益连弩，制木牛流马，作八阵图等。《三国志》卷三五有传。晋陈寿等辑有《诸葛氏集》二十四篇。今人段熙仲、闻旭初编校有《诸葛亮集》。蜀汉建兴五年（227），诸葛亮驻军汉中（今属陕西）。在率师伐魏之际，上疏刘禅，"报先帝而忠陛下"，表达对蜀汉的忠肝义胆，便是这篇流传千古的《出师表》。六年十一月，诸葛亮闻孙权破曹休，魏军东下，关中虚弱，又再次上表出师，于是乃有蜀、魏散关之战。后人遂称建兴六年所上表为《后出师表》，称此五年所上表为《前出师表》。表，是古代臣下向君主陈情言事的一种文体。

　　臣亮言：先帝创业未半[1]，而中道崩殂[2]。今天下三分[3]，益州罢弊[4]，此诚危急存亡之秋也。然侍卫之臣不懈于内[5]，忠志之士忘身于外者，盖追先帝之遇[6]，欲报之于陛下也。诚宜开张圣听[7]，以光先帝遗德[8]，恢志士之气[9]，不宜妄自菲薄，引喻失义[10]，以塞忠谏之路也。

　　宫中府中[11]，俱为一体，陟罚臧否[12]，不宜异同。若有作奸犯科及为忠善者[13]，宜付有司[14]，论其刑赏，以昭陛下平明之理[15]，不宜偏私[16]，使内外异法也[17]。侍中、侍郎郭攸之、费祎、董允等[18]，此皆良实[19]，志虑忠纯，是以先帝简拔以遗陛下[20]，愚以为宫中之事，事无大小，悉以咨之[21]，然后施行，必能裨补阙漏[22]，有所广益也[23]。将军向宠[24]，性行淑均[25]，晓畅军事，试用于昔日，先帝称之曰能，是以众议举宠为督[26]。愚以为营中之事，悉以谘之，必能使行阵和穆[27]，优劣得所也[28]。亲贤臣，远小人，此先汉所以兴隆也[29]；亲小人，远贤士，此后汉所以倾颓也[30]。先帝在时，每与臣论此事，未尝不叹息痛恨于

461

桓、灵也[31]。侍中、尚书、长史、参军[32]，此悉贞亮死节之臣也[33]，愿陛下亲之信之，则汉室之隆，可计日而待也。

臣本布衣[34]，躬耕于南阳[35]，苟全性命于乱世，不求闻达于诸侯[36]。先帝不以臣卑鄙[37]，猥自枉屈[38]，三顾臣于草庐之中[39]，谘臣以当世之事，由是感激，遂许先帝以驱驰[40]。后值倾覆[41]，受任于败军之际[42]，奉命于危难之间[43]，尔来二十有一年矣[44]。先帝知臣谨慎，故临崩寄臣以大事也[45]。受命以来[46]，夙夜忧叹[47]，恐托付不效，以伤先帝之明。故五月度泸[48]，深入不毛[49]。今南方已定，兵甲已足，当奖帅三军，北定中原，庶竭驽钝[50]，攘除奸凶[51]，兴复汉室，还于旧都[52]。此臣之所以报先帝[53]，而忠陛下之职分也。

至于斟酌损益[54]，进尽忠言，则攸之、祎、允之任也。愿陛下托臣以讨贼兴复之效，不效[55]，则治臣之罪，以告先帝之灵；若无兴德之言[56]，则责攸之、祎、允等慢[57]，以章其咎[58]；陛下亦宜自课，以咨诹善道[59]，察纳雅言[60]，深追先帝遗诏[61]。臣不胜受恩感激。今当远离，临表涕泣，不知所云。

《文选》卷三七

【注释】

[1]先帝：指蜀汉皇帝刘备，谥"昭烈"。先，尊称死去的人。　　[2]而：竟然。中道：中途。崩殂（cú 粗，阳平）：死。崩，古时指皇帝死亡。　　[3]三分：指天下分为魏、蜀、吴三国。　　[4]益州罢（pí 皮）弊：指蜀国处境艰难。益州，汉代十三刺史部之一，三国时期，其最大范围包含今四川西部部分地区、重庆、云南、贵州、汉中大部分地区及缅甸北部、湖北、河南小部分地区。罢，通"疲"。　　[5]"然侍卫之臣"二句：这里指无论侍卫的臣僚还是忠心的将士，无论内外，都毫不懈怠，舍生忘死。　　[6]遇：优待，恩遇。《三国志》作"殊遇"。　　[7]诚：确实。宜：应该。开张圣听：扩大圣明的听闻，意思是广泛地听取意见。开张，扩大。　　[8]光：发扬。遗德：留下的美德。　　[9]恢：恢弘，光大。《三国志》作"恢弘"。　　[10]引喻失义：讲话的事理不恰当。引喻，称引，譬喻。义，适宜，恰当。　　[11]"宫中府中"二句：内宫的近臣和丞相府的官吏，都是一体。宫中，指皇宫中的近侍之臣。府中，指丞相府中的官吏。　　[12]陟（zhì 志）罚：奖励，惩罚。指官吏的升降。臧否（pǐ 匹）：善恶，好坏。指时人的评价。　　[13]作奸犯科：做奸邪之事，触犯科条律令。　　[14]有司：有关管理机构。　　[15]平明：公平严明。　　[16]偏私：偏袒，护私。　　[17]内外异法：内宫和外府的刑赏之法有所不同。　　[18]侍中、侍郎：皇帝的近臣。郭攸之、费祎（yī 医）、董允：郭攸之字演长，南阳（今属河南）人，时任侍中。费祎（？—253）字文伟，江夏（今河南罗山）人，时任侍中。《三国志》卷四四有传。董允（？—246）字休昭，南郡枝江（今属湖北枝江）人，时任黄门侍郎。《三国志》卷

三九有传。　　[19]良实：忠良笃诚。　　[20]简拔：选拔。遗（wèi 畏）：给予。　　[21]悉：全部。咨：询问，商量。后文"谘"，均同"咨"。　　[22]裨（bì 必）：补。　　[23]广益：增益。　　[24]向宠（？—240）：襄阳宜城（今湖北宜城）人。刘备时为牙门将，刘禅立，封都亭侯，迁中部督，典宿卫兵。为诸葛亮所重，迁中领军。延熙三年（240），征蛮夷，遇害。《三国志》卷四一有传。　　[25]性行（xíng 刑）淑均：性情品行贤良端正。淑，贤良。均，公正。　　[26]督：官名，此指中部督，禁卫军的统帅。　　[27]行（háng 航）阵：指军队。　　[28]优劣得所：好的差的各得其所，指人尽其用。　　[29]先汉：指西汉（前206—后24）。　　[30]后汉：指东汉（25—220）。　　[31]痛恨：痛心，遗憾。桓、灵：东汉末年的桓帝（刘志，147—167在位）和灵帝（刘宏，168—189在位）。当时宦官当政，政治腐败，导致了汉末大乱。　　[32]侍中、尚书、长史、参军：皆官职名。侍中，指郭攸之、费祎。尚书，指陈震，字孝起，南阳人。长史，指张裔，字君嗣，成都（今属四川）人。参军，指蒋琬，字公琰，零陵湘乡（今属湖南）人。　　[33]贞亮死节：坚贞磊落，为气节而死。亮，《三国志》作"良"。　　[34]布衣：指平民，百姓。　　[35]躬：亲自。南阳：治所在邓州（今属河南）。《汉晋春秋》："亮家于南阳之邓县，在襄阳城西二十里，号曰隆中。"　　[36]闻达：扬名显贵。　　[37]卑鄙：身世低微，见识浅陋。　　[38]猥（wěi 伟）：委屈，辱没。枉屈：枉驾屈就。　　[39]三顾：《三国志·蜀书·诸葛亮传》载："徐庶谓先主曰：'此人（指诸葛亮）可就见，不可屈致也。将军宜枉驾顾之。'由是先生遂诣亮，凡三往，乃见。"　　[40]驱驰：奔走效劳。　　[41]倾覆：失败挫折。　　[42]败军之际：指建安十三年（208）刘备在当阳（今属湖北）长坂被曹操击溃一事。　　[43]奉命：指求救于江东一事。　　[44]尔来：从那时到现在。二十有一年：从建安十二年（207）刘备三顾茅庐，到诸葛亮上表出师北伐之时，计二十一年。有，通"又"。　　[45]临崩寄臣以大事：指刘备临终托孤，嘱托诸葛亮辅佐刘禅，兴复汉室。据《诸葛亮传》，章武三年（223），刘备临终时对诸葛亮说："君才十倍曹丕，必能安国，终定大事。若嗣子可辅，辅之；如其不才，君可自取。"诸葛亮回答说："臣敢竭股肱（gǔgōng 古公）之力，效忠贞之节，继之以死。"刘备又诏敕刘禅："汝与丞相从事，事之如父。"　　[46]受命：接受遗命，指刘备临终之托。　　[47]夙夜：日夜，从早到晚。　　[48]度：通"渡"。泸：泸水，指今雅砻江下游及雅砻江与金沙江合流后至云南巧家县一段金沙江。在四川、云南二省间。　　[49]不毛：比喻荒凉僻远之地。"故五月度泸，深入不毛"，言不顾个人安危和艰难困苦。　　[50]庶：希望。驽（nú 奴）钝：劣马和钝刀，谦称自己才能平庸。　　[51]攘（rǎng 壤）除：排除，消灭。　　[52]旧都：指东汉京都洛阳。　　[53]之：用于主谓之间，取消句子的独立性。《三国志》无"之"字。　　[54]斟酌损益：做事要经过周详考虑，掌握分寸。损，减少。益，增加。　　[55]不效：没有成效。效，成效。　　[56]兴德之言：发扬陛下恩德的忠言。"若无兴德之言则"七字原阙，今据中华书局《三国志》点校本补。　　[57]慢：怠慢，疏忽。原作"咎"，今据中华书局《三国志》点校本改。　　[58]章：同"彰"，表明，指出。咎：过失，过错。原作"慢"，今据中华书局《三国志》点校本改。　　[59]咨诹（zōu 邹）善道：询问正确的治国良策。　　[60]察纳雅言：识别采纳正确的意见。雅言，正确的言论。　　[61]深追先帝遗诏：深深追念先帝留下的诏令。据《三国志·蜀书·先主传》注引《诸葛亮集》，刘备遗诏中说："勿以恶小而为之，勿以善小而不为。惟贤惟德，能服于人。"

【解析】

蜀汉章武三年（223）春，刘备临终对诸葛亮托孤："君才十倍曹丕，必能安国，终定大事。若嗣子可辅，辅之；如其不才，君可自取。"刘备死后，留下的是一个内外交困、危机四伏的局面。曹魏虎视眈眈，蜀吴交恶，南中诸郡，并皆叛乱，蜀汉的国力遭到了严重削弱。刘禅即位，建兴元年（223），诸葛亮被封为武乡侯，开府治事，东联孙吴。三年春，诸葛亮率军南征，秋，平定叛乱。"军资所出，国以富饶"，蜀国的形势有了很大好转。五年，诸葛亮驻军汉中，北图中原，临行上疏，后人名之为《出师表》。

"今天下三分，益州罢弊，此诚危急存亡之秋也。"开头先总提天下形势，落笔沉重。就当时的形势而言，这确实是诸葛亮的客观分析，而绝非是危言耸听。三国之中，蜀汉最为弱小，加上蜀吴交恶，连年征战，蜀汉的国势已相当疲弱。对蜀汉来说，其可以号召天下者，就是以正统自居的"兴复汉室"。诸葛亮在表中一开始就这么说，是为了激励后主发奋图强，继承先帝遗志。

"报先帝而忠陛下之职分"，是这篇文章之骨。因为要"报先帝"，所以追述往事，言先帝对自己的知遇之恩，自己与先帝患难与共的创业经历，以及先帝的治国理政的经验。因为"忠陛下"，所以对刘禅殷切叮咛，反复致意，告诉他要广开言路，要赏罚分明，要亲贤远佞，要鉴往知来，等等，大至治国理念，小至人事安排，无不一一言之，唯恐有丝毫差池。

在封建社会中，诸葛亮已然成为智慧的化身和忠君的典范。为先帝开基业，为后主尽忠心，他开济两朝的人生经历，使得此表充溢着一种沛然难御而又低徊往复的情感。为了"报先帝而忠陛下"，诸葛亮不惜劳师袭远，不惜以弱击强，抱定了"兴复"的目的，万死不辞，鞠躬尽瘁，死而后已。杜甫慨叹说"出师未捷身先死，长使英雄泪满襟"（《蜀相》），陆游则激赏说"出师一表真名世，千载谁堪伯仲间"（《书愤》），这都是对诸葛亮本人及其《出师表》的深切回应。今天看来，诸葛亮在文中所总结的广开言路、赏罚分明、亲贤远佞、鉴往知来等原则，则是跨越时空的历史经验，而其忠于职守、奋不顾身、鞠躬尽瘁、死而后已的人格，千载之下，依然令人感动不已。

庄子注序

〔西晋〕郭象

【题解】

郭象（252？—312）字子玄，玄学思想家，河南（今河南洛阳）人。其一生经历了西晋王朝从建立到灭亡的全过程。他好清谈，喜好老庄学说，但对现实又抱有迎合的态度。历官司徒掾、黄门侍郎，当东海王司马越征拜他为太傅主簿时，他欣然应命，任职当权。《晋书》卷五〇有传。郭象除流传下来的《庄子注》外，其他著述均已散佚。《庄子注》的哲学体系，既不同于何晏、王弼的"贵无"说，也不同于裴頠的"崇有"论，力图把道家学说和儒家思想结合起来，在"自生"、"独化"、"玄冥"基础上，努力实现"有"和"无"的统一。郭象的哲学代表了魏晋玄学的一个重要派别，也代表了正始之后玄学发展的一个新的阶段。郭象在本文中，以思想家的眼光对庄子思想进行评价，因而不可避免地带有很多自己的哲学特色。序文以《庄子·天下》篇"内圣外王"一语作为支点，对庄子的学说作了改造。其中提出"独化于玄冥之境"的观点，正表达了郭象特有的思想。本文原作《南华真经序》，今改称《庄子注序》。

夫庄子者，可谓知本矣[1]，故未始藏其狂言[2]，言虽无会而独应者也[3]。夫应而非会，则虽当无用[4]；言非物事[5]，则虽高不行。与夫寂然不动[6]，不得已而后起者，固有间矣，斯可谓知无心者也[7]。夫心无为[8]，则随感而应，应随其时，言唯谨尔。故与化为体[9]，流万代而冥物，岂曾设对独遘而游谈乎方外哉[10]！此其所以不经而为百家之冠也[11]。

然庄生虽未体之[12]，言则至矣。通天地之统[13]，序万物之性，达死生之变，而明内圣外王之道。上知造物无物[14]，下知有物之自造也。其言宏绰[15]，其旨玄妙。至至之道[16]，融微旨雅[17]。泰然遣放[18]，放而不敖[19]。故曰不知义之所适，倡狂妄行，而蹈其大方。含哺而熙乎澹泊[20]，鼓腹而游乎混茫。至仁极乎无亲[21]，孝慈终于兼忘。礼乐复乎已能，忠信发乎天光。用其光则其朴自成，是以神器独化于玄冥之境而源深流长也[22]。

故其长波之所荡[23]，高风之所扇，畅乎物宜[24]，适乎民愿。弘其鄙[25]，解其悬，洒落之功未加[26]，而矜夸所以散。故观其书，超然自以为已当，经昆仑[27]，涉太虚，而游惚恍之庭矣。虽复贪婪之人，进躁之士[28]，暂而揽其馀芳[29]，味其溢流，仿佛其音影，犹足旷然有忘形自得之怀，况探其远情而玩永年者乎[30]！遂绵邈清遐[31]，去离尘埃而返冥极者也。

《庄子注疏》卷首

【注释】

[1]知本：即知"无心"这个根本。郭象认为庄子虽"知本"但还未能以真切的体验而通于大道，所以还不及圣人。这和王弼所言老子不及孔子一样，是魏晋一时的通说。　　[2]狂言：《庄子·知北游》："已矣！夫子无所发予之狂言而死矣夫！"郭象注："自肩吾以下，皆以至言为狂而不信也。"成玄英疏："狂言，犹至言也。"郭象这里的意思是说，庄子发为"狂言"，"狂言"固不及"言唯谨尔"，但在所有言说的范围内，毕竟"狂言"已臻极至，"狂言"即是"至言"，所以庄书才是"百家之冠"。　　[3]言虽无会而独应者也：是说庄子所发之"言"虽然无人相合，却与真理相应。这是对庄子之"言"的肯定。会，合。无会，无人相合。独应，独与真理相应。　　[4]虽当无用：虽然正确而不被采用。　　[5]"言非物事"二句：是说庄子虽发言高妙但也存在不足。在郭象看来，言论应根据所遇的具体情况而发，否则即便有道理也无实用。言论如果不涉及具体的事物，即便高深莫测也难以实行，只能是一些虚无缥缈、无关实际的玄妙之言。这说明庄子虽然知本，但还没有做到本末合一，与真正的无心者还有一定的距离，还没有达到圣人的境界。　　[6]"与夫

寂然不动"三句:是说无心无为的人是最高的理想人物,而庄子与这种人还有一定的距离。　　[7]斯可谓知无心者也:意思是说,这种人可以说是了解无心的人。　　[8]"夫心无为"四句:是说那无心无为的人以时应物,言语是很谨慎的。　　[9]"故与化为体"二句:是说无心无为的人与世界的变化过程合而为一,恒久地与万物融合无间。流,流动。冥物,与物默然契合。　　[10]"岂曾设对独遘(gòu　够)"句:是说那静默无为的人并没有设为问答而独有所见,恣意谈论世外的问题。设对,设为问答。独遘,独有所见。　　[11]此其所以不经而为百家之冠也:是说庄子与无为的圣人不同,与经常之理不合,因而不属于儒家,只能为百家的首脑。不经,不合常理。　　[12]体之:即体道,指以真切体验而通于大道。　　[13]"通天地之统"四句:统,总汇。序,同"叙",阐明。达,表达,表述。内圣,指内心修养达到圣人的境界。外王,指社会的功业。以上四句皆是对"言则至矣"一句的具体表述。　　[14]"造物无物"二句:是说没有造物主,物物都是自己生成的。这是郭象用自己的思想来解释庄子。　　[15]宏:大。绰:宽广。　　[16]至至:至极。　　[17]融微旨雅:融会精微,旨意纯正。　　[18]遣放:遣情放意。　　[19]敖:傲慢。　　[20]"含哺而熙乎澹泊"二句:《庄子·马蹄》:"含哺而熙,鼓腹而游。"含哺,口中含着食物。熙,通"嬉",嬉戏。澹泊,恬静无为。混茫,混沌蒙昧,指人类未开化的状态。　　[21]"至仁极乎无亲"四句:最高的仁爱无所亲爱,孝慈之极是孝慈两忘。已能,本来固有之能。天光,自然的明智。这里郭象利用老子的思想将礼乐、忠信等称为"复乎已能","发乎天光",表明这些名教规范乃是内在地源于人们的自然本性,而非外在的强制。对郭象而言,不论是名教还是自然,都有人性的内在根源,只有"用其光"(名教),才能"其朴自成"(自然),最终达到"神器独化于玄冥之境"。　　[22]神器:《老子》第二十九章:"天下神器,不可为也。"这里的神器代指国家政权。工弼则释神器为万物:"神,无形无方也。器,合成也。无形以合,故谓之神器也。万物

471

以自然为性，故可因而不可为也，可通而不可执也。"序文此处神器亦应指万物。独化，自然而化。玄冥，指万物的本性、性分之间内在的协同关系，也就是自然和社会的整体和谐。　　[23]长波：指影响。荡：动。　　[24]畅：通达。　　[25]"弘其鄙"二句：弘，开廓。解其悬，解开倒悬，即消除苦闷。　　[26]"洒落之功未加"二句：是说受庄子思想影响的人，虽然未必都能达到逍遥洒落的境界，但总可以祛除其矜夸之气。洒落，思想开阔，没有拘束。矜夸，自我炫耀。　　[27]"经昆仑"二句：昆仑，山名，古代认为是得道之人所居。太虚，太空。惚恍（hūhuǎng　忽谎）之庭，似有似无的处所。　　[28]进躁：同"躁进"。　　[29]揽：敛取。　　[30]况探其远情而玩永年者乎："探"、"玩"互文见义，同前文的"揽"、"味"相呼应，皆指玩味《庄子》。"玩永年"指长期研习《庄子》的人。　　[31]"遂绵邈清遐"二句：是说长久涵泳玩味《庄子》，自然可以涤荡秽污，免于俗累，达到淡然自得的人生境界。绵邈，长远。清遐，清虚超脱。冥极，幽深的极处，指最高的境界。

【解析】

《庄子注序》是郭象《庄子注》的学术纲领，序文中所阐发的"内圣外王"之道，也是郭象《庄子注》的基本思想。

郭象极力调和儒道两家思想，在他看来，庄子"上与造物者游，而下与外死生、无终始者为友"（《庄子·天下》），喜好"设对独遘而游谈乎方外"的特点，不免导致其言"应而非会，则虽当无用"以及"言非物事，则虽高不行"。这是郭象不满于庄子哲学，并在序文中着力批评庄子的地方。相对于这种批评，郭象则大力赞扬了"知无心者",所谓"知无心者"即是圣人,他们"心无为,则随感而应,应随其时,言唯谨尔。故与化为体,流万代而冥物"。这种赞语其实是一种内圣外王精神的表述。在郭象看来,只有应物入世的圣人能做到内圣外王,也只有圣人,能既"游内"又能"游外"。庄子之所以喜好"游谈乎方外",根源上还在于将道与万物、无与有、方外与方内分割为二,使其不能真正统一,导致内圣、外王无法真正得以统一。

郭象所理解的内圣外王,是与玄学的时代主题,即自然与名教问题联系在一起的,他通过调和儒家与道家,进而统一内圣与外王,解决了名教与自然、方内与方外的矛盾。在郭象看来,礼乐、忠信等名教规范乃是内在地源于人们的自然本性,而非外在的强制。不论是名教还是自然,都有人性的内在根源,只有"用其光"(名教),才能"其朴自成"(自然),最终达到"神器独化于玄冥之境"。在郭象思想中,"玄冥"是一个表示事物之间关系的范畴,在"玄冥"关系下,物或人都能达到一种共通、和谐的状态,这种和谐关系的最高境界是事物在完满地实现自我本性的情况下"玄同彼我",而在主体世界中,真正能实现"玄同"的只有圣人,所以要使世界万物均处于"玄冥"之境,需要圣人"游外以冥内"、"无心以顺有",最终达到"无为而无不为"的境界。郭象心目中的理想社会图景也是如此。

崇有论

〔西晋〕裴頠

【题解】

裴頠（wěi 伟。267—300）字逸民，河东闻喜（今属山西）人。西晋司空裴秀次子，袭爵钜鹿郡公。博通多闻，兼明医术，能说善辩，自少知名。晋惠帝时，官至尚书左仆射。同情庶族，主张选贤任能，反对当时只看门第出身，不问才能高低的风气。因反对赵王司马伦的贪暴而被杀害，时年三十四。《晋书》卷三五有传。裴頠的著作多已佚失，今尚存的《崇有论》，见《晋书》本传。当时朝廷士大夫皆以浮夸虚诞为美，废弛职业，故裴頠作《崇有论》，以纠正玄学的偏差，维护儒学的正统地位，稳定当时的社会秩序。其批判锋芒直接对准何晏、王弼一派所宣扬的贵无论学说，论证崇有必优于贵无。

夫总混群本[1]，宗极之道也。方以族异[2]，庶类之品也。形象著分[3]，有生之体也。化感错综[4]，理迹之原也。夫品而为族[5]，则所禀者偏，偏无自足[6]，故凭乎外资。是以生而可寻[7]，所谓理也。理之所体[8]，所谓有也。有之所须[9]，所谓资也。资有攸合[10]，所谓宜也。择乎厥宜[11]，所谓情也。识智既授[12]，虽出处异业，默语殊途，所以宝生存宜，其情一也。

众理并而无害[13]，故贵贱形焉。失得由乎所接[14]，故吉凶兆焉。是以贤人君子，知欲不可绝而交物有会[15]，观乎往复[16]，稽中定务。惟夫用天之道[17]，分地之利，躬其力任，劳而后飨；居以仁顺[18]，守以恭俭，率以忠信，行以敬让，志无盈求，事无过用，乃可济乎。故大建厥极[19]，绥理群生，训物垂范，于是乎在，斯则圣人为政之由也。

若乃淫抗陵肆[20]，则危害萌矣。故欲衍则速患，情佚则怨博[21]，擅恣则兴攻[22]，专利则延寇，可谓以厚生而失生者也。悠悠之徒[23]，骇乎若兹之衅，而寻艰争所缘。察夫偏质有弊[24]，而睹简损之善[25]，遂阐贵无之议，而建贱有之论。贱有则必外形[26]，外形则必遗制，遗制则必忽防[27]，忽防则必忘礼。礼制弗存，则无以为政矣。

众之从上，犹水之居器也[28]。故兆庶之情，信于所习[29]，习则心服其业[30]，业服则谓之理然。是以君人必慎所教[31]，班其政刑一切之务，分宅百姓，各授四职，能令禀命之者不肃而安[32]，忽然忘异，莫有迁志[33]。况于据在三之尊[34]，怀所隆之情，敦以为训者哉[35]！斯乃昏明所阶[36]，不可不审。

夫盈欲可损而未可绝有也[37]，过用可节而未可谓无贵也[38]。盖有讲言之具者[39]，深列有形之故，盛称空无之美。形器之故有征，空无之义难检[40]，辩巧之文可悦，似象之言足惑[41]，众听眩焉，溺其成说。虽颇有异此心者，辞不获济[42]，屈于所狎，因谓虚无之理诚不可盖[43]。唱而有和，多往弗反[44]，遂薄综世之务，贱功烈之用，高浮游之业[45]，埤经实之贤[46]。人情所殉，笃夫名利。于是文者衍其辞[47]，讷者赞其旨，染其众也。是以立言藉于虚无，谓之玄妙；处官不亲所司，谓之雅远；奉身散其廉操[48]，谓之旷达。故砥砺之风弥以陵迟[49]，放者因斯或悖吉凶之礼[50]，而忽容止之表，渎弃长幼之序，混漫贵贱之级，其甚者至于裸裋[51]，言笑忘宜，以不惜为弘[52]，士行又亏矣。

老子既著五千之文，表撷秽杂之弊[53]，甄举静一之义[54]，有以令人释然自夷[55]，合于《易》之《损》、《谦》、《艮》、《节》之旨[56]。而静一守本[57]，无虚无之谓也。《损》、《艮》之属[58]，盖君子之一道，非《易》之所以为体守本无也。观老子之书，虽博有所经[59]，而云"有生于无"[60]，以虚为主，偏立一家之辞，岂有以而然哉[61]！

人之既生，以保生为全，全之所阶[62]，以顺感为务。若昧近以亏业[63]，则沉溺之衅兴[64]；怀末以忘本[65]，则天理之真灭[66]。故动之所交[67]，存亡之会也[68]。夫有非有[69]，于无非无；于无非无，于有非有。是以申纵播之累[70]，而著贵无之文，将以绝所非之盈谬[71]，存大善之中节[72]，收流遁于既过，反澄正于胸怀，宜其以无为辞，而旨在全有，故其辞曰："以为文不足[73]。"若斯，则是所寄之途[74]，一方之言也。若谓至理信以无为宗[75]，则偏而害当矣。

先贤达识[76]，以非所滞，示之深论[77]。惟班固著

《难》[78]，未足折其情。孙卿、扬雄大体抑之[79]，犹偏有所许。而虚无之言，日以广衍，众家扇起，各列其说。上及造化[80]，下被万事，莫不贵无。所存金同[81]，情以众固，乃号凡有之理皆义之埤者，薄而鄙焉。辩论人伦及经明之业，遂易门肆[82]。頠用矍然[83]，申其所怀，而攻者盈集，或以为一时口言[84]。有客幸过，咸见命著文，擿列虚无不允之征[85]。若未能每事释正，则无家之义弗可夺也[86]。頠退而思之，虽君子宅情[87]，无求于显，及其立言，在乎达旨而已。然去圣久远，异同纷纠，苟少有仿佛[88]，可以崇济先典[89]，扶明大业，有益于时，则惟患言之不能，焉得静默及未举一隅[90]，略示所存而已哉。

夫至无者[91]，无以能生，故始生者，自生也。自生而必体有[92]，则有遗而生亏矣[93]。生以有为己分[94]，则虚无是有之所谓遗者也。故养既化之有[95]，非无用之所能全也。理既有之众[96]，非无为之所能循也。心非事也[97]，而制事必由于心，然不可以制事以非事，谓心为无也。匠非器也[98]，而制器必须于匠，然不可以制器以非器，谓匠非有也。是以欲收重泉之鳞[99]，非偃息之所能获也[100]；陨高墉之禽[101]，非静拱之所能捷也[102]；审投弦饵之用[103]，非无知之所能览也。由此而观，济有者皆有也[104]，虚无奚益于已有之群生哉！

《晋书》卷三五

【注释】

[1]“夫总混群本”二句：是说整个万有本身就是最根本的道，离开万有自身的存在就无所谓道。总，总括。混，混一。群本，指万有。宗极，是说最根本的。道，指万有的总和或总体。贵无派认为道是无，万有是从虚无的本体化生出来的。裴頠认为道并不是一个独立存在的实体，只是万有的总合，离开万有的存在也就无所谓道。　　[2]“方以族异”二句：是说众多的事物按照所属的族类不同而区别开来，这就是各种东西的品别。《周易·系辞上》：“方以类聚，物以群分。”方，指道的一方面、一部分。族，指族类。庶，众。品，品别。　　[3]形象著分：是说万有表现出不同的形象。著，显著。分，区分。　　[4]“化感错综”二句：是说万物的变化和错综复杂的关系是寻求事物内在之理的根据。也就是承认世界的规律性，并且认为事物的规律性就表现在事物的变化和相互作用之中。化感，指事物的生长变化和相互作用。理，条理、秩序、法则、规律。迹，行迹，表现。原，根源。　　[5]“夫品而为族”二句：是说既然万有互相区别为不同的种类，因此每一类都各有自己的特点，如水、火各为一类，水不能燃烧，火不能灌溉。禀，禀受。偏，偏属，特点。　　[6]“偏无自足”二句：是说每一个具体的物只是得道之一

479

偏，所以它不能孤立存在。凭乎外资，意思是说要凭借外在的条件，即依靠其他物体的资助。指与他物的相互作用。　　[7]"是以生而可寻"二句：是说万有的生化是有形迹可以探求的，这就叫作理。　　[8]"理之所体"二句：是说事物的理不能脱离具体事物而存在，理所依靠的是万有的个别存在。体，实体。有，指具体的个别事物。理不能离具体而虚现，而这实体就叫作"有"。　　[9]"有之所须"二句：这两句与上文"偏无自足，故凭乎外资"义同。须，凭借，依赖。资，资助，条件。　　[10]"资有攸合"二句：是说外界的条件与本身的需要相适应，就叫作宜。攸合，所合。攸，所。宜，适宜。　　[11]"择乎厥宜"二句：是说选择自己需要的，就是情。厥，其。情，指人的意识和情欲、愿望。　　[12]"识智既授"五句：是说既然各类事物都在选择适宜于自己需要的条件，那么人们有意识的社会行为，不管如何千差万别，也都是为了追求需要的满足，珍爱自己的生命。出处异业，《周易·系辞上》："君子之道，或出或处，或默或语。二人同心，其利断金。"出，出仕，即作官。处，居家。默，不作声。语，说话，立言。宝生存宜，珍贵生命，存养其所宜。　　[13]"众理并而无害"二句：是说众理并行而不相妨害，贵贱的等级就形成了。《中庸》："万物并育而不相害，道并行而不相悖。"并，并行，同时并存。形，形成。　　[14]"失得由乎所接"二句：是说由于一和外物接触就会产生得失（不和外物接触也就无所谓得失的问题），所以吉凶的苗头就显露出来了。《周易·系辞上》："吉凶者，失得之象也。"接，指与外物接触。兆，露出苗头。　　[15]交物有会：是说与外物接触时，吉凶存亡便存在其中了。交物，指与外物接触。会，会合点，关键，指下文所说："故动之所交，存亡之会也。"　　[16]"观乎往复"二句：指观察往返变化的过程，考求适当的原则，确定努力的方向。稽，考。　　[17]"惟夫用天之道"四句：惟，句首语气词。夫，指示词，那个。用天之道，利用天时变化的法则。躬其力任，亲身做自己能胜任的事。劳而后飨，劳动而后享受成果。飨，通"享"，享受。　　　[18]"居以仁顺"七句：居，居官。守，守业。率，表率。盈求，过分的欲求。事，指养生之事。过用，做得过分。济，成功。　　　[19]"故大建厥极"三句：是说大力建立最高的政治原则，安抚治理天下百姓，教导民众，树立规范。极，指最高原则。《尚书·洪范》："皇建其有极。"绥，安抚。理，管理，治理。训物，教导民众。垂范，显示规范。　　　[20]淫抗陵肆：是说欲望太盛，超越合理的限度。　　　[21]情佚：情欲放纵。佚，通"逸"，放逸。怨博：仇怨多。　　　[22]"擅恣则兴攻"三句：是说专擅恣意则引起相互攻斗，专谋私利则招致盗寇，由于过分重视生命，结果反而丧生。　　　[23]"悠悠之徒"三句：悠悠，众多。骇乎若兹之衅，被这样的祸患所惊吓。衅，祸患，指因厚生而致失生之祸。寻艰争所缘，寻求引起社会危机和争夺的原因。缘，缘由。　　　[24]偏质：指万有的本性。本性皆有所偏，因而产生对外物的欲望，故名偏质。此承上文"夫品而为族，故所禀者偏，偏无自足，故凭乎外资"而言。　　　[25]简损：指摒除物欲，减少思虑作为，不与外物相接，也就是主张清净无为。简，简约。损，减省，摒除。　　　[26]"贱有则必外形"二句：以个体的存在为贱。外形，把形体置之度外。因为形体是有，所以贱有则必外形。遗制，遗弃礼制法度。　　　[27]忽防：忽视伦理规范。防，指防止人逾越名教的各种伦理规范。　　　[28]水之居器：谓水在器皿中，其形态随器皿的形状而变化。　　　[29]信于所习：信从所习惯的政教。　　　[30]心服其业：安心于他们的职业身份。　　　[31]"君人必慎所教"四句：慎所教，小心地对百官和人民进行教育。这是说不能用贵无的理论来教育。班，同"颁"，颁布。务，事务。分宅百姓，使百姓分居其位，各守其业。宅，处置。四职，指士、农、工、商。　　　[32]禀命之者：指百官和人民。不肃而安：指政令不必严厉而各安于其职分。　　　[33]莫有迁志：没有人产生改变职分的想法。　　　[34]据在三之尊：居于三公的高位。三，指三公，即司马、司徒、司空。　　　[35]敦以为训者：努力教化人民的人。　　　[36]"斯乃昏明所阶"二句：是说这乃是区分政治昏乱或清明的关键，不能不谨慎。审，谨慎。　　[37]夫盈欲可损而未可绝有也：是说过奢的欲望可以减少，但不可以完全禁绝。　　[38]过用：做得过分。无贵：即贵无，以无为贵。　　[39]讲言之具：谈说辩论的才能。　　[40]难检：难以检查证实。　　[41]似象之言：似是而非的言论。　　[42]"辞不获济"二句：是说言辞不能明确表达，被原来所熟悉的议论所屈服。狎，习。　　[43]不可盖：不能盖过，谓无以复加。　　[44]往弗反：偏执一种议论而不知回头。《庄子·天下》："悲夫！百家往而不反。"　　[45]浮游：浮泛不实。　　[46]埤（bēi 悲）：同"卑"，卑下。经实：经理实际事务。　　[47]衍其辞：推广贵无的言论。　　[48]奉身：持身，做人。散其廉操：放松廉洁操守。　　[49]砥砺：磨砺，喻修身。陵迟：衰败。　　[50]悖：违背。吉凶之礼：指冠、婚、丧、葬的礼节。　　[51]裸裎（chéng 成）：赤身露体。　　[52]不惜：无所顾惜，指不遵礼法。　　[53]表摭（zhí 直）：揭露。秽杂：指繁多。　　[54]甄举：标出。静一：守静抱一。　　[55]释：同"怿"，悦服的意思。自夷：心情平静。夷，平。　　[56]合于《易》之《损》、《谦》、《艮》、《节》之旨：这是《汉书·艺文志》对道家的总评，是说老子静一的理论合乎《周易》这四卦义。损、谦、艮、节都是《周易》的卦名。　　[57]"静一守本"二句：这是裴𬱟对《老子》的理解。裴𬱟认为贵无派歪曲了《老子》的思想。静一守本，是说《老子》的静一在守本，而本并非无。守，持守。本，根本。　　[58]"《损》、《艮》之属"三句：这是说《损》、《艮》等卦之义只是君子之道的一个方面，并非《周易》主张以虚无为本。句中"守本无"三字，有人认为是涉上文而衍的衍文。　　[59]有所经：即有所根据。　　[60]有生于无：《老子》第四十章："天下万物生于有，有生于无。"　　[61]有以：有什么原因。　　[62]"全之所阶"二句：全生的关键，是顺从人对外物的感受，指满足人的物欲。　　[63]味近：一本作"味道"，玩味于道，指沉溺于贵无之论。亏业：损害职守。　　[64]沉溺之衅兴：沉溺于虚无的祸患就会发生。 [65]末：指纵欲的行为。本：指全生。 [66]天理：指生命的自然本性。 [67]动之所交：指与外物接触的活动。 [68]存亡之会：存亡的关键，意谓对欲望有节制则存，无节制则亡。 [69]"夫有非有"四句：这四句话文字简约，意义不甚明晰。一说"于有非有"指纵欲求生反而使自己的生命遭到亏损。"于无非无"指对物欲有所减损，并不是消灭自己的生命。一说这是指从有到无、从无到有的辗转变化。前说近是。 [70]申：说明。纵播：放纵欲望。累：害处。 [71]绝：绝弃，防止。所非：所反对的。盈谬：指欲望太盛的谬误。 [72]"存大善之中节"五句：中节，指对欲望的满足适当。收流遁于既过，改正已经犯下的错误。澄正，清正。以无为辞，而旨在全有，意思是说无的目的在于保全个体生命的存在。 [73]以为文不足：《老子》第十九章："此三者以为文不足，故令有所属，见素抱朴，少私寡欲。" [74]"所寄之途"二句：是说老子根据他所寄托的途径，提出的一个方面的理论。上文说老子"偏立一家之辞，岂有以而然哉"，此段即是具体说明老子的用意。一方之言，指有所为而发的一偏之言。 [75]至理：最高最完备的道理。以无为宗：即以无为本。 [76]"先贤达识"二句：是说前世的贤达之士，对老庄之学非所留心。滞，滞留。 [77]示之深论："示"，疑当作"未"。 [78]班固：东汉著名史学家，著有《难庄论》，现仅存片段，见《艺文类聚》卷九七。 [79]"孙卿、扬雄"二句：荀子对老庄的批评见《荀子》的《天论》、《解蔽》。扬雄的批评见《法言》的《问道》、《君子》。偏有所许，赞成其某一方面，肯定庄了有片面的真理。 [80]造化：指化生万物。 [81]"所存金（qiān 千）同"二句：是说一种想法因为赞成的人多了，就形成牢固的流行的看法。所存，所存想、所主张的。金，都。 [82]遂易门肆：指当时学风由尊崇儒术转变成尊崇老庄之学。门肆，门面，门户。 [83]用：因而。瞿（jué 绝）然：惊惶忧惧的样子。 [84]一时口言：指未经深思，随口说出来的话。　　　[85]摘（tī 梯）：揭发，揭露。不允：不当。征：证据。　　　[86]无家之义弗可夺：指贵无派的理论不能驳倒。　　　[87]宅情：居心安定。　　　[88]少有仿佛：是说多少有一点接近真理的地方。　　　[89]崇济先典：是说可以有助于发扬古代儒家经典。　　　[90]"焉得静默及未举一隅"二句：是说哪里能够连道理的一端也未举出，只是约略表示自己的想法而已呢！　　　[91]"夫至无者"四句：是说绝对的无，什么也生不出来，万有自生，而非由无而生。　　　[92]体有：以有为体，即以自己的存在为实体。　　　[93]有遗：有受到损害。生亏：生命亏损。　　　[94]"生以有为己分"二句：是说凡是生长变化的东西，都是以有（自己的存在）为自己的本分，所谓无，就是有受到损害而不存在。　　　[95]"养既化之有"二句：是说资养已生化的万有，不是无用所能保全的。无用，即以无为用。　　　[96]"理既有之众"二句：是说治理已存在的群众，不是无为所能安抚的。理，治理。循，安抚。　　　[97]"心非事也"四句：是说心不是事，心是制裁万事的，但不能因为制裁万事的（指心）本身不是事，就认为心是无。这是说，心的活动也是有。　　　[98]"匠非器也"四句：是说工匠不是器，工匠是制造器的，但不能因为制造器的（指工匠）本身不是器，就认为工匠是不存在了。这是说，制器的活动也是有。　　　[99]重泉之鳞：深水中的鱼。泉，应作"渊"，唐人修史避唐高祖李渊讳改为"泉"。　　　[100]偃息：偃卧休息。　　　[101]高墉（yōng 庸）：高墙。　　　[102]静拱：静坐拱手。捷：通"接"，谓射中。　　　[103]"审投弦饵之用"二句：是说要详细知道运用弓箭和钓饵的技术，不是无知所能明察到的。　　　[104]济有者皆有：是说济助有的都是有，意谓无不能全有。

【解析】

　　裴頠《崇有论》主要是针对何晏、王弼的"贵无论"而发，主旨在于肯定儒学仁义礼制的合理性，它的出现标志着魏晋南北朝的儒学进入了一个新的阶段。

《崇有论》首末两段是全文的总纲，中间几段依次阐述了贵无学说的危害、老子思想的要旨以及《崇有论》的著述缘由及其意义。第一段，阐述了"道"、"理"、"有"、"资"、"宜"、"情"等几个概念。在裴頠看来，整个万有本身就是最根本的道，离开万有自身的存在就无所谓道，这是从本体论的角度肯定了现存世界的合理性，否定了何晏、王弼等万物以无为本的主张。在此基础上，他通过对"类"这一概念的探析，指出"崇有"之"有"，是具体的、特殊的"有"。又通过对"资"这一概念的探讨，更进一步地指出不同的"有"之间并非孤立存在，而是相互依存的。最末一段，裴頠进一步肯定了世界万物的本体是"有"而不是"无"，他指出万物最初的产生，都是自己生成的，万物的生存以"有"为自己的立足点，失去"有"也就是丧失"生"，"虚无"不过是"有"的消失状态。

裴頠力图为儒家的仁义礼制提供理论与逻辑上的证明。他指出，悠悠之徒"察夫偏质有弊，而睹简损之善，遂阐贵无之议，而建贱有之论。贱有则必外形，外形则必遗制，遗制则必忽防，忽防则必忘礼。礼制弗存，则无以为政矣"。《崇有论》的社会意义在于，它指出了贵无、贱有的危害是破坏了社会的等级秩序。之所以要写《崇有论》，为的是"疾世俗尚虚无之理"（《世说新语·文学》），"矫虚诞之弊"（《三国志·魏书·裴潜传》）。

但是，裴頠对"贵无"思想也不是简单的否定，他肯定了老子的"贵无"学说之有意义的一面，即老子"表撝栖杂之弊，甄举静一之义"，在裴頠看来确有使人"释然自夷"的作用。这符合儒家《周易》中减省、谦让、静穆、节制的精神，但这只是君子之道的一个方面，如果把它夸大，认为"至理信以无为宗"，即把以无为本作为最终的归宿或最高的道理，就会产生片面性而导致谬误。在裴頠看来，正确的态度应该是"盈欲可损而未可绝有也，过用可节而未可谓无贵也"。过分追求物欲，不仅对自己有害，还会引起社会的争夺与混乱；而提倡"贵无"的人，虽在主张节损欲望上有一定合理性，但他们从"贵无"到主张"无为"再到反对"有为"，从崇尚"自然"发展到反对"名教"，以至于使社会风气败坏，这仍是一偏。正确的做法应该是"观乎往复，稽中定务"，"居以仁顺，守以恭俭，率以忠信，行以敬让"，即必须维护"名教"，依中道而行，这才是"圣人为政之由"。

裴頠通过"崇有"表现出了强烈的政治关怀与社会关怀，他阐发了圣人治理天下的根本所在不是无为而治，而是积极有为，遵循物则，训导万民。他把儒家思想作为教化、政刑和国家政治及人君治国的指导思想，强调通过这种教化，使百姓"信于所习"，从而避免玄学贵无论的影响。

桃花源记

〔东晋〕陶渊明

【题解】

陶渊明（365？—427）字元亮，一说名潜，号五柳先生，私谥靖节。寻阳柴桑（今江西九江西南）人。《宋书》卷九三、《晋书》卷九四、《南史》卷七五皆有传。陶渊明是晋开国元勋大司马陶侃的曾孙。曾入桓玄军幕，又先后任镇军将军刘裕参军、建威将军刘敬宣（刘牢之子）参军。可以说，在晋末政治最动荡的时期，陶渊明曾自愿投身于政治斗争的漩涡之中，试图有所作为，后知其不可为，遂求为彭泽令，不堪吏职，八十馀日即自免去职，永归田园。陶渊明在寻求个人生活道路的同时，也对群体在剧烈的社会变动中如何生存进行了思考，《桃花源记》大致作于宋永初三年（422），可以说是他晚年对这个问题所作的最终回答。

晋太元中[1]，武陵人捕鱼为业[2]。缘溪行，忘路之远近。忽逢桃花林，夹岸数百步，中无杂树，芳华鲜美[3]，落英缤纷。渔人甚异之，复前行，欲穷其林。林尽水源，便得一山。山有小口，仿佛若有光。便舍船从口入。初极狭，才通人，复行数十步，豁然开朗。土地平旷，屋舍俨然[4]，有良田、美池、桑竹之属，阡陌交通[5]，鸡犬相闻。其中往来种作，男女衣着，悉如外人。黄发垂髫[6]，并怡然自乐。见渔人乃大惊，问所从来，具答之[7]。便要还家[8]，为设酒杀鸡作食。村中闻有此人，咸来问讯。自云先世避秦时乱，率妻子邑人来此绝境，不复出焉，遂与外人间隔。问今是何世，乃不知有汉，无论魏晋。此人一一为具言所闻，皆叹惋。馀人各复延至其家[9]，皆出酒食。停数日，辞去。此中人语云："不足为外人道也。"既出，得其船，便扶向路，处处志之[10]。及郡下，诣太守说如此。太守即遣人随其往，寻向所志，遂迷不复得路。南阳刘子骥[11]，高尚士也，闻之，欣然规往[12]，未果，寻病终[13]。后遂无问津者。

《陶渊明集笺注》卷六

【注释】

[1]太元：东晋孝武帝年号（376—396）。　　[2]武陵：今属湖南。
[3]"芳华鲜美"二句：华，一本作"草"。落英，落花。一说始开之花，亦可。　　[4]俨然：整齐貌。　　[5]阡陌：田间小道。　　[6]黄发：老人。垂

髫（tiáo 条）：儿童。髫，儿童下垂的短发。　　[7]具：全部。　　[8]要（yāo 腰）：同"邀"，邀请。　　[9]延：邀请，引导。　　[10]志：作标志。　　[11]刘子骥：名骥之，《晋书》卷九四有传，称其人"好游山泽，志存遁逸"。　　[12]规：谋画。　　[13]寻：不久。

【解析】

　　此文记述的是渔人偶然发现桃花源的故事，它与一般仙界故事不同之处在于，桃花源中人并非不死的神仙，而是普通人，不过因避乱来到此地，遂与世人隔绝。他们的衣着、习俗、耕作与世人相同，但其淳厚古朴又远胜于世俗。陶渊明正是藉此以寄托其社会理想。陶渊明创造的"桃花源"已经成为中国文学中最为著名的"乌托邦"。在"桃花源"之前，中国文化中有"小国寡民"（《老子》）、"华胥国"（《列子》）的理想，在"桃花源"之后，还有"醉乡"（王绩《醉乡记》）、"睡乡"（苏轼《睡乡记》）、"寿乡"（王禹偁《寿域碑》）、"君子乡"（王禹偁《君子乡记》）的构思。然而，在思想上能为更广大的普通人群所接受，在描写上更觉真实亲切的当属《桃花源记》。这是因为陶渊明不但有对人的自由生存方式的理性思考，更有躬耕垄亩的实践。陶渊明的"桃花源"具有一定的现实性，而非完全流于空想，它不仅是"诗意的"，也具有现实的意义。他的《桃花源诗》中有这样两句："春蚕收长丝，秋熟靡王税。"写出了农民的愿望，更显得可贵。在今天，曾经支持过陶渊明的那种智慧和力量也许能给予当代人有益的精神启迪。

北山移文

〔南朝齐〕孔稚圭

【题解】

孔稚圭(447—501)字德璋,会稽山阴(今浙江绍兴)人。刘宋时,曾为萧道成记室参军,累迁尚书左丞。入齐,永明七年(489),转太子中庶子,廷尉。建武初,为南郡太守。永元元年(499),为都官尚书,迁太子詹事,加散骑常侍。三年,以疾卒。《南齐书》卷四八、《南史》卷四九有传。明人辑有《孔詹事集》。移是古代的一种文体。本文以北山之灵的口吻,通告山上的所有神灵,拒绝"周子"入山。周子即周颙(441?—491?),字彦伦,《南齐书》卷四一、《南史》卷三四有传。颙初隐于北山(锺山),后应诏为海盐令,欲经过北山,孔稚圭于是作此移文。文中刻画了"周子"这个假隐士的形象,对当时通过隐逸来钓取功名利禄的虚伪之士进行了嘲笑和讽刺。

锺山之英[1],草堂之灵[2]。驰烟驿路,勒移山庭[3]。夫以耿介拔俗之标[4],萧洒出尘之想[5],度白雪以方絜[6],干青云而直上,吾方知之矣。若其亭亭物表,皎皎霞外,芥千金而不眄[7],屣万乘其如脱,闻凤吹于洛浦[8]，值薪歌于延濑，固亦有焉。岂期终始参差，苍黄翻覆，泪翟子之悲[9]，恸朱公之哭，乍回迹以心染，或先贞而后黩[10]。何其谬哉！呜呼！尚生不存[11]，仲氏既往[12]。山阿寂寥[13]，千载谁赏？

世有周子[14]，隽俗之士[15]。既文既博，亦玄亦史。然而学遁东鲁[16]，习隐南郭。偶吹草堂[17]，滥巾北岳。诱我松桂，欺我云壑。虽假容于江皋[18]，乃缨情于好爵[19]。其始至也，将欲排巢父[20]，拉许由。傲百氏，蔑王侯。风情张日，霜气横秋。或叹幽人长往，或怨王孙不游。谈空空于释部[21]，核玄玄于道流。务光何足比[22]，涓子不能俦[23]。

及其鸣驺入谷[24]，鹤书赴陇[25]。形驰魄散，志变神动。尔乃眉轩席次，袂耸筵上。焚芰制而裂荷衣[26]，抗尘容而走俗状。风云凄其带愤，石泉咽而下怆。望林峦而有失，顾草木而如丧。至其纽金章[27]，绾墨绶[28]。跨属城之雄，冠百里之首。张英风于海甸[29]，驰妙誉于浙右[30]。道帙长殡[31]，法筵久埋。敲扑喧嚣犯其虑[32]，牒诉倥偬装其怀。琴歌既断，酒赋无续。常绸缪于结课[33]，每纷纶于折狱[34]。笼张赵于往图[35]，架卓鲁于前箓，希踪三辅豪[36]，驰声九州牧[37]。使我高霞孤映，明月独举。青松落阴，白云谁侣？磵石摧绝无与归[38]，石径荒凉徒延伫。至于还飙入幕[39]，写雾出楹[40]，蕙帐空兮夜鹄怨，山人去兮晓猿惊。昔闻投簪逸海岸[41]，今见解兰缚尘缨。

于是南岳献嘲，北垄腾笑。列壑争讥，攒峰竦诮[42]。慨游子之我欺，悲无人以赴吊[43]。故其林惭无尽，磵愧不歇，秋桂遗风，春萝罢月。骋西山之逸议[44]，驰东皋之素谒。

今又促装下邑[45]，浪拽上京[46]，虽情投于魏阙[47]，或假步于山扃[48]。岂可使芳杜厚颜，薜荔无耻。碧岭再辱，丹崖重滓。尘游躅于蕙路[49]，污渌池以洗耳[50]？宜扃岫幌[51]，掩云关，敛轻雾，藏鸣湍。截来辕于谷口，杜妄辔于郊端。于是丛条瞋胆，叠颖怒魄[52]。或飞柯以折轮，乍低枝而扫迹。请回俗士驾，为君谢逋客[53]。

《文选》卷四三

【注释】

[1]锺山：即今南京紫金山。　　[2]草堂："周子"隐居锺山时所居住的地方。　　[3]勒：铭，刻。　　[4]耿介拔俗：光明正直，超脱流俗。　　[5]萧洒：即"潇洒"，自由洒脱。萧，同"潇"。　　[6]絜：同"洁"，洁白。　　[7]"芥千金而不眄"二句：视千金如草芥而不顾，视帝位如脱掉草鞋一样容易。芥，小草。眄（miǎn　勉），斜视，表示轻慢，看不上。屣（xǐ　喜），草鞋。这里分别用鲁仲连却金和舜让天下的典故。鲁仲连助赵击退秦军之后，平原君置千金为谢，鲁仲连辞之而去。见《战国策·赵策三》、《史记》卷八三本传。尧舜时代，实行禅让制，视传位如脱草鞋一样容易。见《孟子·尽心上》、《吕氏春秋·观表》、《淮南子·主术训》等。　　[8]"闻凤吹于洛浦"二句：前一句用的是《列仙传》王子乔好吹笙作凤鸣，游于洛水之滨的典故。后一句用的是苏门先生游于延濑，见到采薪的隐者，隐者歌二章而去的典故。　　[9]"泪翟子之悲"二句：翟子即墨子，墨子名翟。朱公即杨朱。墨子悲染丝，杨朱哭歧路，见《淮南子·说林训》。　　[10]黩：污垢。　　[11]尚生：即汉代著名隐士尚长，字子平，河内朝歌（今河南淇县）人。隐居不仕，靠卖柴维持生活。见晋嵇康《高士传》。《后汉书·逸民传》作"尚长"。　　[12]仲氏：即仲长统，字公理，山阳高平（今山东金乡）人，著《昌言》三十四篇。对于官府的征召，称病不就。见《后汉书·仲长统传》。　　[13]山阿：山的弯曲处。　　[14]周子：指周颙，字彦伦，汝南安城（今河南汝南东南）人。身历宋、齐，官至中书侍郎、国子博士，见《南齐书·周颙传》和《南史·周颙传》。　　[15]隽（jùn　俊）俗之士：超出流俗之人。　　[16]"学通东鲁"二句：东鲁，指春秋时的隐士颜阖（hé　合）。《庄子·让王》："鲁君闻颜阖得道之人也，使人以币先焉。颜阖守陋闾，苴布之衣而自饭牛。鲁君之使者至，颜阖自对之。使者曰：'此颜

阖之家与？'颜阖对曰：'此阖之家也。'使者致币。颜阖曰：'恐听者谬而遗使者罪，不若审之。'使者还，反审之，复来求之，则不得已。"南郭，指古代的隐士南郭子綦。《庄子·齐物论》："南郭子綦隐机而坐，仰天而嘘，答焉似丧其耦。"　　[17]"偶吹草堂"二句：意思是说"周子"混迹于草堂滥竽充数，住在北山冒充隐士。偶，匹对。滥，用的是"滥竽充数"的典故，见《韩非子·内储说上》。巾，隐者的头饰。　　[18]江皋：江岸。　　[19]缨情：系情。　　[20]"将欲排巢父"四句：意思是说"周子"对古代著名的隐士、百家学说、王侯的尊荣都瞧不起。巢父、许由，都是尧时的著名隐士。见《高士传》。百氏，即诸子百家。　　[21]"谈空空于释部"二句：意谓高谈阔论于佛家、道家的学说，超越于佛、道之上。释部，佛家的典籍。佛家主张一切皆空，道家主张"玄之又玄，众妙之门"。　　[22]务光：夏时著名隐士。入商后，因汤让天下于他而沉水自匿。　　[23]涓子：齐人，隐于宕山。见《列仙传》。俦：匹配。　　[24]鸣驺（zōu 邹）：使者的车马。驺，随从显贵的骑卒。　　[25]鹤书：诏板所用的书体，仿佛鹤头。此处指征召的诏书。　　[26]"焚芰（jì 计）制而裂荷衣"二句：焚烧了隐士的衣服，恢复了世俗的容貌和做法。芰制、荷衣，用荷叶裁制的衣服。《离骚》："制芰荷以为衣兮，集芙蓉以为裳。"抗，高扬。走，这里的意思是快速恢复。　　[27]金章：铜印。　　[28]墨绶（shòu 受）：黑色的绶带。　　[29]海甸：海滨。　　[30]浙右：今浙江绍兴一带。　　[31]"道帙（zhì 秩）长殡"二句：指道家的典籍和讲佛法的坐席早已被抛弃。帙，书衣，书套。　　[32]"敲扑喧嚣犯其虑"二句：指"周子"陷入了鞭打犯人、公文繁忙等俗务之中。敲扑，这里用作动词，鞭打。倥偬（kǒngzǒng 孔总），繁忙而急迫的样子。　　[33]绸缪（chóumóu 愁谋）：纠缠。结课：计算赋税。　　[34]折狱：处理案件。　　[35]"笼张赵于往图"二句：意即"周子"的政绩已超过了前代的良吏。张赵，张敞、赵广汉，皆汉代的循吏。见《汉书·张敞传》、《汉书·赵广汉传》。往图，过去的法度。卓鲁，指卓茂、鲁恭。见《后汉书·卓茂传》、《后汉书·鲁恭传》。前箓，以前的簿册。　　[36]希：追慕。踪：踪迹。三辅：汉代称京兆、左冯翊、右扶风为三辅。豪：贤官能吏。　　[37]九州：指天下。牧：州的地方长官。　　[38]硐：同"涧"，两山之间的峡谷。下同。　　[39]还飙：回旋的大风。　　[40]写雾：流动的雾。写，通"泻"。楹：堂前的梁柱。　　[41]"昔闻投簪逸海岸"二句：用汉代的疏广弃官和现在的"周子"显仕进行对比，突出"周子"的无聊媚俗。投簪，比喻弃官。簪，官帽上的簪子。疏广，汉代兰陵（今山东枣庄东南）人，曾为太子太傅，辞归乡里。海岸，指兰陵一带，近海。兰，香草，隐士所佩。缚，捆绑。尘缨，指世俗的冠带。　　[42]攒峰：密集的山峰。诮（qiào 俏）：讥笑。　　[43]吊：慰问。　　[44]"骋西山之逸议"二句：意思是说山灵把所有的隐士对"周子"的评议也告诉山上所有的草、木、水、石等等。西山、东皋，泛指隐士所居的地方。逸议，高士的清议。素谒，无成心的议论。　　[45]下邑：指原来的山阴县。　　[46]浪拽（yì 义）：鼓棹，驾舟。拽，通"枻"，船桨。上京：京都的统称。这里指京城建业（今江苏南京）。　　[47]魏阙：高大的门楼，此指朝廷。　　[48]假步：借道。山扃（jiōng 炯，阴平）：山门。此指北山。　　[49]躅（zhú 烛）：足迹。　　[50]渌（lù 路）池：清池。　　[51]扃：关闭。岫幌（xiùhuǎng 袖谎）：山穴中的云雾犹如帷幕。　　[52]叠颖：重重叠叠的草芒。　　[53]君：山灵。逋客：逃亡之人。这里指"周子"。

【解析】

移，古代的一种文体，大致相当于今天的通告。刘勰《文心雕龙·檄移》指出："移者，易也。移风易俗，令往而民随者也。"此种文体的功能在于"令往而民随"，即随着通告的发布，起到移风易俗的作用。本文以北山神灵的口吻，责让"周子"，刻画了一个先贞后黩、先隐后仕的假隐士形象。

仕与隐，是中国古人经常面临的问题。自三代起，就有许由、巢父、务光、伯夷、叔齐的美谈，也有战国时期鲁仲连却金的故事。到汉魏六朝时期，则出现了不少沽名钓誉的虚伪之士。假隐以求宦，甚至成为一部分士人竞相附炎趋势、博取功名利禄的捷径。该文作者对其朋友周颙进行嘲戏调侃，却在文学史上塑造了"周子"这一典型的假隐士形象。从这一层面上讲，本文客观上又起到了针砭现实的作用。

关于"周子"其人，《文选》李善注认为即周颙，五臣注又将此说进一步具体化，"锺山在都北。其先，周彦伦隐于此山。后应诏出为海盐县令，欲却过此山。孔生乃假山灵之意移之，使不许得至，故云《北山移文》"。后来注者多取此说。

该文假借山灵传移的口吻，告知山石林泉、草木涧壑等等，群起拒绝"周子"入山。"锺山之英，草堂之灵，驰烟驿路，勒移山庭"，文章一开始，就描绘了一幅锺山英灵传告山中诸灵的画面，特别是"驰烟驿路"一句，真是语新字奇！山重水复、云烟迷茫的环境以及锺山英灵费尽周折、急急驰告的神态等等，仅用四个字就表达了出来，真可谓传神妙笔。而结尾"丛条瞋胆，叠颖怒魄。或飞柯以折轮，乍低枝而扫迹"，更是文字飞动，以拟人的手法，刻画出了锺山的草木丛林群起阻绝"周子"入山的种种情态。

在文章的起结之间，作者匠心独运，从容叙事。在锺山英灵传告所有的山林涧壑这一大的叙事框架下，明写"周子"先贞后黩、先隐后仕，这是本文的主线。值得注意的是，作者在谋篇布局上，处处运以对比之法，从多个方面进行了对比——真隐士的高洁与假隐士的虚伪，"周子"隐居前的超凡脱俗与仕宦后的利禄熏心，山林与"周子"之间从怡然相得到"周子"离山后的孤独落寞，北山的蒙耻被羞与群山对北山的揶揄嘲笑，"周子"的背弃北山与所有的隐士对"周子"的清议，北山群灵由黯然落寞到勃然奋起并阻绝"周子"入山，等等，所有的对比都指向了对假隐求宦者的嘲笑和讽刺。

由于本文原本就是朋友间的调笑，以戏谑笔调出之，加之对比手法的运用，更是平添了文章的喜剧效果。文章在嬉笑调侃之间，对人物和山林草木形象的刻画，无不神态毕肖。特别是对"周子"形象的刻画，从其一开始的高谈阔论、无比清高到接受应召后的得意洋洋、目空一切，再到上任后的俗务缠身、利禄熏心，随着"周子"欲望与行为的层层升级，其追求浮名虚利、心存魏阙的江湖形象，在嬉笑调侃中被暴露无遗。

齐民要术序

〔北朝魏〕贾思勰

【题解】

贾思勰，生卒年不详，大约生活在北魏后期，山东益都（今山东寿光南）人。曾任高阳太守。所撰《齐民要术》是我国现存最早、保存最完整的一部农书。全书共十卷，九十二篇。大约写成于北魏末年（530—540之间）。"齐民"，意为平民百姓；"要术"，即重要的知识技术。书中系统而详细地记载了六世纪之前我国劳动人民积累的农业知识，囊括了谷物、蔬菜、果树、竹木等作物的栽培，以及畜牧、酿造乃至烹饪等诸多方面，具有农业百科全书的性质。书中反映的农业地区，主要为黄河中下游流域，而以山东地区为中心。卷首贾思勰自撰的《齐民要术序》为全书的纲领，说明了写书的目的，强调农业生产的重要性。本文为节选。

神农、仓颉[1]，圣人者也。其于事也，有所不能矣。故赵过始为牛耕[2]，实胜耒耜之利；蔡伦立意造纸[3]，岂方缣牍之烦？且耿寿昌之常平仓[4]，桑弘羊之均输法[5]，益国利民，不朽之术也。谚曰："智如禹、汤，不如尝更[6]。"是以樊迟请学稼[7]，孔子答曰："吾不如老农。"然则圣贤之智，犹有所未达，而况于凡庸者乎？

猗顿[8]，鲁穷士，闻陶朱公富[9]，问术焉。告之曰："欲速富，畜五牸[10]。"乃畜牛羊，子息万计[11]。九真、庐江[12]，不知牛耕，每致困乏。任延、王景[13]，乃令铸作田器，教之垦辟，岁岁开广，百姓充给。燉煌不晓作耧犁[14]，及种，人牛功力既费，而收谷更少。皇甫隆乃教作耧犁[15]，所省庸力过半[16]，得谷加五。又燉煌俗，妇女作裙，挛缩如羊肠[17]，用布一匹。隆又禁改之，所省复不赀[18]。茨充为桂阳令[19]，俗不种桑，无蚕织丝麻之利，类皆以麻枲头贮衣[20]。民惰窳[21]，少麤履[22]，足多剖裂血出，盛冬皆然火燎炙[23]。充教民益种桑柘，养蚕，织履，复令种纻麻[24]。数年之间，大赖其利，衣履温暖。今江南知桑蚕织履，皆充之教也。五原土宜麻枲[25]，而俗不知织绩[26]。民冬月无衣，积细草，卧其中，见吏则衣草而出[27]。崔寔为作纺绩、织纴之具以教[28]，民得以免寒苦。安在不教乎[29]？

　　黄霸为颍川[30]，使邮亭、乡官[31]，皆畜鸡豚，以赡鳏寡贫穷者[32]，及务耕桑，节用，殖财[33]，种树。鳏寡孤独有死无以葬者[34]，乡部书言[35]，霸具为区处[36]，某所大木可以为棺，某亭豚子可以祭[37]，吏往皆如言。龚遂为渤海[38]，劝民务农桑，令口种一树榆[39]，百本薤[40]，五十本葱，一畦韭，家二母彘，五鸡。民有带持刀剑者，使卖剑买牛，卖刀买犊，曰："何为带牛佩犊[41]？"春夏不得不趣田亩[42]，秋冬课收敛，益蓄果实菱芡，吏民皆富实。召信臣为南阳[43]，好为民兴利，务在富之。躬劝农耕，出入阡陌，止舍离乡亭[44]，稀有安居。时行视郡中水泉，开通沟渎，起水门、提阏凡数十处[45]，以广溉灌，民得其利，蓄积有馀。禁止嫁娶送终奢靡，务出于俭约。郡中莫不耕稼力田[46]，吏民亲爱信臣，号曰"召父"。僮种为不其令[47]，率民养一猪，雌鸡四头，以供祭祀，死买棺木。颜斐为京兆[48]，乃令整阡陌，树桑果。又课以闲月取材[49]，使得转相教匠作车。又课民无牛者，令畜猪，投贵时卖，以买牛。始者，民以为烦，一二年间，家有丁车、大牛[50]，整顿丰足。王丹家累千金[51]，好施与，周人之急。每岁时农收后，察其强力收多者，辄历载酒肴[52]，从而劳之[53]，便于田头树下，饮食劝勉之，因留其馀肴而去。其惰孀者[54]，独不见劳，各自耻不能致丹[55]，其后无不力田者，聚落以致殷富。杜畿为河东[56]，课民畜牸牛、草马，下逮鸡豚，皆有章程，家家丰实。此等岂好为烦扰而轻费损哉[57]？盖以庸人之性，率之则自力[58]，纵之则惰窳耳。

故仲长子曰[59]"丛林之下，为仓庾之坻[60]；鱼鳖之堀[61]，为耕稼之场"者，此君长所用心也。是以太公封而斥卤播嘉谷[62]，郑、白成而关中无饥年[63]。盖食鱼鳖而薮泽之形可见[64]，观草木而肥硗之势可知。又曰："稼穑不修，桑果不茂，畜产不肥，鞭之可也。杝落不完[65]，垣墙不牢，扫除不净，笞之可也。"此督课之方也。且天子亲耕，皇后亲蚕，况夫田父而怀窳惰乎？

李衡于武陵龙阳泛洲上作宅[66]，种甘橘千树。临死，敕儿曰[67]："吾州里有千头木奴[68]，不责汝衣食，岁

501

上一匹绢，亦可足用矣。"吴末，甘橘成，岁得绢数千匹。恒称太史公所谓"江陵千树橘，与千户侯等"者也[69]。樊重欲作器物[70]，先种梓漆，时人嗤之。然积以岁月，皆得其用，向之笑者，咸求假焉。此种殖之不可已已也[71]。谚曰："一年之计，莫如树谷；十年之计，莫如树木。"此之谓也。

《书》曰："稼穑之艰难[72]。"《孝经》曰："用天之道[73]，因地之利，谨身节用，以养父母。"《论语》曰："百姓不足[74]，君孰与足？"汉文帝曰[75]："朕为天下守财矣，安敢妄用哉！"孔子曰："居家理[76]，治可移于官。"然则家犹国，国犹家，是以家贫则思良妻，国乱则思良相，其义一也。

夫财货之生，既艰难矣，用之又无节。凡人之性，好懒惰矣，率之又不笃[77]。加以政令失所，水旱为灾，一谷不登[78]，胔腐相继[79]。古今同患，所不能止也，嗟乎！且饥者有过甚之愿[80]，渴者有兼量之情。既饱而后轻食，既暖而后轻衣。或由年谷丰穰[81]，而忽于蓄积，或由布帛优赡[82]，而轻于施与[83]，穷窘之来，所由有渐。故《管子》曰："桀有天下而用不足[84]，汤有七十二里而用有馀。天非独为汤雨菽粟也。"盖言用之以节。

《齐民要术校释》卷首

【注释】

[1]神农：传说中的古代帝王，又称炎帝。相传他教民耒耜以发展农业，又尝百草制药来治病救人。仓颉：传说为黄帝的史官，汉字的创造者。　[2]"赵过始为牛耕"二句：赵过，西汉人。汉武帝时任搜粟都尉，推行牛耕，三犁共一牛，一人牵引。事见《齐民要术》卷一《耕田》。与传统的人力用耒耜翻土相比，牛耕省力省时，提高效率。耒耜是"犁"的前身，其上有木制曲柄称"耒"，其下有利刃称"耜"。　[3]"蔡伦立意造纸"二句：蔡伦（？—121），东汉人。他总结西汉以来的经验，改进造纸方法，被后人尊为造纸术的发明者。在纸之前，社会上流行的书写载体是缣（jiān 坚）牍。缣是细绢，轻巧但昂贵。牍是木简，廉价却笨重。而纸则既造价低廉又轻巧便捷，因此为社会广泛接受，逐渐取代缣牍。方，比。　[4]耿寿昌：西汉人。宣帝时任大司农中丞，曾提议在边郡设置常平仓，在粮食价低时以较高的价格购入，价高时则以较低的价格卖出，以调节粮价。事见《汉书·食货志》。　[5]桑弘羊（前152—前80）：西汉人。汉武帝时任治粟都尉，领大司农，提出均输法，统一征收、买卖和运输货物，以调剂各地供应。　[6]不如尝更：不如实践中得来的知识高明。尝，曾经。更，经历。　[7]"樊迟请学稼"三句：樊迟，孔子弟子。稼，种植庄稼。《论语·子路》记载："樊迟请学稼。子曰：'吾不如老农。'请学为圃。曰：'吾不如老圃。'"农业

503

知识大多来自实践，因此学习农业应请教长期劳作、富有经验的老农、老圃。　　[8]猗（yī 依）顿：春秋时鲁国人，在猗氏（今山西临猗南）畜养牛羊而致富，以邑为氏。　　[9]陶朱公：即范蠡，曾协助越王勾践灭吴。晚年定居齐国陶（今山东定陶西北），改名陶朱公，以经商成为巨富。事见《孔丛子》。　　[10]五牸（zì 自）：牛、马、猪、羊、驴五种雌畜。牸，泛指雌性的牲畜。　　[11]子息：幼畜。　　[12]九真：汉代九真郡在今越南境内。庐江：汉代庐江郡辖境在安徽中部及湖北、河南部分地区，郡治在今安徽庐江西南。　　[13]任延：字长孙，光武帝时任九真太守。《后汉书》卷七六有传。王景：字仲通，东汉著名水利专家，汉章帝时任庐江太守。《后汉书》卷七六有传。　　[14]燉煌：即敦煌，今甘肃西北部。耧（lóu 楼）犁：即"耧车"，由西汉赵过创制，形似三足犁，中间放耧斗，装种子，旁置两辕，由一牛牵引，且行且摇，种乃自下。　　[15]皇甫隆：三国魏人，曹魏嘉平年间任敦煌太守。事见《三国志·魏书·仓慈传》裴松之注。　　[16]"所省庸力过半"二句：庸，功。加五，超出百分之五十。　　[17]挛缩：卷曲。　　[18]所省复不赀（zī 资）：节省下来不少物资。不赀，不少。　　[19]茨（cí 词）充：字子河，东汉建武年间任桂阳太守。《后汉书》卷七六有传。桂阳：东汉桂阳郡辖境相当于今湖南耒阳以南、广东连江口以北区域，郡治郴县（今属湖南郴州）。　　[20]以麻枲（xǐ 洗）头贮衣：把乱麻头塞进衣服里，作为御寒的冬衣。枲，麻纤维。　　[21]窳（yǔ 宇）：懒惰。　　[22]少麤（cū 粗）履：连草鞋也不多。麤履，草鞋。麤是南楚人称麻鞋草履的俗名。　　[23]然火燎炙：燃烧明火来取暖。然，同"燃"。　　[24]纻（zhù 住）麻：即苎麻。　　[25]五原：汉代五原郡辖境相当于今内蒙古自治区后套以东、阴山以南、包头以西和达拉特旗、准格尔旗北部地区，郡治九原（今内蒙古包头西）。　　[26]绩：搓麻成线成绳。　　[27]衣草：以草缠身。　　[28]崔寔（shí 时）：字子真，东汉桓帝时任五原太守，著有《政论》、《四民月令》。《后汉书》卷五二有传。纴（rèn 刃）：纺织。　　[29]安在不教乎：怎么可以不教育民众呢？　　[30]黄霸：字次公，西汉宣帝时两度出任颖川太守。《汉书》卷八九有传。颖川：汉代颖川郡辖境相当于今河南登封、宝丰以东，尉氏、鄢城以西，新密以南，叶县、舞阳以北地区，郡治翟县（今属河南禹州）。　　[31]邮亭：官道上的驿站。乡官：乡里负责赋税、诉讼、治安、教化等工作的部门。　　[32]鳏（guān 官）：成年无妻或丧妻的男子。寡：单身或丧夫的女子。　　[33]殖财：累积财富。　　[34]孤：没有父母的孩子。独：老而无子的人。　　[35]乡部书言：乡官衙门撰成书面报告。　　[36]具：同“俱”，全部。区处：分别处置。　　[37]豚子：小猪。　　[38]龚遂：字少卿，西汉宣帝时任渤海太守。《汉书》卷八九有传。渤海：西汉渤海郡辖境相当于今河北、山东渤海湾沿岸一带，郡治浮阳（今河北沧州东南）。　　[39]口：人。　　[40]本：棵。薤（xiè 谢）：多年生草本植物，其鳞茎和嫩叶可食。　　[41]何为：为什么。　　[42]“春夏不得不趣田亩”四句：春夏时节使得百姓去田亩耕种，秋冬时便考核积蓄，使百姓多多储存可以作为粮食的果实、菱角、鸡头等物，（通过这些方式，）官民都殷实富足起来。趣（qū 驱），去往。课收敛，考核当年的收获。芡，一年生水草，亦称“鸡头”，其果实可食。　　[43]召信臣：字翁卿，西汉元帝时任南阳太守。《汉书》卷八九有传。南阳：西汉南阳郡辖境相当于今河南熊耳山以南叶县、内乡县间和湖北大洪山以北应山、郧县间，郡治宛县（今属河南南阳）。　　[44]止舍离乡亭：指不睡在衙门提供的住所，而住在百姓的家里。止舍，停留住宿。　　[45]水门：水闸。提阏（è 饿）：同“堤阏”，即堤堰、堤坝，一说为活动的水门。　　[46]力田：致力于农事。　　[47]僮种：又作“童恢”，东汉人。《后汉书》卷七六有传。不其（jī 基）：汉代县名，今属山东青岛。　　[48]颜斐：字文林，魏文帝时任京兆太守。京兆：东汉的京兆管洛阳及附近地区。事见《三国志·魏书·仓慈传》裴松之注。　　[49]“又课以闲月取材"二句：课，要求。材，木材。匠，制车技术。　　[50]丁车：大车。　　[51]王丹：两汉之际人。《后汉书》卷二七有传。　　[52]历载：满载。　　[53]劳：慰劳。　　[54]孏（lǎn 懒）：同"懒"。　　[55]致：招致。　　[56]杜畿（jī 基）：字伯侯，东汉献帝时任河东太守。《三国志·魏书》卷一六有传。河东：汉代河东郡辖境相当于今山西省黄河以东、以北，沁水以西地区，郡治安邑（今山西夏县西北）。　　[57]轻：看轻。费损：人力物力的耗费。　　[58]率之：带领引导他们。力：努力，致力。　　[59]仲长子：即仲长统，字公理，东汉末政治家，著有《昌言》。《后汉书》卷四九有传。　　[60]庾（yǔ 宇）：谷仓。坻（chí 池）：本指水中的小块高地，此处形容堆积如山的谷堆。此句是说开山垦荒。　　[61]堀（kū 哭）：同"窟"，洞穴。此句是说围湖造田。　　[62]太公：太公望，即吕尚，又称姜太公，是协助周武王灭商的功臣，后被分封在齐。事见《史记·齐太公世家》。斥卤：盐碱地。　　[63]郑、白：即郑国渠和白渠，分别开凿于战国末秦国和西汉武帝时，都是在关中平原上由泾水开掘出来的灌溉渠道。　　[64]"盖食鱼鳖而薮泽之形可见"二句：吃到鱼鳖就可以想见沼泽的水利，看到草木就可以判别土地的肥瘠。薮（sǒu 擞）泽，生长着很多草的湖泽。硗（qiāo 敲），土地坚硬而贫瘠。　　[65]杝（lí 离）落：篱笆。完：完备。　　[66]李衡：字叔平，三国时人。武陵龙阳：武陵郡龙阳县，今属湖南汉寿。泛洲：指水中的大片陆地。　　[67]敕：告诫。　　[68]"吾州里有千头木奴"四句：我家乡有一千个"木奴"，不要你供给衣食，每个每年的收成相当于一匹绢，足够你用了。千头木奴，即前文提到的"甘橘千树"。责，要求。　　[69]恒称：指李衡常常引用的。太史公语见于《史记·货殖列传》。江陵：今属湖北荆州。千户侯：食邑千户的王侯。　　[70]樊重：字君云，西汉末人，光武帝外祖父。事见《后汉书·樊宏传》。　　[71]殖：一本作"植"。不可已已：不可停止。　　[72]稼穑之艰难：出自《尚书·无逸》。　　[73]"用天之道"四句：出自《孝经·庶人章》。大意为顺应自然的规律、利用土地的条件从事生产，为人恭谨，节省用度，以此来供养父母。　　[74]"百姓不足"二句：出自《论语·颜渊》。鲁哀公向孔子学生有若问政，说如果遇到饥馑之年，自己用度不足应该怎么办？有若指出应当减轻赋税。哀公不解，表示如果减赋，自己所得不是就更少了吗？有若于是说："百姓足，君孰与不足？百姓不足，君孰与足？"也就是说，百姓休养生息、发展生产是国家强盛、君王富足的基础。君孰与足，君王又怎么会富足。　　[75]汉文帝：西汉第三位皇帝，施行"与民休息"、"轻徭薄役"的政策，提倡节俭，在其统治下社会生产逐步恢复，国力增强，历史上把他和其子汉景帝的功绩称为"文景之治"。　　[76]"居家理"二句：出自《孝经·广扬名章》："子曰：君子之事亲孝，故忠可移于君。事兄悌，故顺可移于长。居家理，故治可移于官。是以行成于内，而名立于后世矣。"古人常说"齐家治国平天下"，家是国的缩影，国是百姓的大家，家庭的伦理规范与治国之道一以贯之。官，公共事业。　　[77]笃：认真。　　[78]登：丰收。　　[79]殣（zì 字）腐：指饿死的人。　　[80]"且饥者有过甚之愿"二句：而且饥饿、干渴的人往往欲望强烈，希望占有尽可能多的东西。　　[81]穰（ráng 瓤）：稻谷丰熟。　　[82]优赡：富足。　　[83]轻：轻率。　　[84]"桀有天下而用不足"三句：出自《管子·地教》，文字略有不同。大意为：桀占有天下，用度却不够；汤只有七十馀里的地方，收支却还有富馀。老天并没有独独为汤下粮食啊。桀，夏朝最后一位君王，暴虐无道。汤，商朝开国君主，他最初的封地只有七十馀里，但最终打败夏桀，兼并天下。雨，像雨一样落下来。菽（shū 叔），豆类。

【解析】

贾思勰在《齐民要术序》中旁征博引，反复强调了农业乃立国

507

之本。这不仅是针对以耕种畜牧来谋生的生产者说的，更是讲给管理者、治国者听的。"盖以庸人之性，率之则自力，纵之则惰窳耳"，因此农业生产常常需要管理者的带领引导。这包括几个层面：首先是因地制宜制定规划，比如龚遂治理渤海郡，一方面督促家家户户种树种菜、养猪养鸡，使得各家足以自给；另一方面于农忙、农闲时分别制定任务，农忙时下田从事耕作，农闲时采摘果实积累食粮。不拘一格，鼓励多种经营，相互配合，相互推动。其次是调动生产者的积极性，让民见利，让民得利，让百姓自发地投入生产。再次，推广先进技术经验。皇甫隆在敦煌推广楼犁、茨充在江南发展养蚕丝织皆是案例，他们的举动直接推动了这些地区的发展。带领引导是为了发展生产，改善民生。百姓足则国家足。农业发展得好，百姓便安居乐业，国家则富足强盛。

在文章的最后，作者还特别指出节用的重要性，即所谓"既饱而后轻食，既暖而后轻衣。或由年谷丰穰，而忽于蓄积，或由布帛优赡，而轻于施与，穷窘之来，所由有渐"。道理虽然朴素，却绝不过时。在经济多元化、物资十分丰富的今天，挥霍浪费似乎已是司空见惯。千年前贾思勰的提醒，更应让我们反省思考。

涉　务

〔北朝齐〕颜之推

【题解】

颜之推（531—591？）字介，琅玡临沂（今山东费县东）人。早年为梁元帝萧绎所用，任散骑常侍。西魏攻破江陵（今湖北荆州），被俘送长安（今陕西西安）。天保七年（556），携家逃往北齐。在北齐历任中书舍人、黄门侍郎、平原太守。北齐亡，入北周，任御史上士。隋开皇年间，召为学士，深受礼遇。与当时流行虚谈的风气有所不同，颜之推尊崇儒家风教，博览群书，学问该洽，是当时重要的文学家、教育家。《北齐书》卷四五有传。他著有《颜氏家训》七卷。据余嘉锡先生考证，此书成书于隋开皇九年（589）平定陈朝之后，意在告诫子孙"务先王之道，绍家世之业"（《颜氏家训·勉学篇》）。

士君子之处世，贵能有益于物耳[1]，不徒高谈虚论，左琴右书，以费人君禄位也。国之用材，大较不过六事[2]：一则朝廷之臣[3]，取其鉴达治体，经纶博雅；二则文史之臣[4]，取其著述宪章，不忘前古；三则军旅之臣[5]，取其断决有谋，强干习事；四则藩屏之臣[6]，取其明练风俗，清白爱民；五则使命之臣[7]，取其识变从宜，不辱君命；六则兴造之臣[8]，取其程功节费，开略有术。此则皆勤学守行者所能办也[9]。人性有长短，岂责具美于六途哉[10]？但当皆晓指趣[11]，能守一职，便无愧耳。

吾见世中文学之士[12]，品藻古今[13]，若指诸掌[14]，及有试用[15]，多无所堪。居承平之世[16]，不知有丧乱之祸；处庙堂之下[17]，不知有战陈之急[18]；保俸禄之资，不知有耕稼之苦；肆吏民之上[19]，不知有劳役之勤。故难可以应世经务也[20]。晋朝南渡[21]，优借士族[22]，故江南冠带有才干者[23]，擢为令仆已下[24]，尚书郎、中书舍人已上[25]，典掌机要。其馀文义之士[26]，多迂诞浮华，不涉世务，纤微过失，又惜行捶楚[27]，所以处于清高，盖护其短也。至于台阁令史[28]，主书监帅[29]，诸王签省[30]，并晓习吏用，济办时须[31]，纵有小人之态，皆可鞭杖肃督[32]，故多见委使，盖用其长也。人每不自量，举世怨梁武帝父子爱小人而疏士大夫，此亦眼不能见其睫耳[33]。

梁世士大夫[34]，皆尚褒衣博带，大冠高履，出则车舆，入则扶侍，郊郭之内，无乘马者。周弘正为宣城王所爱[35]，给一果下马[36]，常服御之[37]，举朝以为放达。至乃尚书郎乘马，则纠劾之[38]。及侯景之乱[39]，肤脆骨柔，不堪行步，体羸气弱[40]，不耐寒暑，坐死仓猝者[41]，往往而然。建康令王复，性既儒雅，未尝乘骑，见马嘶歕陆梁[42]，莫不震慑，乃谓人曰："正是虎，何故名为马乎？"其风俗至此。

古人欲知稼穑之艰难，斯盖贵谷务本之道也[43]。夫食为民天，民非食不生矣，三日不粒[44]，父子不能相存。耕种之，莳锄之[45]，刈获之[46]，载积之[47]，打拂之[48]，簸扬之，凡几涉手[49]，而入仓廪，安可轻农事而贵末业哉[50]？江南朝士，因晋中兴，南渡江，卒为羁旅[51]，至今八九世，未有力田[52]，悉资俸禄而食耳[53]。假令有者[54]，皆信僮仆为之[55]，未尝目观起一墢土[56]，耘一株苗，不知几月当下[57]，几月当收，安识世间馀务乎？故治官则不了，营家则不办[58]，皆优闲之过也。

《颜氏家训集解》卷四

【注释】

[1]物：自身之外的人和事。　　[2]大较：大概。　　[3]"朝廷之臣"三句：朝廷之臣，指辅佐治国的官员。鉴达，明白通晓。治体，治国之体。经纶，治理国家的谋略。博雅，博大雅正，指胸怀。　　[4]"文史之臣"三句：文史之臣，指负责起草诏令、修撰国史的官员。著述宪章，起草修定典章制度。　　[5]"军旅之臣"三句：军旅之臣，指执掌军队的官员。强干，强壮能干。习事，熟悉军事。　　[6]"藩屏之臣"三句：藩屏之臣，指镇守一地的官员，如州郡太守之类。藩屏，屏障保护。明练风俗，熟悉风土人情。　　[7]"使命之臣"三句：使命之臣，指从事外交的官员。识变从宜，洞察情势的变化，做出适当的处理。　　[8]"兴造之臣"三句：兴造之臣，指负责工程营造的官员。程功，核算工程量。开略，开展经营。　　[9]守行：行为严谨。　　[10]责：要求。六途：即以上六个方面。　　[11]"但当皆晓指趣"三句：但，只，仅。指趣，同"旨趣"，宗旨，大义。守，坚守，胜任。　　[12]文学之士：通于经史、诗文的读书人。　　[13]品藻古今：鉴别品评古今人事。　　[14]若指诸掌：形容清楚明了。　　[15]"及有试用"二句：等到派给他们任务的时候，却大多无法胜任。　　[16]承平：太平。　　[17]处庙堂之下：指担任朝廷官职。庙堂，宗庙和朝堂，代指朝廷。　　[18]战陈：战争，作战。陈，通"阵"。　　[19]肆吏民之上：凌驾普通杂吏百姓之上。　　[20]应世经务：适应现实，经营时务。　　[21]晋朝南渡：建都于洛阳的西晋灭亡后，建武元年（317）琅玡王司马睿渡江南下，在建康（今江苏南京）称帝，史

称东晋。　　　[22]优借士族:优待世家大族,在政治、经济等方面享有特权。　　　[23]冠带:指士族。　　　[24]擢(zhuó 卓):提拔。令仆:尚书令、中书令和仆射(yè 夜)。　　　[25]尚书郎:尚书省的属官。中书舍人:中书省的属官。　　　[26]文义之士:闲散的文职官员。　　　[27]惜行捶楚:舍不得予以惩罚,不肯督责惩戒。捶,用木棍打。楚,用荆条抽。　　　[28]台阁:指尚书台,汉代以来掌管机要文书的机构。令史:尚书台属官,居尚书郎之下,负责文书事务。　　　[29]主书:负责文书的官职。监帅:监督军务的主将。　　　[30]王:藩王。签:典签,地方官属下掌文书的小官。省:省事,负责对外通传沟通的小官。　　　[31]时须:当时应做的事情。　　　[32]肃督:严厉督责。　　　[33]眼不能见其睫:眼睛看不到自己的睫毛,比喻昧于己见,没有自知之明。　　　[34]"梁世士大夫"七句:梁朝士大夫,都崇尚着宽袍,系阔带,高帽厚履,出门便乘车,城郭之内走路还有人搀扶,根本没有骑马的人。褒,宽大。博,大。郊郭,郊野和外城。　　　[35]周弘正(496—574):字思行,历仕梁、陈二朝,官至尚书右仆射。《陈书》卷二四、《南史》卷三四有传。宣城王:指萧大器,梁简文帝长子,封于宣城。《梁书》卷八、《南史》卷五四有传。　　　[36]果下马:一种小身形的马,可在果树下行走,因而得名。　　　[37]服御:骑乘。　　　[38]纠劾:弹劾。　　　[39]侯景之乱:侯景(503—552)本为北齐武将,后降梁,封为河南王。太清二年(548),举兵叛梁,攻破建康。梁武帝被困饿而死。侯景自立为汉王,到处烧杀抢掠,长江下游地区遭到极大的破坏。史称"侯景之乱"。　　　[40]赢(léi 雷):虚弱。　　　[41]坐死仓猝:在事变中坐以待毙。仓猝,突发的情势。　　　[42]嘶歕(pēn 喷)陆梁:嘶鸣跳跃。　　　[43]本:指农业。古人以农业为本,工商为末。　　　[44]粒:指进食。　　　[45]茠(hāo 蒿):通"薅",除杂草。　　　[46]刈(yì 亦)获:收割。　　　[47]载积:积聚堆放。　　　[48]打拂:指去壳脱粒。　　　[49]"凡几涉手"二句:经过好几道工序,粮食才能放进

513

仓库。仓廪(lǐn 凛)，仓库。　　[50]末业：指工商业。　　[51]卒为羁旅：始终旅居异乡。　　[52]力田：从事农事。　　[53]资：依赖。　　[54]假令：假如。　　[55]信：任凭，放任。　　[56]未尝目观起一墢(bá 拔)土：从没亲眼见过翻土。墢，耕地翻起的土。　　[57]下：下种。　　[58]不办：办不成。

【解析】

《颜氏家训》一书涉及内容极广，"于南北风尚异同，治学为文之方，乃至语言杂艺皆校其得失"（唐长孺《魏晋南北朝隋唐史讲义》），反映出南北朝时期诸多方面的情形，尤其是士族阶层的面貌，历来被视为研究南北朝历史的重要文献。颜之推在《勉学》篇中批评当时的士大夫"耻涉农商，羞务工伎"，醉饱终日，一事无成。本篇所谓"涉务"，即"涉农商"、"务工伎"，主张去空谈，做实事，恪尽职守。他有感于东晋、南朝以来士族子弟自居清高、不通农事、不务实业、与世隔阂的情形，揭示其可笑、可忧之处，对于迂诞浮华文风的批评亦颇有警示作用。同时他也指出审度时势、经世事务的必要性，并从国家需要的角度，提出了朝廷之臣、文史之臣、军旅之臣、藩屏之臣、使命之臣、兴造之臣这六种值得子弟留意的经世途径。

鉴　识

〔唐〕刘知幾

【题解】

刘知幾（661—721）字子玄，彭城（今江苏徐州）人，唐高宗永隆元年（680）举进士，授获嘉主簿，累迁左史、凤阁舍人。武则天长安二年（702），以著作佐郎身份兼修国史。因不满史馆监修者众多，史官受内外干扰而无法秉笔直书，作书讥评史馆制度"五不可"，求罢史任。后"退而私撰《史通》，以见其志"。晚年贬安州别驾。殁后，玄宗令人就其家写《史通》，读之称善，追赠工部尚书，谥曰文。《旧唐书》卷一〇二、《新唐书》卷一三二有传。《史通》，又名《史通子》，成书于景龙四年（710），是中国第一部系统的史学理论著作，对唐以前史著的体裁体例、源流得失、修史原则及史官建制等问题做了全面评述，构建了古代历史编纂学与史学批评的总体框架与基础。全书二十卷，分内篇三十九篇、外篇十三篇，今存四十九篇，篇次、文句偶有散乱。清代浦起龙的《史通通释》吸收了此前学者整理、评释之成果，是当前最为通行的版本。

夫人识有通塞[1]，神有晦明；毁誉以之不同，爱憎由其各异。盖三王之受谤也[2]，值鲁连而获申；五霸之擅名也[3]，逢孔宣而见诋。斯则物有恒准，而鉴无定识，欲求铨核得中[4]，其唯千载一遇乎？况史传为文，渊浩广博，学者苟不能探赜索隐[5]，致远钩深，乌足以辩其利害，明其善恶。

观左氏之书[6]，为传之最，而时经汉、魏，竟不列于学官，儒者皆折此一家，而盛推二传。夫以丘明躬为鲁史[7]，受经仲尼，语世则并生，论才则同耻。彼二家者，师孔氏之弟子，预达者之门人，才识本殊，年代又隔，安得持彼传说，比兹亲受者乎！加以二传理有乖僻，言多鄙野，方诸左氏，不可同年。故知《膏肓》、《墨守》[8]，乃腐儒之妄述；卖饼太官[9]，诚智士之明鉴也。

逮《史》、《汉》继作[10]，踵武相承[11]。王充著书[12]，既甲班而乙马；张辅持论[13]，又劣固而优迁。王充谓彪文义浃备[14]，纪事详赡，观者以为甲，以太史公为乙也。张辅《名士优劣论》曰："世人称司马迁、班固之才优劣，多以班为胜。余以为史迁叙三千年事，五十万言；班固叙二百年事，八十万言。烦省不敌，固之不如迁必矣。"然此二书，虽互有修短，递闻得失[15]，而大抵同风，可为连类。张晏云[16]："迁殁后，亡《龟策》、《日者传》，褚先生补其所缺，言词鄙陋，非迁本意。"案迁所撰《五帝本纪》、七十列传，称虞舜见陷[17]，遂匿空而出；宣尼既殂[18]，门人推奉有若。其言之鄙，又甚于兹，安得独罪褚生，而全宗马氏也？刘轨思商榷汉史[19]，雅重班才[20]，惟讥其本纪不列少帝[21]，而辄编高后。案弘非刘氏，而窃养汉宫。时天下无主，吕宗称制，故借其岁月，寄以编年，而野鸡行事，自具《外戚》。譬夫成为孺子[22]，史刊摄政之年；厉亡流彘[23]，历纪共和之日。而周、召二公，各世家有传。班氏式遵曩例[24]，殊合事宜[25]，岂谓虽浚发于巧心[26]，反受嗤于拙目也。

刘祥撰《宋书序录》[27]，历说诸家晋史，其略云："法盛《中兴》[28]，荒庄少气[29]，王隐、徐广[30]，沦溺罕华。"夫史之叙事也，当辩而不华[31]，质而不俚，其文直，其事核，若斯而已可也。必令同文举之含异[32]，等公幹之有逸[33]，如子云之含章[34]，类长卿之飞藻[35]；此乃绮扬绣合[36]，雕章缛彩，欲称实录，其可得乎？以此诋诃[37]，知其妄施弹射矣。

夫人废兴[38]，时也；穷达，命也。而书之为用，亦复如是。盖《尚书》古文，六经之冠冕也[39]；《春秋左氏》，三传之雄霸也。而自秦至晋，年逾五百，其书隐没，不行于世。既而梅氏写献[40]，杜侯训释[41]，然后见重一时，擅名千古。若乃《老经》撰于周日[42]，《庄子》成于楚年，遭文、景而始传[43]，值嵇、阮而方贵[44]。若斯流者，可胜纪哉！故曰废兴，时也；穷达，命也。适使时无识宝，世缺知音，若《论衡》之未遇伯喈[45]，《太玄》之不逢平子[46]，逝将烟烬火灭[47]，泥沉雨绝，安有殁而不朽，扬名于后世者乎？

《史通通释》卷七

【注释】

[1]“夫人识有通塞”四句：大意是说人的见识有通达与闭塞之分，思想有昏聩与开明之别，这导致对于事物的毁誉、爱憎都会有所不同。夫（fú 扶），用于句首的发语词。　　[2]“盖三王之受谤也”二句：夏商周三代的帝王受到诽谤时，遇到了鲁仲连替他们申诉。语出曹植《与杨德祖书》：“昔田巴毁五帝，罪三王，訾五霸于稷下，一旦而服千人。鲁连一说，使终身杜口。”鲁连，即战国时代的谋士鲁仲连，又称鲁连子，《史记》卷八三有传。田巴，齐国辩士，曾在稷下（今山东临淄）的学宫诋毁五帝、三王，一日

之间，说服千人。鲁仲连与之辩论后，田巴终身不敢言。　　[3]"五霸之擅名也"二句：春秋五霸有盛名，却被孔子责骂。擅，据有。孔宣，唐人尊孔子为宣父。　　[4]铨核：考量，核实。　　[5]"学者苟不能探赜索隐"四句：大意是说学者如果不能探索其中玄秘隐微的道理，怎么能够层层深入，辨别利害与善恶呢？探赜（zé 责）索隐，《周易·系辞上》"探赜索隐，钩深致远"，指探索隐微的，钩稽深远的。赜，幽深玄妙。　　[6]"观左氏之书"六句：大意是说解释《春秋》的"三传"中，《左传》最好，但汉、魏时期均不列入官学，儒生更加推崇《公羊》、《穀梁》二传。　　[7]"夫以丘明躬为鲁史"十一句：大意是说左丘明是鲁国史官，与孔子生活在同一时代且好恶相近；而《公羊》、《穀梁》二家则是孔子弟子的门人，不仅才识比不上左丘明，而且和孔子的年代相隔又远。再传弟子怎么能和亲传的相比呢？论才则同耻，指的是《论语·公冶长》中说的"左丘明耻之，丘亦耻之"。《汉书·楚元王传》载，东汉末年刘歆曾动议把《左传》列为官学，其理由就是"左丘明好恶与圣人同，亲见夫子，而《公羊》、《穀梁》在七十子后。传闻之与亲见之，其详略不同"。但这一提议遭到诸博士反对。　　[8]《膏肓（huāng 荒）》、《墨守》：《后汉书·儒林传》载，东汉《公羊》学派的经学家何休著有《左氏膏肓》、《公羊墨守》。膏肓，喻无可救药之缺点。从这两个书名即可看出，何休是尊《公羊》而贬《左传》的。　　[9]卖饼太官：《三国志》裴松之注引《魏略》记载，曹魏时期的钟繇喜欢《左传》，他曾说："《左氏》为太官，而《公羊》为卖饼家。"把《左传》比成官厨，而把《公羊》比成路边卖饼的。　　[10]逮（dài 带）：及，到。　　[11]踵武：引申为追随、继承。踵，脚后跟。武，足迹。　　[12]王充著书：王充（27—97？）字仲任，东汉史学家班彪的弟子，著《论衡》八十五篇，《后汉书》卷四九有传。班彪（3—54）字叔皮，曾作《后传》数十篇以接续《史记》并纠正《史记》的缺失，《后汉书》卷四〇有传。《论衡·超奇》："班叔皮续《太史公书》百篇以上，记事详悉，义浅理备,观读之者以为甲,而太史公乙。" 　　[13]张辅持论:张辅(?—305)字世伟,《晋书》卷六〇有传。他认为班固在五个方面不如司马迁:其一,《史记》用更少的文字叙述了更长的历史,更加言简意赅;其二,班固记载了许多无关善恶的小事;其三,班固贬损晁错,有伤忠臣之道;其四,司马迁是开创者,班固是因循者,难易不同;其五,司马迁"述辩士则辞藻华靡,叙实录则隐核名检",有良史笔法。 　　[14]浃(jiā 加)备:周备。 　　[15]递闻:屡闻。闻,一作"有"。 　　[16]"张晏云"六句:张晏,汉魏六朝时期的《汉书》注家,始末不详,其书不见著录,颜师古《汉书注》中引用较多。《汉书·司马迁传》:"(《史记》)而十篇缺,有录无书。"张晏曰:"迁没之后,亡《景纪》、《武纪》、《礼书》、《乐书》、《兵书》、《汉兴以来将相年表》、《日者列传》、《三王世家》、《龟策列传》、《傅靳列传》。元、成之间,褚先生补缺,作《武帝纪》、《三王世家》、《龟策》、《日者传》,言辞鄙陋,非迁本意也。"褚先生,即褚少孙,西汉颍川(今河南禹州)人,元帝、成帝时为博士,后以文学为侍郎,好观览《太史公书》并补其缺篇。 　　[17]"称虞舜见阨"二句:《史记·五帝本纪》载,舜的父亲瞽叟续娶之后,爱后妻之子,欲杀舜,使舜穿井。舜下井后,瞽叟以土填井,舜"为匿空旁出"。空,通"孔",即从旁穿孔而出。阨,同"厄"。 　　[18]"宣尼既殂"二句:《史记·仲尼弟子列传》:"孔子既没,弟子思慕。有若状似孔子,弟子相与共立为师,师之如夫子时也。"殂(cú 粗,阳平),死亡。有若,孔子学生,姓有,名若,《论语》中称其为"有子"。 　　[19]刘轨思:北齐国子博士,《北齐书》卷四四有传,但传中未载其论史之文。 　　[20]雅:很,甚。 　　[21]"惟讥其本纪不列少帝"十句:《史记·吕太后本纪》载,孝惠皇后无子,"佯为有身,取美人子名之,杀其母,立所名子为太子。孝惠崩,太子立为帝"。前少帝成年后,被吕后幽杀,又立常山王刘义为帝,更名刘弘。"不称元年者,以太后制天下事也。"《汉书》在《高帝纪》、《惠帝纪》之后,安排的是《吕后纪》,因为后少帝刘弘也和前少帝一样，非刘氏所生。当时没有真正的皇帝，吕后成为实际的统治者。《吕后纪》只是借用吕后来纪年而已。吕后本人的传记，还是列入《外戚传》中。野鸡，吕后名雉，故称野鸡。　　[22]"譬夫成为孺子"二句：周成王年幼，由叔父周公旦辅政。《尚书·洛诰》："在十有二月，惟周公诞保文武受命，惟七年。"这个"惟七年"指的是周公摄政之年。　　[23]"厉亡流彘（zhì 至）"二句：《史记·周本纪》载，西周末年，国人暴动，"厉王出奔于彘"，"召公、周公二相行政，号曰共和"。彘，今山西霍县东北。　　[24]曩（nǎng 曩，上声）：以往。　　[25]殊：很，极。　　[26]"岂谓虽浚（jùn 俊）发于巧心"二句：陆机《文赋》："虽浚发于巧心，或受嗤于拙目。"大意是说深沉的智慧发源于巧妙的心思，却反受拙眼之人的讥笑。浚，深。　　[27]刘祥撰《宋书序录》：刘祥字显征，撰《宋书》，讥刺禅代，《南齐书》卷三六有传。　　[28]法盛《中兴》：《隋书·经籍志》："《晋中兴书》七十八卷，起东晋，宋湘东太守何法盛撰。"　　[29]荒庄少气：荒疏而少有文气。荒庄，草茂盛的样子。一作"荒拙"。　　[30]"王隐、徐广"二句：王隐与徐广修的晋史缺少文采。王隐字处叔，晋元帝太兴年间（318—321）与郭璞俱为著作郎，撰晋史，《晋书》卷八二有传。《隋书·经籍志》："《晋书》八十六卷，本九十三卷，今残缺，晋著作郎王隐撰。"徐广（352—425）字野民，晋员外散骑常侍，领著作郎，义熙二年（406）奉诏撰国史，义熙十二年撰成《晋纪》四十六卷（《隋书·经籍志》著录为四十五卷）。入宋封中散大夫，告老乞归，《宋书》卷五五有传。沦溺，沉没，沦落。罕华，一作"空华"。　　[31]"当辩而不华"五句：《汉书·司马迁传》："然自刘向、扬雄博极群书，皆称迁有良史之材，服其善序事理，辩而不华，质而不俚，其文直，其事核，不虚美，不隐恶，故谓之实录。"本意是夸赞司马迁的《史记》辞锋辩捷而不花哨，朴实而不俚俗；文字秉笔直书，史事准确真实。　　[32]文举之含异：孔融（153—208）字文举，"建安七子"之一。《文心雕龙·风骨》："孔氏卓卓，信含异气，笔墨之性，殆不可胜。"

意为孔融卓然超群，确实含有特异之气，非笔墨所能表达。　　[33]公幹之有逸：刘桢（？—217）字公幹，"建安七子"之一。曹丕《与吴质书》："公幹有逸气。"谓刘桢之文飘逸豪放。　　[34]子云之含章：扬雄（前53—后18）字子云，蜀郡成都（今四川成都）人，工辞赋，仿《论语》作《法言》，仿《周易》作《太玄》，另作《方言》、《苍颉训纂》等语言学著作，《汉书》卷八七有传。含章，包孕美质，《周易·坤》："含章可贞。"　　[35]长卿之飞藻：司马相如（前179—前117）字长卿，蜀郡成都（今四川成都）人，工辞赋，与扬雄并称"马扬"，《汉书》卷五七有传。飞藻，辞藻华丽飞扬。　　[36]"此乃绮（qǐ 起）扬绣合"四句：大意是说这种绮丽的言辞，雕饰的文采，能称得上是实录吗？　　[37]诋诃：诋毁，呵斥。诃，同"呵"。　　[38]"夫人废兴"六句：大意是说人的时运有兴废，命运有穷达，书也是如此。　　[39]冠冕：帽子，比喻居于首位。　　[40]梅氏写献：秦始皇焚书之后，《尚书》的传本只有汉代伏生口授的二十八篇，是用汉代通行的文字书写的，称今文《尚书》。东晋豫章太守梅赜（zé 责）得到孔安国注的古文《尚书》，后列入官学。梅赜所奏的《尚书》缺了《尧典》一篇，却比今文《尚书》多出二十五篇。　　[41]杜侯训释：杜侯指杜预（222—285），字元凯，京兆杜陵人，为晋伐吴，以功进爵为当阳县侯。"耽思经籍，为《春秋左氏经传集解》。又参考众家谱第，谓之《释例》。又作《盟会图》、《春秋长历》，备成一家之学。"《晋书》卷三四有传。　　[42]《老经》：唐朝统治者奉老子为始祖。唐高宗追尊老子为"太上玄元皇帝"。玄宗开元二十九年（741），"制两京诸州各置玄元皇帝庙，并崇玄学，置生徒，令习《老子》、《庄子》、《列子》、《文子》，每年准明经例考试"。因此《老子》、《庄子》在唐代均可称"经"。　　[43]遭文、景而始传：汉初，特别是在文帝、景帝时期，为恢复经济，统治者奉行黄老之术，与民休息，《老子》因此受到重视。　　[44]值嵇、阮而方贵：嵇康著《养生论》，阮籍著《达庄论》，都是发扬《庄子》的思想。魏晋时期，在嵇、阮等人的带动下，《庄子》成为魏晋玄学家推崇的经典。　　[45]《论衡》之未遇伯喈（jiē 皆）：袁山崧《后汉书》说："王充所作《论衡》，中土未有传者，蔡邕入吴始得之。"蔡邕（133—192）字伯喈，《后汉书》卷六〇下有传。　　[46]《太玄》之不逢平子：《后汉书·张衡传》："张衡谓崔瑗曰：'吾观《太玄》，方知子云妙极道数，乃与《五经》相拟，非徒传记之属，使人难论阴阳之事，汉家得天下二百岁之书也。'"张衡（78—139）字平子，《后汉书》卷五九有传。　　[47]"逝将烟烬火灭"二句：此仿鲍照《芜城赋》"皆薰歇烬灭，光沉响绝"之语。

【解析】

刘知幾曾说："史有三长：才、学、识。"（《新唐书·刘子玄传》）"识"包括胆识与眼识，是"三长"中最难得的。《史通·鉴识》的宗旨就是强调"识"的重要性。

"鉴识"本来是魏晋时期品藻人物时常用的语汇。刘知幾由"识人"论及"鉴史"，提出"物有恒准，而鉴无定识"，事物虽有恒定的准则，但人的认识难有确定不变的标准。评判史著也是如此，篇中罗列了前人比较《史记》、《汉书》与讨论诸家《晋史》优劣的众多观点，用以说明"鉴识"之难。从刘知幾对前人言论的评述中，不难看出他评判史著的基本原则，即坚持秉笔直书的史学态度，反对浮华的文风。

秉笔直书是史学的大前提，而反对浮华的文风则是当时史学界面临的现实问题。齐梁以来，骈俪绮靡的文风占据了文坛主流，流风延及初唐的史学界。唐代修《晋书》时，起用了许多"文咏之士"，致使"史论竞为艳体"（赵翼《廿二史札记·晋书》）。刘知幾借用班固称美司马迁的话:"夫史之叙事也,当辩而不华,质而不俚,其文直,其事核,若斯而已可也。"明确反对"绮扬绣合,雕章缛彩"的文字,提倡明晰而不华丽,质实而不俚俗的语言。"其文直,其事核",就是要求直书其事。经过雕琢粉饰的文字,是不能称为"实录"的,只有直率的言语,才能体现出史家秉笔直书的人格。

除文风外,刘知幾还注意到学风与世风对于史著接受程度的影响。例如汉魏以来,立为官学的是"今文"学派的《公羊》与《穀梁》,"古文"学派的《尚书》与《左传》直到晋代以后才逐渐受到重视,这是学风的影响。西汉初年的统治者重视"黄老之学",唐代皇室更是追奉老子为先祖,这都使《老子》一书的地位得到提升,这是世风的影响。

因此,书的命运也和人的命运一样,有穷通之别。有些史书尽管一时受冷遇,未必永远受冷遇。但如果"时无识宝,世缺知音",史书就只能深藏名山,而无法传之后世了。经典的作品,除凝聚作者的心力之外,还需要有传习者认识、发掘其价值,更需要有识宝的读者做它的知音。《鉴识》篇讨论的对象虽然仅限于史书,但其总结出的鉴识原则以及"做古人知音"的思想,对我们知人论世都有着普遍的指导性。

《贞观政要》三则

〔唐〕吴兢

【题解】

吴兢（670—749），汴州浚仪（今河南开封）人。有史才，武周长安（701—704）中，令直史馆，修国史，拜迁右拾遗内供奉。中宗时，迁右补阙，与韦承庆、崔融、刘子玄撰成《则天实录》，转起居郎。玄宗开元三年（715），拜谏议大夫，依前修史。九年，与元行冲、韦述等编成《群书四部录》二百卷。十七年，进《贞观政要》，坐"书事不当"，贬荆州司马。历台、洪、饶、蕲等四州刺史，再迁相州长史。天宝初，改邺郡太守，入为恒王傅。所著诸书多散佚，唯《贞观政要》至今流传。《旧唐书》卷一〇二、《新唐书》卷一三二有传。

《贞观政要》共十卷四十篇，以君道、政体、任贤、纳谏、择官、慎终等为题，"随事录载"贞观年间唐太宗与魏徵、房玄龄、杜如晦等大臣之间的问答，以及太宗诏书、大臣奏疏谏议等。其内容涉及治国方略、选贤任能、进言纳谏、考绩黜陟、精简机构、申明法制等诸多方面，强调君王个人修养的重要性，尤其是兼听纳谏、居安思危、崇俭尚廉等。此书"志在匡君"，"用备劝戒"，"望纡天鉴，择善而行，引而申之，触类而长"（《上贞观政要表》），因而颇为后世所重视，清乾隆《御制贞观政要序》称"后之求治者，或列之屏风，或取以进讲"，足以证明其政治历史价值。

君　道

贞观初[1]，太宗谓侍臣曰[2]："为君之道，必须先存百姓。若损百姓以奉其身，犹割股以啖腹[3]，腹饱而身毙。若安天下，必须先正其身，未有身正而影曲，上理而下乱者[4]。朕每思伤其身者不在外物，皆由嗜欲以成其祸[5]。若耽嗜滋味[6]，玩悦声色[7]，所欲既多，所损亦大，既妨政事，又扰生人[8]。且复出一非理之言，万姓为之解体[9]，怨讟既作[10]，离叛亦兴。朕每思此，不敢纵逸。"谏议大夫魏徵对曰[11]："古者圣哲之主，皆亦近取诸身[12]，故能远体诸物。昔楚聘詹何[13]，问其理国之要，詹何对以修身之术。楚王又问理国何如，詹何曰：'未闻身理而国乱者。'陛下所明，实同古义。"

贞观二年，太宗问魏徵曰："何谓为明君暗君？"徵曰："君之所以明者[14]，兼听也；其所以暗者，偏信也。《诗》云：'先人有言[15]，询于刍荛。'昔唐、虞之理[16]，辟四门[17]，明四目，达四聪。是以圣无不照，故共、鲧之徒[18]，不能塞也；靖言庸回[19]，不能惑也。秦二世则隐藏其身[20]，捐隔疏贱而偏信赵高，及天下溃叛，不得闻也。梁武帝偏信朱异[21]，而侯景举兵向阙，竟不得知也。隋炀帝偏信虞世基[22]，而诸贼攻城剽邑，亦不得知也。是故人君兼听纳下，则贵臣不得壅蔽[23]，而下情必得上通也。"太宗甚善其言。

贞观十年，太宗谓侍臣曰："帝王之业，草创与守成孰难？"尚书左仆射房玄龄对曰[24]："天地草昧[25]，群雄竞起，攻破乃降，战胜乃克。由此言之，草创为难。"魏徵对曰："帝王之起，必承衰乱，覆彼昏狡[26]，百姓乐推，四海归命，天授人与[27]，乃不为难。然既得之后，志趣骄逸，百姓欲静，而徭役不休[28]，百姓凋残，而侈务不息[29]，国之衰弊，恒由此起。以斯而言，守成则难。"太宗曰："玄龄昔从我定天下，备尝艰苦，出万死而遇一生，所以见草创之难也。魏徵与我安天下，虑生骄逸之端，必践危亡之地，所以见守成之难也。今草创之难，既已往矣，守成

527

之难者，当思与公等慎之。"

贞观十一年，特进魏徵上疏曰[30]："臣观自古受图膺运[31]，继体守文[32]，控御英雄，南面临下[33]，皆欲配厚德于天地，齐高明于日月，本支百世[34]，传祚无穷[35]。然而克终者鲜，败亡相继，其故何哉？所以求之，失其道也。殷鉴不远[36]，可得而言。昔在有隋，统一寰宇，甲兵强锐，三十馀年，风行万里，威动殊俗，一旦举而弃之，尽为他人之有。彼炀帝岂恶天下之治安，不欲社稷之长久[37]，故行桀虐[38]，以就灭亡哉？恃其富强，不虞后患。驱天下以从欲，罄万物而自奉[39]，采域中之子女，求远方之奇异。宫苑是饰，台榭是崇，徭役无时，干戈不戢[40]。外示严重，内多险忌，谗邪者必受其福，忠正者莫保其生。上下相蒙，君臣道隔，民不堪命，率土分崩[41]。遂以四海之尊，殒于匹夫之手[42]，子孙殄绝[43]，为天下笑，可不痛哉！圣哲乘机，拯其危溺，八柱倾而复正[44]，四维弛而更张[45]。远肃迩安[46]，不逾于期月[47]；胜残去杀[48]，无待于百年。今宫观台榭，尽居之矣；奇珍异物，尽收之矣；姬姜淑媛[49]，尽侍于侧矣；四海九州，尽为臣妾矣。若能鉴彼之所以失，念我之所以得，日慎一日，虽休勿休[50]，焚鹿台之宝衣[51]，毁阿房之广殿[52]，惧危亡于峻宇[53]，思安处于卑宫[54]，则神化潜通[55]，无为而治[56]，德之上也。若成功不毁[57]，即仍其旧，除其不急，损之又损，杂茅茨于桂栋[58]，参玉砌以土阶[59]，悦以使人，不竭其力，常念居之者逸，作之者劳，亿兆悦以子来[60]，群生仰而遂性[61]，德之次也。若惟圣罔念[62]，不慎厥终，忘缔构之艰难[63]，谓天命之可恃，忽采椽之恭俭[64]，追雕墙之靡丽[65]，因其基以广之，增其旧而饰之，触类而长[66]，不知止足，人不见德，而劳役是闻，斯为下矣。譬之负薪救火，扬汤止沸[67]，以暴易乱，与乱同道，莫可测也，后嗣何观！夫事无可观则人怨，人怨则神怒，神怒则灾害必生，灾害既生，则祸乱必作，祸乱既作，而能以身名全者鲜矣。顺天革命之后[68]，将隆七百之祚[69]，贻厥子孙，传之万叶，难得易失，可不念哉！"

是月，徵又上疏曰："臣闻求木之长者[70]，必固其根本；欲流之远者，必浚其泉源[71]；思国之安者，必积其德义[72]。源不深而望流之远，根不固而求木之长，德不厚而思国之理，臣虽下愚，知其不可，而况于明哲乎！人君当神器之重[73]，居域中之大[74]，将崇极天之峻[75]，永保无疆之休[76]。不念居安思危，戒奢以俭，德不处其厚，情不胜其欲，斯亦伐根以求木茂，塞源而欲流长者也。凡百元首[77]，承天景命[78]，莫不殷忧而道著[79]，功成而德衰。有善始者实繁，能克终者盖寡[80]，岂取之易而守之难乎？昔取之而有馀，今守之而不足，何也？夫在殷忧必竭诚以待下，既得志则纵情以傲物。竭诚则胡越为一体[81]，傲物则骨肉为行路[82]。虽董之以严刑[83]，震之以威怒，终苟免而不怀仁[84]，貌恭而不心服。怨不在大，可畏惟人。载舟覆舟[85]，所宜深慎，奔车朽索[86]，其可忽乎？君人者[87]，诚能见可欲[88]，则思知足以自戒[89]；将有作[90]，则思知止以安人；念高危，则思谦冲而自牧[91]；惧满溢[92]，则思江海下百川；乐盘游[93]，则思三驱以为度[94]；忧懈怠，则思慎始而敬终；虑壅蔽[95]，则思虚心以纳下；想谗邪[96]，则思正身以黜恶[97]；恩所加，则思无因喜以谬赏；罚所及，则思无因怒而滥刑。总此十思，弘兹九德[98]，简能而任之[99]，择善而从之，则智者尽其谋，勇者竭其力，仁者播其惠，信者效其忠。文武争驰，君臣无事，可以尽豫游之乐[100]，可以养松、乔之寿[101]，鸣琴垂拱[102]，不言而化。何必劳神苦思，代下司职[103]，役聪明之耳目，亏无为之大道哉[104]！"太宗手诏答曰："省频抗表[105]，诚极忠款[106]，言穷切至，披览忘倦，每达宵分[107]。非公体国情深，启沃义重[108]，岂能示以良图，匡其不及。"

《贞观政要》卷一

【注释】

[1]贞观：唐太宗李世民年号（627—649）。　　[2]侍臣：侍奉帝王的廷臣。　　[3]啖（dàn　旦）腹：吃饱肚子。　　[4]理：即"治"字，此避唐高宗李治讳改。　　[5]嗜欲：泛指各种嗜好与欲望。　　[6]耽嗜：深切爱好。　　[7]声色：指音乐女色。　　[8]生人：即"生民"，此避唐太宗李世民讳改。　　[9]解体：比喻人心涣散。　　[10]怨讟（dú　毒）：怨恨诽谤。　　[11]谏议大夫：官名，属门下省，掌谏诤议论、侍从赞相。魏徵（580—643）：字玄成，钜鹿下曲阳（今河北晋州）人。唐武德九年（626），太

宗即位，擢谏议大夫。贞观三年（629），迁秘书监，参与朝政。七年，进侍中，封郑国公，世称"魏郑公"。《旧唐书》卷七一、《新唐书》卷九七有传。　　[12]"近取诸身"二句：语出《周易·系辞下》，是说从自身和周遭万物的变化中得出规律，进而做出判断或预测。　　[13]詹何：战国时楚国人，为学"重生"、"轻利"。曾隐居垂钓，以单股蚕丝作钓线，芒刺作钓钩，细竹子作钓竿，把米粒剖成两半作鱼饵，在水流湍急的深渊中钓到一满车的鱼。楚王闻而异之，召问其故。事见《列子·汤问》篇。　　[14]"君之所以明者"四句：汉王符《潜夫论·明暗》："君之所以明者，兼听也；所以暗者，偏信也。"　　[15]"先人有言"二句：《诗·大雅·板》："先民有言，询于刍荛（ráo 饶）。"刍荛，采薪之人，指鄙陋而不自弃之人。　　[16]唐、虞：尧为陶唐氏，舜为有虞氏，唐、虞即尧、舜。　　[17]"辟四门"三句：《尚书·尧典》："月正元日，舜格于文祖，询于四岳，辟四门，明四目，达四聪。"是说广开四方之门，招揽贤士；广开耳目，体察民情。　　[18]"共、鲧（gǔn 滚）之徒"二句：是说像共工、鲧那样奸佞的人，也不能使圣人闭塞视听。共，共工，相传与三苗、驩（huān 欢）兜、鲧并称"四凶"，被舜流放到幽州。鲧，禹之父，因治水无功，被舜杀于羽山。　　[19]靖言庸回：《尚书·尧典》："静言庸违，象恭滔天。""靖"与"静"同，"违"与"回"同，是说言行不一的奸佞小人。　　[20]"秦二世则隐藏其身"二句：秦二世（前230—前207），秦始皇次子，名胡亥。捐隔疏贱，舍弃看似不亲近的臣子，疏远百姓。捐，弃。赵高（？—前207），秦宦官，曾与李斯伪造始皇遗诏，立胡亥为二世皇帝。二世皇帝常居禁中，鲜少召见公卿。赵高居中用事，把持朝政，后又弑君立子婴为王。　　[21]"梁武帝偏信朱异"二句：梁武帝，即萧衍（464—549），仕齐封梁王，后受齐禅，建梁。朱异（483—549），字彦和，梁武帝时为中书通事舍人，累官至中领军。太清元年（547），揣知武帝意，力主纳侯降。侯景（503—552），本东魏臣，梁武帝时请求归顺，武帝听从朱异建议，接纳侯景，授封河南王。太清二年（548），侯景举兵叛梁，朝野共怨朱异。不久，侯景率兵攻陷台城，梁武帝被逼饿死，史称"侯景之乱"。　　[22]"隋炀帝偏信虞世基"二句：隋炀帝，即杨广（569—618），隋文帝子。虞世基（？—618），字懋世，会稽馀姚（今属浙江慈溪）人，隋时参掌朝政。因隋炀帝恶闻盗贼，虞世基常不以实情上告。由是盗贼日众，陷落郡县皆不得知。大业十四年（618），叛军围攻江都宫，杨广逃入彭城阁被杀。　　[23]贵臣：重臣，权臣。壅蔽：隔绝蒙蔽。　　[24]尚书左仆射：唐制，尚书省置左右仆射，掌统理六官。左右仆射为尚书令副职，令缺则总领省事，为宰相职。房玄龄（578—648），名乔，字玄龄，齐州临淄（今山东淄博东北）人。隋末，投秦王李世民，典管书记。武德九年（626），参与玄武门之变，李世民即位后为中书令。贞观三年（629）为尚书左仆射，综理朝政。　　[25]天地草昧：天地初开之时，杂乱而浑沌。草，杂乱。昧，晦冥不清。　　[26]覆彼昏狡：消灭昏庸狡猾之人。覆，灭。昏狡，昏庸狡猾。　　[27]天授人与：上天授予，百姓给与。与，给。　　[28]徭役：指官府无偿征调百姓所从事的劳动，包括力役、兵役、杂役等。　　[29]侈务：供人享乐、奢侈浪费之事。　　[30]特进：汉时诸侯功高德重、地位特殊之人，赐位特进，位在三公之下。唐制因之。　　[31]受图膺运：得到河图，接受天命。相传伏羲氏时，黄河有龙马背负"河图"而出，洛水有神龟背负"洛书"而出。后世用"河图洛书"指代圣人出世时的征兆。　　[32]继体守文：继承帝位，遵循先王法度。文，礼乐制度。　　[33]南面临下：《周易·说卦》："圣人南面而听天下，向明而治。"是说居帝位而治理天下。　　[34]本支百世：指子孙昌盛，百代不衰。本，树根。　　[35]祚（zuò 做）：禄位。　　[36]殷鉴不远：《诗·大雅·荡》："殷鉴不远，在夏后之世。"是说商纣灭夏，商纣子孙当以夏亡为戒。　　[37]社稷：土神和谷神，古时帝王或诸侯祭祀的神祇。后用来代指国家。　　[38]桀：夏桀，名履癸，淫暴百姓，因商汤讨伐而亡。　　[39]馨

（qìng 庆）：用尽。　　　[40]戢（jí 急）：止，停止。　　[41]率土：率土之滨，指境域之内。《诗·小雅·北山》："率土之滨，莫非王臣。"　　[42]殒（yǔn 允）：死。匹夫：平常人。　　[43]殄（tiǎn 舔）：尽，绝。　　[44]八柱：《淮南子·墬形训》："地有九州八柱。"相传天由八柱支撑，共工与颛顼（zhuānxū 专需）争帝，共工怒触不周之山，天柱折，地维绝，天便由西北向东南倾斜。　　[45]四维：《管子·牧民》："四维不张，国乃灭亡。国有四维：一维绝则倾，二维绝则危，三维绝则覆，四维绝则灭。倾可正也，危可安也，覆可起也，灭不可复错也。何谓四维：一曰礼，二曰义，三曰廉，四曰耻。"这里指伦理道德。　　[46]远肃迩安：远人前来参拜，近人安心生活。肃，揖拜。　　[47]期（jī 基）月：一整月。　　[48]胜残去杀：《论语·子路》："善人为邦百年，亦可以胜残去杀矣。"指感化残暴之人，便可废除死刑。　　[49]姬姜淑媛：泛指美女。　　[50]虽休勿休：《尚书·吕刑》："虽畏勿畏，虽休勿休。"虽有美德而不自恃。休，美善。　　[51]焚鹿台之宝衣：商纣王曾在今河南淇县筑鹿台，聚敛财货。周武王伐纣，纣王兵败，登鹿台，"衣其珠玉"，自焚而亡。武王命南宫括尽散鹿台之财。　　[52]毁阿房之广殿：《史记·秦始皇本纪》："（秦始皇）先作前殿阿房，东西五百步，南北五十丈，上可以坐万人，下可以建五丈旗。周驰为阁道，自殿下直抵南山。表南山之颠以为阙。"秦末，项羽攻入咸阳，火烧阿房宫。阿房宫，故址在今陕西西安。　　[53]峻宇：高峻的宫殿。　　[54]卑宫：低矮的房屋。　　[55]神化潜通：是说以精神感化百姓，使君民思想暗自相通。　　[56]无为而治：《老子》第五十七章："我无为，而民自化；我好静，而民自正；我无事，而民自富；我无欲，而民自朴。"是说以德化人，不事政治与刑罚，天下自然得到治理。　　[57]成功：既成之功。　　[58]茅茨：茅草房，泛指简陋的房屋。桂栋：桂树作的屋梁，代指华丽的房屋。　　[59]玉砌：玉石台阶。　　[60]亿兆：庶民百姓。子来：指民心归附，如子女趋事父母，不召自来，竭诚效忠。　　[61]遂性：顺应本性。　　[62]惟圣罔念：《尚书·多方》："惟圣罔念作狂，惟狂克念作圣。"罔念，不思为善。　　[63]缔构：结构，指缔造国家。缔，结。　　[64]采椽：栎木或柞木做的椽子，指俭朴的宫室。　　[65]雕墙：饰以浮雕、彩绘的墙壁，指华丽的宫室。　　[66]触类而长：指类似的扩张与增长。　　[67]扬汤止沸：用沸水来制止水沸，比喻方法不当。汤，沸水。　　[68]顺天革命：指顺从天命而改朝换代。　　[69]祚（zuò 做）：这里指年岁。　　[70]长（zhǎng 掌）：成长，长大。　　[71]浚（jùn 郡）：指疏通水道。　　[72]德义：德礼与诚信。魏徵上太宗第四疏称："为国之基，必资于德礼；君子所保，惟在于诚信。诚信立，则下无二心，德礼形，则远人斯格。"　　[73]神器：指帝位。　　[74]居域中之大：《老子》第二十五章："道大，天大，地大，王亦大。域中有四大，而王居其一焉。"是说国君处在天地间重要之位。　　[75]崇：尊崇。　　[76]休：福禄。　　[77]元首：本指人头，后用来比喻国君。　　[78]景：大。　　[79]殷忧：深切的忧虑。道著：大道得以彰显。　　[80]克终：能够到达最后。《诗·大雅·荡》："靡不有初，鲜克有终。"　　[81]胡越：古代少数民族名称，胡在北方，越在南方。这里代指北方和南方。　　[82]行路：指路人，陌生人。　　[83]董：董理，监督管理。　　[84]终苟免而不怀仁：结果让臣民只求暂且免于刑罚，而不感念帝王的恩德。　　[85]"载舟覆舟"二句：《荀子·王制》："君者舟也，庶人者水也。水则载舟，水则覆舟。"　　[86]"奔车朽索"二句：《尚书·五子之歌》："予临兆民，懔乎若朽索之驭六马。"魏徵用此意，比喻随时存在危机。　　[87]君：本指国君，引申为统治。　　[88]诚能见可欲：《老子》第三章："不见可欲，使民心不乱。"可欲，指足以满足欲望的事物。　　[89]知足以自戒：《老子》第四十四章："知足不辱。"第四十六章："祸莫大于不知足。"　　[90]有作：是说大兴土木、营建宫殿之类的事。作，兴作，兴建。　　[91]谦冲而自牧·《周易·谦卦》："谦谦君子，卑以自牧也。"冲，冲虚,恬淡虚静。自牧,自我约束。　　　[92]"惧满溢"二句:《老子》第六十六章:"江海所以能为百谷王者,以其善下之,故能为百谷王。"　　　[93]盘游:游乐,这里指打猎取乐。　　　[94]三驱:《周易·比卦》:"王用三驱,失前禽。"三驱,指打猎时只拦住三面,留出一面让猎物可以逃出,以显好生之仁。　　　[95]壅(yōng 雍)蔽:堵塞蒙蔽,这里指用不正当手段堵塞言路,使国君不明真相。　　　[96]想谗邪:考虑到朝中可能出现谗佞奸邪。　　　[97]黜(chù 触):排除,罢免。　　　[98]九德:《尚书·皋陶谟》:"九德咸事,俊乂在官。"九德指忠、信、敬、刚、柔、和、固、贞、顺,此处泛指各种美德。　　　[99]简:通"柬",选择,选拔。　　　[100]豫游:游逸。　　　[101]松、乔:指传说中的长寿仙人赤松子和王子乔。　　　[102]"鸣琴垂拱"二句:《礼记·乐记》:"昔者舜作五弦之琴,以歌《南风》。"《孔子家语·辩乐》:"其诗(《南风》)曰:'南风之熏兮,可以解吾民之愠兮;南风之时兮,可以阜吾民之财兮。'"这里用其意,指天下很容易治理得好。垂拱,垂衣拱手。《尚书·武成》:"垂拱而天下治。"　　　[103]代下司职:指代替下级处理事务。　　　[104]无为:道家主张的清静虚无、顺应自然。　　　[105]省:视。抗表:呈上奏章。　　　[106]忠款:忠诚。　　　[107]宵分:半夜。　　　[108]启沃:《尚书·说命上》:"若岁大旱,用汝作霖雨。启乃心,沃朕心,若药弗瞑眩,厥疾弗瘳。"是说臣子竭诚开导,辅佐君王。

择 官

　　贞观六年,太宗谓魏徵曰:"古人云,王者须为官择人,不可造次即用[1]。朕今行一事,则为天下所观;出一言,则为天下所听。用得正人,为善者皆劝[2];误用恶人，不善者竞进。赏当其劳，无功者自退；罚当其罪，为恶者戒惧。故知赏罚不可轻行，用人弥须慎择[3]。"徵对曰："知人之事，自古为难，故考绩黜陟[4]，察其善恶。今欲求人，必须审访其行。若知其善，然后用之，设令此人不能济事[5]，只是才力不及，不为大害。误用恶人，假令强干[6]，为害极多。但乱代惟求其才[7]，不顾其行。太平之时，必须才行俱兼，始可任用。"

贞观十一年，侍御史马周上疏曰[8]："理天下者以人为本，欲令百姓安乐，惟在刺史、县令[9]。县令既众，不可皆贤，若每州得良刺史，则合境苏息[10]。天下刺史悉称圣意，则陛下可端拱岩廊之上[11]，百姓不虑不安。自古郡守、县令，皆妙选贤德，欲有迁擢为将相[12]，必先试以临人[13]，或从二千石入为丞相及司徒、太尉者[14]。朝廷必不可独重内臣[15]，外刺史、县令遂轻其选。所以百姓未安，殆由于此。"太宗因谓侍臣曰："刺史，朕当自简择；县令，诏京官五品已上各举一人[16]。"

《贞观政要》卷三

【注释】

[1]造次：轻率，随便。　　[2]劝：勉励。　　[3]弥：更加。　　[4]考绩：按一定标准考核官吏的成绩。黜陟（chùzhì　触至）：指人才的进退、官吏的升降。　　[5]济事：成事。　　[6]强干：精明干练。　　[7]乱代：即乱世，此避唐太宗李世民讳改。　　[8]侍御史马周：马周（601—648），字宾王，唐博州茌平（今属山东）人。曾为中郎将常何门客，代何上疏二十餘事，深得太宗赏识，授监察御史，俄迁治书侍御史，后累官至中书令。　　[9]刺史、县令：分别为州（郡）、县的行政长官，州刺史即郡太守。　　[10]苏息：休养生息。　　[11]端拱岩廊之上：是说在朝廷上庄严临朝。端拱，指庄重不苟，清简为政。岩廊，高峻的廊庑，后代指朝廷。　　[12]迁擢（zhuó　浊）：指提升官职。　　[13]临人：指选拔人才。一说治民。　　[14]二千石：汉制，郡守俸禄二千石，故用以代称郡守。丞相：一般指朝廷最高行政长官，辅佐帝王总理百政。司徒：周制，大司徒为地官之长，掌管财务。唐时，司徒之职改为户部尚书，掌理户口、赋役等。太尉：秦汉时掌管军政的最高长官，曾与丞相、御史大夫并称三公。后渐成加官。　　[15]内臣：宫中太监、护卫官长等近臣。　　[16]京官五品已上：京官，朝中官员，与地方官、外出巡行之官相对而言。五品，唐制，官阶九品，每品分正、从，文官四品起又分上、下，武官三品起即分上下。已，同"以"。

慎　终

贞观五年，太宗谓侍臣曰："自古帝王亦不能常化[1]，假令内安，必有外扰。当今远夷率服，百谷丰稔[2]，盗贼不作，内外宁静。此非朕一人之力，实由公等共相匡辅。然安不忘危，理不忘乱，虽知今日无事，亦须思其终始。常得如此，始是可贵也。"魏徵对曰："自古已来，元首股肱不能备具[3]，或时君称圣，臣即不贤，或遇贤臣，即无圣主。今陛下明，所以致理。向若直有贤臣，而君不思化，亦无所益。天下今虽太平，臣等犹未以为喜，惟愿陛下居安思危，孜孜不怠耳！"

贞观六年，太宗谓侍臣曰："自古人君为善者，多不能坚守其事。汉高祖泗上一亭长耳[4]，初能拯危诛暴，以成帝业，然更延十数年，纵逸之败，亦不可保。何以知之？孝惠为嫡嗣之重[5]，温恭仁孝，而高帝惑于爱姬之子[6]，欲行废立，萧何、韩信功业既高，萧既妄系[7]，韩亦滥黜[8]，自馀功臣黥布之辈惧而不安[9]，至于反逆。君臣父子之间悖谬若此，岂非难保之明验也？朕所以不敢恃天下之安，每思危亡以自戒惧，用保其终。"

《贞观政要》卷一〇

【注释】

[1]化：教化，感化。　　[2]稔（rěn 忍）：庄稼成熟。　　[3]股肱（gǔgōng 古宫）：比喻辅佐大臣。股，大腿。肱，手臂。　　[4]汉高祖泗上一亭长：汉高祖刘邦（前256—前195），秦时曾为泗水亭长。泗水亭，在今江苏沛县。亭长，秦汉时，县级以下十里设一亭，置亭长，掌管防御、停留旅客以及治理民事等。　　[5]孝惠：指汉孝惠帝刘盈（前210—前188），汉高祖与吕后之子。前195年即位，在位七年亡，谥孝惠。初因嫡长子立为太子，时高祖宠幸戚夫人，有子刘如意，欲废刘盈立戚夫人子刘如意。吕后请商山四皓辅佐刘盈，才免于被废。　　[6]爱姬：指汉高祖刘邦宠妃戚夫人。刘邦死后，戚夫人被吕后囚于永巷，后又断去手足，做成"人彘"而惨死。　　[7]萧既妄系：萧，萧何（？—前193），沛（今属江苏）人。汉丞相。曾为百姓请将上林苑空地改为民田，刘邦大怒，将萧何交廷尉，械系数日后赦免。妄，胡乱。　　[8]韩亦滥黜：韩，韩信（？—前196），淮阴（今江苏淮安）人。辅佐刘邦取天下，封为楚王。刘邦曾得密告韩信欲反，诈称游云梦，将韩信绑至洛阳，赦为淮阴侯。滥，任意，胡乱。　　[9]黥（qíng 晴）布：即英布（？—前195），因曾犯法黥面而称为黥布。汉初封淮南王，及韩信、彭越被诛杀，暗地聚兵警备。中大夫贲赫告发黥布谋反，刘邦亲自率兵击杀灭之。黥，古时在人脸上刺字并涂墨之刑。

【解析】

《君道》是《贞观政要》首篇，以"为君之道"为核心，记录了唐太宗与魏徵、房玄龄的问答，以及魏徵的两篇奏疏（包括《谏太宗十思疏》），集中阐释了贞观年间太宗君臣对于君道的理解和认识。

篇首唐太宗有言，"为君之道，必须先存百姓"。魏徵也在第二篇奏疏中，借用《荀子·王制》"君者舟也，庶人者水也。水则载舟，水则覆舟"一语，阐明"可畏惟人"的道理。贞观十一年（637），唐太宗还有过类似表达，即"可爱非君，可畏非民，天子者，有道则人推而为主，无道则人弃而不用，诚可畏也"（《贞观政要·灾祥》）。这都体现了传统政治中可贵的民本思想。

唐太宗称，"若安天下，必须先正其身"，提出君王个人自身修养的重要意义。魏徵也在第一篇奏疏中将为政分为三等：德之上者，是"能鉴彼之所以失，念我之所以得，日慎一日，虽休勿休"，戒除奢侈，崇尚俭朴，"则神化潜通，无为而治"；德之次者，是"成功不毁，即仍其旧，除其不急，损之又损"，稍有纵逸，便加节制，"亿兆悦以子来，群生仰而遂性"；德之下者，是"惟圣罔念，不慎厥终，忘缔构之艰难，谓天命之可恃"，纵逸无度，"不知止足，人不见德，而劳役是闻"。知此三等君道，谨慎守成，差可"传之万叶"。在第二篇奏疏中，魏徵还通过"本固而木长"、"源深而流远"的自然规律，推衍出"思国之安者，必积其德义"的为政之道，告诫唐太宗江山"取之易而守之难"，须常行德义，善始克终，竭诚待下，深怀忧惧，尤其须谨记"十思"。"十思"所强调的知足、克制、冲淡、谨慎、谦虚等，不仅是当国者治国理政的必备素养，也是为人处世的重要品质，须谨记躬行。

《择官》则以《君道》为基，提出遴选官员的具体措施。唐太宗强调要谨慎用人，做到"赏当其劳"、"罚当其罪"，尤其须"用得正人"。以此为纲，魏徵强调选官德行的重要，如果德行高尚，只是"才力不及"，那么至少"不为大害"。马周则提出地方官选任的重要性，若能"妙选贤德"，"悉称圣意"，"则陛下可端拱岩廊之上，百姓不虑不安"，"合境苏息"。这对当代官员任免具有借鉴意义。

《慎终》则主要表现了唐太宗"安不忘危，理不忘乱"，"须思其终始"的决心。他认为，天下太平，"非朕一人之力，实由公等共相匡辅"。魏徵也从"元首股肱不能备具"出发，论证了当时圣主贤臣相得益彰的可贵局面。这从一个侧面反映了贞观时君臣之间的良性关系，发人深省。

奉天请罢琼林大盈二库状

〔唐〕陆贽

【题解】

陆贽（zhì 质。754—805）字敬舆，吴郡嘉兴（今属浙江）人。大历八年（773），登进士第，又中博学鸿词科，授郑县尉。历渭南主簿、监察御史。建中四年（783），以祠部员外郎充翰林学士。朱泚之乱，随唐德宗逃至奉天（今陕西乾县），参决机谋，时号"内相"。贞元七年（791），拜兵部侍郎。八年，拜中书侍郎、同平章事。十年，罢为太子宾客。十一年，贬忠州别驾。永贞元年（805）卒，谥宣，世称陆宣公。《旧唐书》卷一三九、《新唐书》卷一五七有传。兴元元年（784），朱泚兵败被杀，诸道贡奉相继到达行在奉天，唐德宗在行宫廊下重建"琼林"、"大盈"二库，贮存这些贡奉。陆贽力谏，上《奉天请罢琼林大盈二库状》，德宗纳谏撤其署。"状"即奏状，亦称奏疏，主要是条列事状，分析利弊，以供帝王采择。此状义理精深，收效甚著，在后世流传甚广，为历代所重。苏轼曾赞之曰："如贽之论，开卷了然。聚古今之精英，实治乱之龟鉴。"（《苏轼文集》卷三六《乞校正陆贽奏议上进札子》）

　　右[1]：臣闻作法于凉[2]，其弊犹贪；作法于贪，弊将安救？示人以义，其患犹私；示人以私，患必难弭[3]。故圣人之立教也，贱货而尊让，远利而尚廉。天子不问有无[4]，诸侯不言多少。百乘之室[5]，不畜聚敛之臣。夫岂皆能忘其欲贿之心哉[6]？诚惧贿之生人心而开祸端[7]，伤风教而乱邦家耳。是以务鸠敛而厚其帑椟之积者[8]，匹夫之富也；务散发而收其兆庶之心者[9]，天子之富也。天子所作，与天同方。生之长之[10]，而不恃其为；成之收之，而不私其有。付物以道，混然忘情。取之不为贪，散之不为费。以言乎体则博大，以言乎术则精微。亦何必挠废公方[11]，崇聚私货，降至尊而代有司之守[12]，辱万乘以效匹夫之藏？亏法失人，诱奸聚怨，以斯制事，岂不过哉！

　　今之琼林、大盈，自古悉无其制。传诸耆旧之说[13]，皆云创自开元[14]。贵臣贪权，饰巧求媚，乃言："郡邑贡赋所用，盍各区分[15]：税赋当委之有司，以给经用；贡献宜归乎天子，以奉私求。"玄宗悦之，新是二库[16]，荡心侈欲[17]，萌柢于兹，迨乎失邦，终以饵寇。《记》曰："货悖而入[18]，必悖而出。"岂非其明效欤！

陛下嗣位之初，务遵理道，敦行约俭，斥远贪饕[19]。虽内库旧藏，未归太府[20]；而诸方曲献[21]，不入禁闱。清风肃然，海内丕变[22]。议者咸谓汉文却马[23]、晋武焚裘之事[24]，复见于当今。近以寇逆乱常[25]，銮舆外幸，既属忧危之运，宜增儆励之诚。臣昨奉使军营，出由行殿，忽睹右廊之下，榜列二库之名，懔然若惊[26]，不识所以。何则？天衢尚梗[27]，师旅方殷。疮痛呻吟之声，噢咻未息[28]；忠勤战守之效，赏赉未行[29]。而诸道贡珍，遽私别库，万目所视，孰能忍怀？窃揣军情，或生觖望[30]，试询候馆之吏[31]，兼采道路之言，果如所虞，积憾已甚。或忿形谤讟[32]，或丑肆讴谣[33]，颇含思乱之情，亦有悔忠之意。是知甿俗昏鄙[34]，识昧高卑，不可以尊极临[35]，而可以诚义感。

顷者六师初降[36]，百物无储，外扦凶徒[37]，内防危堞，昼夜不息，迨将五旬。冻馁交侵，死伤相枕，毕命同力，竞夷大艰[38]。良以陛下不厚其身，不私其欲，绝甘以同卒伍[39]，辍食以啖功劳。无猛制而人不携[40]，怀所感也；无厚赏而人不怨，悉所无也。今者攻围已解，衣食已丰，而谣讟方兴，军情稍阻。岂不以勇夫恒性，嗜货矜功[41]，其患难既与之同忧，而好乐不与之同利，苟异恬默[42]，能无怨咨！此理之常，固不足怪。《记》曰："财散则民聚[43]，财聚则民散。"岂非其殷鉴欤？众怒难任，蓄怨终泄。其患岂徒人散而已，亦将虑有构奸鼓乱、干纪而强取者焉[44]。

夫国家作事以公共为心者，人必乐而从之；以私奉为心者，人必咈而叛之[45]。故燕昭筑金台[46]，天下称其贤；殷纣作玉杯[47]，百代传其恶。盖为人与为己殊也。周文之囿百里[48]，时患其尚小；齐宣之囿四十里，时病其太大。盖同利与专利异也。为人上者，当辨察兹理，洒濯其心，奉三无私[49]，以壹有众[50]。人或不率[51]，于是用刑。然则宣其利而禁其私，天子所恃以理天下之具也。舍此不务，而壅利行私[52]，欲人无贪，不可得已。

今兹二库，珍币所归。不领度支[53]，是行私也；不给经费，非宣利也。物情离怨[54]，不亦宜乎！智者因危而建安，明者矫失而成德。以陛下天姿英圣，倘加之见善必迁[55]，是将化蓄怨为衔恩，反过差为至当。促殄遗孽[56]，永垂鸿名，易如转规，指顾可致。然事有未可知者，但在陛下行与否耳。能则安，否则危；能则成德，否则失道。此乃必定之理也，愿陛下慎之惜之。陛下诚能近想重围之殷忧[57]，追戒平居之专欲[58]。器用取给，不在过丰；衣食所安[59]，必以分下。凡在二库货贿，尽令出赐有功，坦然布怀，与众同欲。是后纳贡，必归有司，每获珍华，先给军赏。瑰异纤丽，一无上供，推赤心于其腹中[60]，降殊恩于其望外。将卒慕陛下必信之赏，人思建功；兆庶悦陛下改过之诚，孰不归德？如此，则乱必靖，贼必平，徐驾六龙[61]，旋复都邑。兴行坠典，整缉棼纲[62]，乘舆有旧仪，郡国有恒赋。天子之贵，岂当忧贫？是乃散其小储，而成其大储也；损其小宝，而固其大宝也[63]。举一事而众美具，行之又何疑焉。吝少失多[64]，廉贾不处；溺近迷远，中人所非。况乎大圣应机[65]，固当不俟终日。不胜管窥愿效之至，谨陈冒以闻，谨奏。

《陆贽集》卷一四

【注释】

[1]右：唐时奏状格式，"右"即上，为内容提要，"右"之下为具体条陈。　[2]"作法于凉"四句：《左传》昭公四年："君子作法于凉，其弊犹贪；作法于贪，弊将若之何？"凉，薄，不厚道。　[3]弭（mǐ 米）：止息。　[4]"天子不问有无"二句：《荀子·大略》："故天子不言多少，诸侯不言利害，大夫不言得丧，士不言通财货。"　[5]百乘之室：指卿大夫之家。周制，天子可出兵车万乘，诸侯可出兵车千乘，大夫可出兵车百乘。乘，四匹马拉的车。　[6]贿：财货。　[7]"诚惧贿之生人心而开祸端"二句：是说实在害怕财货使人生出贪婪之心而开启祸端，进而伤害风教、扰乱国家。风教，指风俗教化。《诗大序》："风，风也，教也。风以动之，教以化之。"　[8]鸠敛：聚敛。鸠，聚。帑椟（tǎngdú 躺毒）：钱柜。　[9]兆庶：指平民百姓。兆，百万。　[10]"生之长之"四句：是说天子使万物滋生成长，却不倚仗势力任意妄为；使万物成熟并丰收，却不占为己有。　[11]挠废公方：扰乱公家的法令。挠，屈曲。　[12]有司：古时设官分职，各有专司，故常称某部门主管官员为有司。　[13]耆（qí 棋）旧：年高望重之人。　[14]皆云创自开元：史载，唐玄宗在位日久，御用之费日多，且赏赐不绝。王鉷迎合帝旨，将每年赋税正额以外的贡奉储存宫中，积百宝大盈库，供玄宗私用。开元，唐玄宗年号，713—741。　[15]盍：何不。　[16]新是二库：是说重新设置琼林、大盈二库。　[17]"荡心侈欲"二句：是说骄奢淫逸之心，就此生根发芽。柢，树

根，引申为基础。　　[18]"货悖而入"二句：《礼记·大学》："是故言悖而出者，亦悖而入；货悖而入者，亦悖而出。"是说财货以不义得之，必以不义失之。　　[19]贪饕（tāo 涛）：《左传》文公十八年："缙云氏有不才子，贪于饮食，冒于货贿，侵欲崇侈，不可盈厌；聚敛积实，不知纪极，不分孤寡，不恤穷匮。天下之民以比三凶，谓之饕餮。"这里指贪官。　　[20]太府：太府寺，唐时官署，掌管财货廪藏。　　[21]曲献：私献，指赋税以外的贡奉。　　[22]丕：大。　　[23]汉文却马：《汉书·贾捐之传》载，有人向汉文帝献千里马，汉文帝谢绝，并退还千里马和道里费。　　[24]晋武焚裘：《晋书·武帝纪》载，有人献雉头裘，晋武帝将雉头裘在殿前焚烧，并敕令内外再有犯者必加重罪责。　　[25]"寇逆乱常"二句：指朱泚于泾原发动兵变，唐德宗出逃奉天。　　[26]懅（jué 绝）然：惊恐的样子。　　[27]"天衢尚梗"二句：是说战事正盛，回京的道路依然受阻。殷，盛。　　[28]噢咻：抚慰病痛时发出的声音。　　[29]赏赉（lài 赖）：赏赐。　　[30]觖（jué 决）望：因不满意而怨恨。　　[31]候馆：指驿馆。　　[32]忿形谤讟（dú 毒）：愤怒演变成诽谤。讟，诽谤。　　[33]丑肆讴谣：用歌谣讽刺丑行。肆，陈列。　　[34]"甿（méng 萌）俗昏鄙"二句：是说百姓愚昧鄙陋，不明事理。　　[35]"不可以尊极临"二句：是说不能以尊贵的身份去压制，只能用诚挚信义加以感化。　　[36]六师：泛指军队。周时，天子统领六军之师，大诸侯国统领三军之师，后世称天子所统领的军队为六军或六师。　　[37]"外扞（hàn 汉）凶徒"二句：是说对外要抵御朱泚（cǐ 此）叛军，对内要防守危急的奉天。唐德宗出逃奉天，朱泚率兵进逼，作乱长达一月之久，最后朱泚兵败撤回长安。扞，抵御。危堞（dié 叠），危城，这里指奉天。　　[38]竟夷大艰：是说最终平定朱泚叛乱。夷，平坦。　　[39]"绝甘以同卒伍"二句：是说能与将士同甘共苦。绝甘，即绝甘分少。用李陵事，见《汉书·李广传》。辍食，即辍食吐哺。啖，给人吃。用张良事，见《汉书·张良传》。　　[40]"无猛制而人不携"二句：是说没有严刑峻法却无人离叛，是因为人们对君王深怀感念。携，携离，背叛。　　[41]嗜货矜功：是说武人本性好财夸功。　　[42]"苟异恬默"二句：如果不是恬淡静默的人，怎能不抱怨满腹。　　[43]"财散则民聚"二句：《礼记·大学》："是故财聚则民散，财散则民聚。"　　[44]构奸鼓乱、干纪而强取者：勾结奸邪、鼓动叛乱，违法乱纪来强行夺取江山社稷的人。　　[45]咈（fú 伏）：通"拂"，违逆，乖戾。　　[46]燕昭筑金台：《史记·燕召公世家》载，燕昭王在易水东南筑台，置黄金于台上，招揽天下贤士。　　[47]殷纣作玉杯：《韩非子·喻老》载，殷纣王用象牙作筷子，箕子深以为惧，认为殷纣王一定还要制造犀玉之杯，进而追求山珍海味、华服宫室，一步步走向穷奢极欲。　　[48]"周文之囿百里"四句：扬雄《羽猎赋》："周文之囿百里，民以为尚小；齐宣之囿四十里，民以为大，裕民之与夺民也。"囿，有围墙的园地。　　[49]三无私：《礼记·孔子闲居》："奉三无私以劳天下，天无私覆，地无私载，日月无私照。"指像天、地、日月那样无私。　　[50]以壹有众：用以统一万民。　　[51]率：遵循。　　[52]壅（yōng 庸）利行私：阻止财货流出，将其据为己有。壅，阻塞，阻挡。　　[53]度支：官名，掌管全国财赋的统计与调用。　　[54]物情：物理人情，世情。　　[55]见善必迁：《周易·益卦》说："君子以见善则迁，有过则改。"是说遇到好事，一定去做。　　[56]促殄遗孽：迅速消灭叛军馀孽。殄，消灭。　　[57]近想重围之殷忧：是指对奉天被围困的深深忧惧。　　[58]追戒平居之专欲：是说追忆平日独占的欲望而加以警戒。　　[59]"衣食所安"二句：《左传》庄公十年："衣食所安，弗敢专也，必以分人。"　　[60]推赤心于其腹中：《后汉书·光武帝纪》："萧王推赤心置人腹中，安得不投死乎。"　　[61]六龙：古时天子六驾（乘六匹马拉的车），马八尺称龙，故以"六龙"代指天子车驾。　　[62]棼（fén 坟）纲：紊乱的纲常。棼，通"紊"，紊乱，纷乱。　　[63]大宝：指帝王之位。　　[64]"咨少失多"二句：是说贪小失大，精明的商人不屑这样做。 [65]"况乎大圣应机"二句：是说你是圣人，看到预兆便要行动，本不应当等待良久。《周易·系辞下》："君子见几而作，不俟终日。"机，几微，预兆。

【解析】

这篇奏状以"圣人立教"发端，从考察琼林、大盈二库设置缘起入手，结合当时内忧外困的国势，劝谏唐德宗废除二处私库，反腐倡廉，秉持公共之心，为国理政。

陆贽认为，贪贿"生人心而开祸端，伤风教而乱邦家"。如果天子贪贿，其危害尤大，即所谓"作法于凉，其弊犹贪；作法于贪，弊将安救"，"示人以义，其患犹私；示人以私，患必难弭"。因此，天子需"贱货而尊让，远利而尚廉"，"散其小储，而成其大储也；损其小宝，而固其大宝"。实际上，天子不仅要自我约束，而且要"斥远贪饕"，对贪官和贪腐的行为绝不姑息容忍，其处置要像"汉文却马"、"晋武焚裘"一样果决而严厉。对贪腐的这些深刻论述，发人深省。

这篇奏状还指出，治理国家要"以公共为心"，与民同利。他列举了燕昭王、周文王和殷纣王、齐宣王正反两类事例，论证了天子取用财货务必怀有公心，奉行"二九私"，"宣其利而禁其私"，这才是当国者"所恃以理天下之具"。陆贽的这一论述，颇值得当代社会借鉴。

原　毁

〔唐〕韩愈

【题解】

韩愈（768—824）字退之，河内河阳（今河南孟州西北）人。郡望昌黎（今属河北），世称"韩昌黎"或"昌黎先生"。唐贞元八年（792）进士及第，历任国子监四门博士、监察御史、史馆修撰、中书舍人等。元和十二年（817），出任裴度的行军司马，参与讨平"淮西之乱"，以功授刑部侍郎。十四年，因上表谏迎佛骨忤旨，被贬为潮州刺史。长庆二年（822），为吏部侍郎。三年，任京兆尹兼御史大夫。卒谥文，世称韩文公。《旧唐书》卷一六〇、《新唐书》卷一七六有传。《原毁》之"原"是"本原"的意思，"原毁"就是对毁誉观念的追本溯源。《原毁》的创作时间不能确定，不过前人多认为是韩愈中晚年的作品。中唐社会，时俗以毁谤相能。德宗朝，宰相卢杞便以构陷排挤擅名。更有甚者，以诗文诽谤别人，如李德裕门人所作《周秦行纪》，据说便是诽谤牛僧孺之作。近人林纾因此而评论说："《原毁》则道人情之所以然，曲曲皆中时俗之弊。公当日不见直于贞元之朝，时相为赵憬、贾耽、卢迈，咸不以公为能，意必有毁之者。故婉转叙述毁之所以生，与见毁者之所以被祸之故。"(《韩柳文研究法》)可见，此文应该是意有所指。

　　古之君子[1]，其责己也重以周[2]，其待人也轻以约。重以周，故不怠；轻以约，故人乐为善。闻古之人有舜者，其为人也，仁义人也。求其所以为舜者，责于己曰："彼，人也[3]；予，人也。彼能是，而我乃不能是！"早夜以思，去其不如舜者，就其如舜者。闻古之人有周公者，其为人也，多才与艺人也。求其所以为周公者，责于己曰："彼，人也；予，人也。彼能是，而我乃不能是！"早夜以思，去其不如周公者，就其如周公者。舜，大圣人也，后世无及焉；周公，大圣人也，后世无及焉。是人也，乃曰："不如舜，不如周公，吾之病也。"是不亦责于身者重以周乎？其于人也，曰："彼人也，能有是，是足为良人矣；能善是，是足为艺人矣。"取其一[4]，不责其二；即其新，不究其旧。恐恐然惟惧其人之不得为善之利[5]。一善易修也，一艺易能也，其于人也，乃曰："能有是，是亦足矣。"曰："能善是，是亦足矣。"不亦待于人者轻以约乎？

今之君子则不然。其责人也详[6]，其待己也廉[7]。详，故人难于为善；廉，故自取也少。己未有善，曰："我善是，是亦足矣。"己未有能，曰："我能是，是亦足矣。"外以欺于人，内以欺于心，未少有得而止矣，不亦待其身者已廉乎？其于人也，曰："彼虽能是，其人不足称也；彼虽善是，其用不足称也。"举其一，不计其十；究其旧，不图其新。恐恐然惟惧其人之有闻也[8]，是不亦责于人者已详乎？夫是之谓不以众人待其身，而以圣人望于人，吾未见其尊己也。

虽然，为是者有本有原，怠与忌之谓也[9]。怠者不能修[10]，而忌者畏人修。吾尝试之矣，尝试语于众曰："某良士，某良士。"其应者，必其人之与也[11]。不然，则其所疏远不与同其利者也。不然，则其畏也。不若是，强者必怒于言，懦者必怒于色矣[12]。又尝语于众曰："某非良士，某非良士。"其不应者，必其人之与也。不然，则其所疏远不与同其利者也。不然，则其畏也。不若是，强者必说于言[13]，懦者必说于色矣。是故事修而谤兴，德高而毁来。呜呼！士之处此世，而望名

554

誉之光[14]，道德之行，难已！

　　将有作于上者[15]，得吾说而存之，其国家可几而理软[16]！

《韩昌黎文集校注》卷一

【注释】

　　[1]君子：古时指地位高的人，后多指人格高尚、道德品行皆好之人。　　[2]"其责己也重以周"二句：《论语·卫灵公》："子曰：'躬自厚，而薄责于人。'"此二句用其意，是说对自己要求严格而繁多，对待他人宽容而简约。　　[3]"彼，人也"六句：《孟子·离娄下》："舜人也，我亦人也。"又《孟子·滕文公上》："颜渊曰：'舜，何人也？予，何人也？有为者亦若是。'"韩愈化用此二语，是说以舜的标准要求自己。是，如此，这样。　　[4]"取其一"四句：是说肯定他一个方面，而不苛求别的；看他最近的表现，而不追究过去。　　[5]恐恐然：惶惧不安的样子。　　[6]详：周详具体。　　[7]廉：低。　　[8]闻：名声，声望。　　[9]怠：怠惰，懈怠。忌：妒忌。　　[10]修：指学问、品行方面的锻炼和培养。　　[11]与：相与，这里指同党、朋友。　　[12]色：脸色。　　[13]说：同"悦"。　　[14]光：发扬光大。　　[15]将有作于上者：身居上位而将有所作为的人。　　[16]理：当作"治"，此是作者避唐高宗李治讳改。

【解析】

　　《原毁》运用对比的手法，阐述了古、今君子在待人和对己方

555

面截然不同的态度和表现，批判了中唐时期士大夫中流行的结党、诽谤等不良风气，并探索毁谤产生的根源。韩愈认为，毁谤滋多源于人性的"怠"与"忌"。所谓"怠者不能修，而忌者畏人修"，故而毁谤丛生。若将二者相权，"怠"大约又是"忌"的根本。浦起龙认为，"原"就是"从根显苗"，"毁者其苗，怠与忌者其根。古之君子不怠不忌，今之君子则怠与忌，而怠又忌之根也"（《古文眉诠》卷四六），或可切中此篇要旨。

在《原毁》中，韩愈对当时"事修而谤兴，德高而毁来"的社会现实痛心疾首，为士君子因毁谤丛生难以"望名誉之光，道德之行"而鸣不平。他寄希望"有作于上者"，能够认清毁谤根源，明辨毁谤之言并知人善任，进而治理好国家。此外，他关于古之君子"其责己也重以周，其待人也轻以约"的论断，与"不以其所能者病人，不以人之所不能者愧人"（《礼记·表记》）一脉相承，堪称为人处世的"座右铭"，值得当代人谨记与发扬。

师　说

〔唐〕韩愈

【题解】

　　唐时，流俗不重师道，正如柳宗元在《答韦中立论师道书》中所言："今之世不闻有师，有辄哗笑之，以为狂人。"韩愈不惧流俗，犯颜为师，作《师说》以倡言师道。然而，时人嘲讽指摘，贬损他为狂人，所谓"世果群怪聚骂，指目牵引，而增与为言辞"（柳宗元《答韦中立论师道书》）。即便是同道中人，如柳宗元对他大为同情，却也不敢为师当世，称"仆才能勇敢不如韩退之，故不为人师"（柳宗元《报严厚舆书》）。《师说》中言所收弟子为李蟠，他于贞元十九年（803）举进士，此文创作时间当不晚于此年。

　　古之学者必有师[1]。师者，所以传道、受业、解惑也[2]。人非生而知之者[3]，孰能无惑？惑而不从师，其为惑也，终不解矣。生乎吾前，其闻道也固先乎吾，吾从而师之；生乎吾后，其闻道也亦先乎吾，吾从而师之。吾师道也，夫庸知其年之先后生于吾乎[4]？是故无贵无贱，无长无少，道之所存，师之所存也。

嗟乎！师道之不传也久矣！欲人之无惑也难矣！古之圣人，其出人也远矣[5]，犹且从师而问焉。今之众人，其下圣人也亦远矣，而耻学于师。是故圣益圣，愚益愚。圣人之所以为圣，愚人之所以为愚，其皆出于此乎？爱其子，择师而教之，于其身也，则耻师焉。惑矣！彼童子之师，授之书而习其句读者[6]，非吾所谓传其道解其惑者也。句读之不知，惑之不解，或师焉，或不焉[7]，小学而大遗[8]，吾未见其明也。

巫医、乐师、百工之人[9]，不耻相师[10]。士大夫之族，曰师曰弟子云者，则群聚而笑之。问之，则曰："彼与彼年相若也，道相似也。位卑则足羞，官盛则近谀。"呜呼！师道之不复可知矣。巫医、乐师、百工之人，君子不齿，今其智乃反不能及，其可怪也欤！

圣人无常师。孔子师郯子、苌弘、师襄、老聃[11]。郯子之徒，其贤不及孔子。孔子曰[12]："三人行，则必有我师。"是故弟子不必不如师，师不必贤于弟子。闻道有先后，术业有专攻，如是而已。

李氏子蟠[13]，年十七，好古文，六艺经传皆通习之[14]，不拘于时，学于余。余嘉其能行古道，作《师说》以贻之[15]。

《韩昌黎文集校注》卷一

【注释】

[1]学者：求学之人。　　[2]传道、受业、解惑：指传授儒道、教授学业、解答疑惑。道，指修己治人的儒家道德。受，通"授"，传授。业，以儒家经典为主的学业。惑，疑难问题，这里指儒道和经典中的疑惑。　　[3]生而知之：《论语·季氏》："生而知之者，上也；学而知之者，次也；困而学之，又其次之；困而不学，民斯为下矣。"韩愈在这里反用其意，以说明学习的重要性。　　[4]夫庸知其年之先后生于吾乎：何必考虑他年龄比我大还是小呢。庸，用，在疑问句中表示何用。　　[5]出：超出。　　[6]句读（dòu 逗）：也叫句逗，古时指文辞休止和停顿处。文意休止处为"句"，文意未尽稍作停顿处为"读"。　　[7]不：通"否"。　　[8]小学而大遗：是说句读事小，解惑事大，学了句读这样的小学问，却丢掉了通晓治道这样的大学问。　　[9]巫医、乐师、百工：巫，古时指以舞降神、能与天地鬼神沟通的人。在古代，巫师和行医之人不分，故有"巫医"之称。百工，各种手工匠人。此句代指下层劳动者。　　[10]相师：拜别人为师。　　[11]"孔子师"句：郯（tán 谈）子，春秋时郯国（今山东郯城境）国君，相传孔子曾向他请教少皞氏以鸟名官之事。苌（cháng 常）弘，东周敬王时大夫，相传孔子曾向他请教古乐之事。师襄，春秋时鲁国乐官，名襄，孔子曾向他学琴。老聃（dān 丹），即老子，春秋时楚人，相传孔子曾向他学习周礼。　　[12]"孔

子曰"三句:《论语·述而》:"子曰:'三人行,必有我师焉。择其善者而从之,其不善者而改之。'" [13]李氏子蟠(pán 盘):李蟠,唐德宗贞元十九年(803)进士。 [14]六艺经传:六经的经文和注解。六艺,六经,即《诗》、《书》、《礼》、《乐》、《易》、《春秋》六种儒家经典。传,注解经文之作。 [15]贻(yí 移):赠与,赠送。

【解析】

《师说》论述了从师的必要性和为师的标准,批判了当时社会流行的耻于从师的不良风气。"人非生而知之者",不可能不在学习和生活中产生困惑。有了困惑,就应该去请教师长。那么,何为"师"?"师"并非只是"授之书而习其句读"的童子之师,所谓"道之所存,师之所存也",践行儒道之人方可为师。为师者要做到"传道、受业、解惑",而不仅仅是教求学者一般的文学知识。

韩愈认为,不要因为"彼与彼年相若也,道相似也。位卑则足羞,官盛则近谀"就放弃从师之道,年龄、身份、地位乃至学识也不应该成为从师的障碍,只要他人有一点可取之处,便可从师而学。他还阐述了良好的师生关系,"学者必有师",但并不是说弟子在道德和学问上永远落后于师长或者紧随师长之后,不追求超越和自我建树。正所谓"弟子不必不如师,师不必贤于弟子。闻道有先后,术业有专攻"。孔子尽管拜师郯子、苌弘、师襄和老聃,但他的成就在许多方面都超过了这些师长。《师说》中这种尊师重教的思想以及对师生关系的正确认识,值得当代教育学借鉴与思考。

捕蛇者说

〔唐〕柳宗元

【题解】

柳宗元（773—819）字子厚，河东（今山西永济）人，世称河东先生。唐贞元九年（793）进士及第，十四年登博学鸿词科，授集贤殿正字。贞元二十一年正月，唐顺宗即位，擢为礼部员外郎，参与王伾、王叔文推行的政治革新，加强中央集权，打击宦官、藩镇势力，史称“永贞革新”。同年八月，以俱文珍为首的宦官集团联合朝臣、藩镇，逼迫顺宗禅位李纯，是为唐宪宗，“永贞革新”宣告失败，参与者王伾、王叔文以及柳宗元、刘禹锡等八人均遭贬斥，史称“二王八司马”事件。九月，柳宗元初贬邵州刺史，再贬永州司马。元和十年（815）正月，召赴京师，三月，又出为柳州刺史。在柳州九年，卒于任所，人称“柳柳州”。《旧唐书》卷一六〇、《新唐书》卷一六八有传。自安史之乱（755）以来，朝廷和地方藩镇为了巩固自身实力，都加重赋税，增加了盐税、间架税、货物税等，百姓不堪重负，逃亡、流浪者日增。据李吉甫的《元和国计簿》统计，元和年间除了藩镇诸道外，税户只有天宝年间的四分之一，但赋税徭役却增加了三分之一，可见横征暴敛之甚。《捕蛇者说》是柳宗元任永州司马时所作，对当时的暴政提出了批评。

永州之野产异蛇[1]，黑质而白章[2]。触草木，尽死；以啮人，无御之者。然得而腊之以为饵[3]，可以已大风、挛踠、瘘、疠[4]，去死肌，杀三虫[5]。其始，太医以王命聚之，岁赋其二[6]；募有能捕之者，当其租入[7]。永之人争奔走焉。

有蒋氏者，专其利三世矣。问之，则曰："吾祖死于是，吾父死于是，今吾嗣，为之十二年，几死者数矣。"言之，貌若甚戚者。余悲之，且曰："若毒之乎？余将告于莅事者[8]，更若役，复若赋，则何如？"蒋氏大戚，汪然出涕曰："君将哀而生之乎[9]？则吾斯役之不幸[10]，未若复吾赋不幸之甚也。向吾不为斯役，则久已病矣[11]。自吾氏三世居是乡，积于今六十岁矣。而乡邻之生日蹙[12]，殚其地之出[13]，竭其庐之入，号呼而转徙，饥渴而顿踣[14]，触风雨，犯寒暑，呼嘘毒疠[15]，往往而死者相藉也[16]。曩与吾祖居者[17]，今其室十无一焉。与吾父居者，今其室十无二三焉。与吾居十二年者，今其室十无四五焉，非死而徙尔，而吾以捕蛇独存。悍吏之来吾乡，叫嚣乎东西[18]，隳突乎南北[19]，哗然而骇者，虽鸡狗不得宁焉。吾恂恂而起[20]，视其缶[21]，而吾蛇尚存，则弛然而卧[22]。谨食之，时而献焉。退而甘食其土之有，以尽吾齿。盖一岁之犯死者二焉，其馀则熙熙而乐，岂若吾乡邻之旦旦有是哉！今虽死乎此，比吾乡邻之死则已后矣，又安敢毒耶？"

余闻而愈悲。孔子曰："苛政猛于虎也[23]！"吾尝疑乎是，今以蒋氏观之，犹信。呜呼！孰知赋敛之毒有甚是蛇者乎？故为之说，以俟夫观人风者得焉[24]。

《柳宗元集》卷一六

【注释】

[1]永州：地名，今湖南零陵。　　[2]黑质而白章：黑底白花。　　[3]腊（xī 西）之以为饵：把蛇肉晾干作为药饵。腊，本指干肉，这里指晾干。　　[4]已大风、挛踠（luánwǎn 峦晚）、瘘（lòu 漏）、疠（lì 厉）：已，停止，这里指治愈。大风，麻风病。挛踠，手足痉挛。瘘，颈肿（淋巴结核）。疠，瘟疫。　　[5]三虫：蛔虫、姜片虫、蛲虫，泛指人体内的寄生虫。　　[6]岁赋其二：每年征收两次。　　[7]当其租入：指用蛇抵税。当，抵。　　[8]莅（lì 力）事者：指地方官。莅，掌管，治理。　　[9]哀而生之：可怜我，让我生存下去。　　[10]斯役：指捕蛇抵赋。　　[11]病：困苦不堪。　　[12]蹙（cù 醋）：窘迫。　　[13]殚（dān 丹）：竭尽。　　[14]顿踣（bó 博）：跌倒在地上。　　[15]疠：指疫疠之气，是具有传染性的致病

邪气。　　　　[16]相藉：相互压着，言其多。　　　　[17]曩（nǎng 囊，上声）：从前。　　　　[18]叫嚣乎东西：到处呼喊。　　　　[19]隳（huī 灰）突：骚扰，横行霸道。　　　　[20]恂（xún 寻）恂：小心谨慎的样子。　　　　[21]缶（fǒu 否）：这里指装蛇的瓦罐。　　　　[22]弛然：放心的样子。　　　　[23]苛政猛于虎也：《礼记·檀弓下》：“小子识之，苛政猛于虎也。”　　　　[24]俟：等待。人风：即民风，唐时避唐太宗李世民讳改。

【解析】

《捕蛇者说》以“毒”结构全篇，主要讲述了永州捕蛇人三代的不幸遭遇，得出“赋毒”比蛇毒更甚的结论，展现了中唐时期农村凋敝、百姓困苦的场景，揭露了朝廷赋税徭役的沉重，表达了一个知识分子对于社会下层民众的关怀。

柳宗元引用孔子之言“苛政猛于虎”，称“吾尝疑乎是”。然而，蒋氏一家三代捕蛇的惨痛经历，却让他对此深信不疑，并且有了更加深切的认识，即“赋敛之毒有甚是蛇者”。事实上，无论在春秋时期还是唐朝，无论暴政还是苛敛，都是对百姓和社会的巨大伤害。反之，“轻徭薄赋”、“与民休息”，则能促进社会发展。譬如汉朝初年，文帝、景帝秉行减轻杂税和徭役的国策，实行了“什五而税一”甚至“三十税一”的低税，到汉武帝时，社会已是相当富足，一如司马迁《史记·平准书》所言：“民则人给家足，都鄙廪庾皆满，而府库馀货财。”“前事不忘，后事之师。”历史的经验，值得后人记取。

种树郭橐驼传

〔唐〕柳宗元

【题解】

贞元十九年（803），柳宗元任监察御史里行。大约在此期间，他写下了这篇《种树郭橐驼传》。文章虽以"传"为名，但未必实有其人，这应该是一篇"设事明理"之作，主要针对的是当时官府繁政扰民的弊端，其中所表达的理念与"永贞革新"主张革除弊政是一致的。

郭橐驼[1]，不知始何名。病瘘[2]，隆然伏行[3]，有类橐驼者，故乡人号之"驼"。驼闻之，曰："甚善，名我固当。"因舍其名，亦自谓橐驼云。

其乡曰丰乐乡[4]，在长安西。驼业种树，凡长安豪富人为观游及卖果者[5]，皆争迎取养[6]。视驼所种树，或移徙，无不活，且硕茂早实以蕃[7]。他植者虽窥伺效慕，莫能如也。

有问之，对曰："橐驼非能使木寿且孳也[8]，能顺木之天，以致其性焉尔。凡植木之性，其本欲舒[9]，其培欲平，其土欲故，其筑欲密。既然已[10]，勿动勿虑，去不复顾。其莳也若子[11]，其置也若弃[12]，则其天者全而其性得矣。故吾不害其长而已，非有能硕茂之也；不抑耗其实而已[13]，非有能早而蕃之也。他植者则不然，根拳而土易[14]，其培之也，若不过焉则不及[15]。苟有能反是者，则又爱之太恩，忧之太勤，旦视而暮抚，已去而复顾，甚者爪其肤以验其生枯[16]，摇其本以观其疏密，而木之性日以离矣。虽曰爱之，其实害之；虽曰忧之，其实仇之。故不我若也，吾又何能为哉！"

问者曰："以子之道，移之官理[17]，可乎？"驼曰："我知种树而已，理，非吾业也。然吾居乡，见长人者好烦其令[18]，若甚怜焉[19]，而卒以祸。旦暮吏来而呼曰：'官命促尔耕，勖尔植[20]，督尔获。早缫而绪[21]，早织而缕，字而幼孩[22]，遂而鸡豚[23]。'鸣鼓而聚之，击木而召之[24]。吾小人辍飧饔以劳吏者[25]，且不得暇，又何以蕃吾生而安吾性耶？故病且怠。若是，则与吾业者其亦有类乎？"

问者曰："嘻[26]，不亦善夫！吾问养树，得养人术。"传其事以为官戒。

《柳宗元集》卷一七

【注释】

[1]橐（tuó 驼）驼：骆驼。 [2]瘘（lǔ 吕）：通"偻"，脊背弯曲，即驼背。 [3]隆然伏行：指因驼背而弯腰行走。 [4]丰乐乡：或即长安（今陕西西安）丰乐坊，位于朱雀门街西。 [5]为观游：经营观赏游览之业。 [6]争迎取养：争相接引雇佣。 [7]早实以蕃：早结果而且繁多。蕃，多。 [8]寿且孳（zī 滋）：寿命长久且枝繁叶茂。孳，滋生，繁殖。 [9]"其本欲舒"四句：指植树要注意树根舒展，培土平整，要用育苗时的旧土，并要捣结实。本，树根。筑，捣土。 [10]已：完成，完毕。 [11]其莳（shì 是）也若子：是说移栽树木时就像养育子女一样精心。莳，种植，栽种。 [12]其置也若弃：将树放在一边就像丢弃了一样。 [13]"不抑耗其实而已"二句：是说不抑制、耗损它的果实罢了，并非有能力让它早熟且果实繁多。 [14]根拳而土易：树根蜷曲且更换新土。 [15]若不过焉则不及：是说培土不是过多就是不够。 [16]爪其肤：抓破树皮。爪，抓，掐。 [17]官理：为官治民之事。理，治理。 [18]长（zhǎng 掌）人者好烦其令：地方官不断发布政令。长人者，地方官。烦，繁多。 [19]怜：爱怜。 [20]勖（xù 旭）：勉励。 [21]"早缲（sāo 骚）而绪"二句：早些缲丝，早些纺线。缲，煮茧抽丝。而，通

567

"尔",你。　　　[22]字:抚养,养育。　　　[23]遂而鸡豚(tún 屯):喂好你的鸡和猪。遂,顺遂,顺利地完成。　　　[24]木:木柝(tuò 唾),木梆子。　　　[25]吾小人辍飧饔(sūnyōng 孙庸)以劳吏者:我们这些小百姓顾不上吃饭而去犒劳官吏。辍,停止。飧,晚饭。饔,早饭。　　　[26]嘻:一本作"喜"。

【解析】

《种树郭橐驼传》是一篇寓言性的政论文。它借郭橐驼之口,讲述了正确的种树之道就是"顺木之天,以致其性",具体培植时则需"其莳也若子,其置也若弃"。木之本性,"其本欲舒,其培欲平,其土欲故,其筑欲密",因此移栽时要全其天性,细心呵护。而后便可放手,让树木自由生长。"他植者"之所以不成功,便是因为他们要么培植时不够认真细致,要么养护时太过关心宠爱,最终使"木之性日以离矣",不能正常生长。这种全其天性、适时放手的养育观念,对当代教育有所启发。

文章还将种树之道,移至治国。其时,"长人者好烦其令",官吏旦暮来呼,常"鸣鼓而聚之,击木而召之"。这繁杂的政令"若甚怜焉,而卒以祸",使百姓无暇休息,"故病且怠"。柳宗元虽未明言,但字里行间表现出对当时繁政扰民的社会现实的批判,也渗透着简政放权、与民休息的治国理念。文章结尾称"传其事以为官戒",此事亦应为后世之官戒。

阿房宫赋

〔唐〕杜牧

【题解】

杜牧（803—852？）字牧之，号樊川居士，京兆万年（今陕西西安）人，中唐宰相杜佑之孙。唐文宗大和二年（828）进士及第，唐宣宗大中六年（852），卒于中书舍人任上。《旧唐书》卷一四七、《新唐书》卷一六六有传。杜牧博通经史，好谈兵，其诗文颇多忧国忧民之篇。现存杜牧的诗文集主要有《四部丛刊》影印明翻宋刊本《樊川文集》、景苏园影宋本、朝鲜刻本《樊川文集夹注》以及清人冯集梧《樊川诗集注》。本文作于唐敬宗宝历元年（825），据杜牧《上知己文章启》："宝历大起宫室，广声色，故作《阿房宫赋》。"这说明该篇是针砭现实、感时寓怀之作。

六王毕[1]，四海一。蜀山兀[2]，阿房出[3]。覆压三百馀里，隔离天日。骊山北构而西折[4]，直走咸阳。二川溶溶[5]，流入宫墙。五步一楼，十步一阁。廊腰缦回[6]，檐牙高啄[7]。各抱地势，钩心斗角[8]。盘盘焉，囷困焉[9]，蜂房水涡[10]，矗不知乎几千万落[11]，长桥卧波，未云何龙？复道行空[12]，不霁何虹[13]？高低冥迷，不知东西。歌台暖响，春光融融；舞殿冷袖，风雨凄凄。一日之内，一宫之间，而气候不齐。

妃嫔媵嫱[14]，王子皇孙，辞楼下殿，辇来于秦，朝歌夜弦，为秦宫人。明星荧荧[15]，开妆镜也；绿云扰扰，梳晓鬟也；渭流涨腻，弃脂水也；烟斜雾横，焚椒兰也。雷霆乍惊，宫车过也，辘辘远听，杳不知其所之也。一肌一容，尽态极妍，缦立远视[16]，而望幸焉；有不见者，三十六年[17]。

燕、赵之收藏，韩、魏之经营，齐、楚之精英，几世几年，剽掠其人[18]，倚叠如山。一旦不能有，输来其间。鼎铛玉石[19]，金块珠砾，弃掷逦迤，秦人视之，亦不甚惜。嗟乎！一人之心，千万人之心也。秦爱纷奢，人亦念其家。奈何取之尽锱铢，用之如泥沙？使负栋之柱，多于南亩之农夫；架梁之椽，多于机上之工女；钉头磷磷[20]，多于在庾之粟粒[21]；瓦缝参差，多于周身之帛缕；直栏横槛，多于九土之城郭；管弦呕哑[22]，多于市人之言语。使天下之人，不敢言而敢怒；独夫之心，日益骄固。戍卒叫[23]，函谷举[24]，楚人一炬[25]，可怜焦土。

灭六国者[26]，六国也，非秦也。族秦者，秦也，非天下也。嗟乎！使六国各爱其人，则足以拒秦；使秦复爱六国之人，则递三世可至万世而为君[27]，谁得而族灭也？秦人不暇自哀，而后人哀之；后人哀之而不鉴之，亦使后人而复哀后人也。

《樊川文集》卷一

【注释】

[1]六王：指楚、齐、燕、韩、赵、魏六国的君主，这里借指六国。[2]兀：高而平的样子。这里是说四川一带的山光秃秃的，木材都被砍伐光了。　[3]阿房（ēpáng　婀旁）：阿房宫，故址在今陕西西安西南阿房村。　[4]骊山：在今陕西西安临潼东南，原为骊戎所居。　[5]二川：指沣水和樊川，一说指沣水和潏水。溶溶：水流很大的样子。　[6]廊腰：连接宫殿楼阁的回廊，就像人的腰线。　[7]檐牙高啄：形容宫殿的屋檐翘起如鸟儿仰首欲啄。　[8]钩心斗角：宫室向中心区攒聚，檐牙屋角对峙凑合。形容阿房宫建筑的交错和精巧。　[9]囷（qūn　裙，阴平）囷焉：曲折回旋的样子。　[10]蜂房水涡：形容宫殿像蜂房一样多，如水涡一样回旋。　[11]矗（chù　触）：高耸。落：院落。　[12]复道：楼阁间相连接

571

的通道，架空如桥，婉转如虹。　　[13]霁（jì 寄）：雨过初晴。　　[14]妃嫔媵嫱（yìngqiáng 映墙）：泛指六国的后妃宫人。　　[15]荧荧：晶莹闪烁。　　[16]缦（màn 曼）立：久立。　　[17]三十六年：秦始皇在位三十六年。意思是说，有的宫人终秦始皇一朝，都没有见过皇帝。　　[18]剽掠其人：指前面所说燕、赵、韩、魏、齐、楚六国。　　[19]"鼎铛（chēng 撑）玉石"二句：视宝鼎如饭锅，美玉如石头，黄金如土块，珍珠如砂石。　　[20]磷磷：色彩鲜明的样子。　　[21]庾：谷仓。　　[22]呕哑：声音嘈杂。　　[23]戍卒叫：这里指陈胜、吴广起义。秦二世元年（前209）秋，秦朝廷征发九百馀名戍卒前往渔阳戍边，因途中遇到大雨，不能按时到达，按律当斩。陈胜、吴广决定在大泽乡起义，振臂一呼，天下响应。　　[24]函谷举：函谷关被攻克。汉元年（前206）十月，刘邦攻克函谷关，秦朝随之灭亡。　　[25]楚人一炬：项羽攻占咸阳，放火焚烧宫室，大火三月不灭。不过当代考古发掘证明，项羽并没有烧阿房宫，作者在这里用以泛指包括阿房宫在内的秦宫室。　　[26]灭六国者：《唐文粹》此句前有"呜呼"二字。　　[27]三世：指从秦始皇嬴政到秦二世胡亥，再到秦王子婴，历经三世。

【解析】

《阿房宫赋》作于唐敬宗宝历元年（825），杜牧时年22岁。杜牧在其《上知己文章启》称："宝历大起宫室，广声色，故作《阿房宫赋》。"可见该赋借古讽今，直接针砭的是唐敬宗大兴宫室、沉湎声色的时弊。

根据《史记》记载，秦始皇在三十五年（前212）始建阿房宫，三十七年（前210）死于东巡途中。至秦二世元年（前209）四月"复作阿房宫",同年七月陈胜、吴广起义,第三年秦二世便自杀了。所以,阿房宫并未建成。尽管阿房宫修建的时间历时不到四年,但是毕竟耗费了秦朝大量的人力、物力和财力,进一步加速了秦朝的灭亡。

该赋正面明写阿房宫,暗则以秦与六国的对比为伏脉,从开始的"六王毕,四海一",到最后的"灭六国者,六国也,非秦也。族秦者,秦也,非天下也",前后呼应,收放自如。

文章的最后一段是主题所在。六国的国君正因为"几世几年,剽掠其人,倚叠如山",只知道横征暴敛,所以为秦所灭;而"秦爱纷奢",暴民取材,最终还是重蹈了六国覆灭的结局,三世而亡。今之视昔,正如后之视今,唯有珍惜民力,严戒骄奢,才能使江山永固、国家不败。与贾谊的《过秦论》、苏洵的《六国论》相比,《阿房宫赋》揭示的"爱人(民)"主题更为深刻。

据明人李东阳的《怀麓堂诗话》说:"苏子瞻在黄州,夜诵《阿房宫赋》数十遍,每遍必称好,非其诚有所好,殆不至此。"这段话在今天也是值得好好体味的。

僧玄奘传

〔五代后晋〕刘昫等

【题解】

玄奘（600?—664，《旧唐书》本传作606—661），俗姓陈，名祎。唐代洛州缑氏（今河南偃师）人。《旧唐书》卷一九一有传。玄奘出生于儒学世家（道宣《续高僧传·唐京师大慈恩寺释玄奘传》、慧立《大慈恩寺三藏法师传》），出家后遍访名师。贞观三年（629），玄奘历经艰难、西行求法，在印度佛学中心那烂陀寺从戒贤法师学，曾任戒日王曲女城论难大会论主，十八日无人能发难。贞观十九年（645），玄奘学成归国，带回佛经六百五十七部，并将西行经历写成《大唐西域记》。玄奘在唐太宗、高宗的支持下，组织译场，利用自己在语言上兼通华梵、在学问上对印度各教派以及佛教各部派都有深入研究的优势，融会直意自创新风，从贞观十九年（645）到龙朔三年（663），十九年间译佛经七十五部，一千三百三十一卷。玄奘不但忠实迻译，开启了佛经翻译史的新时代，还引入新知，以印度唯识学为基础创立了中国佛教的法相唯识宗。玄奘的西行经历、翻译与创宗活动，为古代中国与印度的文化交流，以及中华文明吸收外来文化作出了重要贡献。

僧玄奘，姓陈氏，洛州偃师人。大业末出家[1]，博涉经论[2]。尝谓翻译者多有讹谬，故就西域，广求异本以参验之[3]。贞观初[4]，随商人往游西域。玄奘既辩博出群，所在必为讲释论难，蕃人远近咸尊伏之。在西域十七年，经百馀国，悉解其国之语，仍采其山川谣俗，土地所有，撰《西域记》十二卷。贞观十九年，归至京师。太宗见之，大悦，与之谈论。于是诏将梵本六百五十七部于弘福寺翻译，仍敕右仆射房玄龄、太子左庶子许敬宗，广召硕学沙门五十馀人[5]，相助整比[6]。

高宗在东宫，为文德太后追福，造慈恩寺及翻经院[7]，内出大幡[8]，敕《九部乐》及京城诸寺幡盖众伎[9]，送玄奘及所翻经像、诸高僧等入住慈恩寺。显庆元年[10]，高宗又令左仆射于志宁，侍中许敬宗，中书令来济、李义府、杜正伦，黄门侍郎薛元超等，共润色玄奘所定之经，国子博士范义硕、太子洗马郭瑜、弘文馆学士高若思等，助加翻译。凡成七十五部，奏上之。后以京城人众竞来礼谒，玄奘乃奏请逐静翻译[11]，敕乃移于宜君山故玉华宫。六年卒，时年五十六[12]，归葬于白鹿原[13]，士女送葬者数万人。

《旧唐书》卷一九一

【注释】

[1]大业：隋炀帝杨广年号（605—618）。　[2]经论：佛教典籍分为经、律、论三大类。　[3]异本：不同的写本。　[4]贞观：唐太宗李世民年号（627—649）。　[5]硕学：饱学之士。沙门：梵文音译"沙门那"的略称，意译"勤劳"、"贫道"等，指佛教徒。　[6]整比：整饬排比。　[7]慈恩寺：寺中有塔，即今陕西西安大雁塔。　[8]大幡：招引亡灵的旗帜。　[9]敕：皇帝的诏书、命令。九部乐：隋唐的宫廷大乐。《隋书·音乐志下》："大业中，炀帝乃定清乐、西凉、龟兹、天竺、康国、疏勒、安国、高丽、礼毕，以为九部。"唐初有所损益，但大体不变。伎：歌女。　[10]显庆元年：即656年。　[11]逐静：求取安静。　[12]年五十六：关于玄奘年岁问题，有五十六、六十三、六十五、六十九诸说。六十五岁说初见于道宣《续高僧传》，后来《开元录》、《贞元录》皆沿袭此说，影响较大。杨廷福《玄奘年谱》、季羡林等《大唐西域记校注》皆从之。　[13]白鹿原：今陕西蓝田西。

【解析】

唐代关于玄奘的传记有三种，分别是冥详《大唐故三藏玄奘法师行状》一卷，道宣《唐京师大慈恩寺释玄奘传》（《续高僧传》卷四），慧立原本、彦悰撰定《大慈恩寺三藏法师传》十卷。尽管这三种传记详略有别，但比起修撰于五代后晋的《旧唐书·方伎传》所载的玄奘传，其记事更早更翔实。不过《旧唐书》对这些第一手传记资料进行了剪裁，呈现出的文字突出了两方面内容：第一，玄奘撰写《大唐西域记》；第二，玄奘译经活动已经成为一种国家行为。

玄奘可谓是对印度风土人情了解最深的唐人，他代表了唐王朝投向中亚、南亚大陆的目光。《大慈恩寺三藏法师传》记载太宗初见玄奘，迫切询问的乃是域外的物产风俗，无关佛教。贞观二十年（646），在归国仅一年后，玄奘就撰写《大唐西域记》奏进，正说明了太宗急于借助玄奘以了解唐帝国之外的世界。《旧唐书》本传对此事的重视，也敏锐地反映出那个时代中华文明渴望了解外部世界的诉求。历史上译经的高僧大德为数不少，何以玄奘名声最盛？如果说玄奘的西行取经还属于个人行为，那么在他归国之后，已经自觉地将个人的宗教活动与国家事务很好地结合起来。玄奘曾说"不依国主，则法事不立"，明确点出宗教问题上个人的坚守与国家支持的交相为用。从《旧唐书》本传的记载来看，玄奘译经获得唐王朝太宗、高宗两代皇帝在物质条件和人力资源上的大力支持，成为了一种国家行为。在古代信息交流不便的历史条件下，玄奘倾其一生，舍身求法，致力于不同文化之间的译介交流事业，这一行为获得了唐王朝的认可与支持。这说明中华文明的传承与发展，不但包含了本国民族对自我文化的保护与延续，也包含了对不同国家、不同民族文化的相互借鉴、吸收与融汇。道宣《唐京师大慈恩寺释玄奘传》说："翻译之功，诚远大矣。"可谓有识之论。

待漏院记

〔北宋〕王禹偁

【题解】

王禹偁（chēng 撑。954—1001）字元之，济州钜野（今属山东）人。太平兴国八年（983）进士。历直史馆、知制诰、翰林学士。咸平元年（998），出知黄州。四年，移知蕲州，卒。著有《小畜集》。《宋史》卷二九三有传。

漏是古代以滴水计时的器具，待漏指的是宰相和大臣们等待到一定时间上朝，待漏院就是等待宫门开门上朝之所。宋朝的待漏院设在宫城左掖门南。凡早朝，自宰相以下都得在四更鼓起身入皇城门，齐聚于宫门前之待漏院，等待宫门开启。《待漏院记》一文作于宋太宗雍熙四年（987）冬，时作者由苏州长洲县召入，次年正月，以大理评事为右拾遗。这篇文章便作于京都开封。

天道不言[1]，而品物亨、岁功成者[2]，何谓也？四时之吏[3]，五行之佐[4]，宣其气矣[5]。圣人不言，而百姓亲、万邦宁者，何谓也？三公论道[6]，六卿分职[7]，张其教矣[8]。是知君逸于上，臣劳于下，法乎天也[9]。古之善相天下者[10]，自咎、夔至房、魏[11]，可数也。是不独有其德，亦皆务于勤尔[12]。况夙兴夜寐[13]，以事一人[14]。卿大夫犹然[15]，况宰相乎！

朝廷自国初因旧制，设宰臣待漏院于丹凤门之右[16]，示勤政也。至若北阙向曙[17]，东方未明，相君启行[18]，煌煌火城[19]。相君至止，哕哕銮声[20]。金门未辟[21]，玉漏犹滴[22]，彻盖下车[23]，于焉以息[24]。

待漏之际，相君其有思乎[25]：其或兆民未安[26]，思所泰之[27]；四夷未附[28]，思所来之[29]；兵革未息[30]，何以弭之[31]；田畴多芜[32]，何以辟之[33]；贤人在野，我将进之；佞臣立朝[34]，我将斥之。六气不和[35]，灾眚荐至[36]，愿避位以禳之[37]；五刑未措[38]，欺诈日生，请修德以厘之[39]。忧心忡忡，待旦而入。九门既启[40]，四聪甚迩[41]。相君言焉，时君纳焉。皇风于是乎清夷[42]，苍生以之而富庶。若然，总百官[43]，食万钱，非幸也[44]，宜也。

其或私仇未复，思所逐之；旧恩未报，思所荣之；子女玉帛，何以致之；车马器玩，何以取之；奸人附势，我将陟之[45]；直士抗言[46]，我将黜之[47]。三时告灾，上有忧色，构巧词以悦之；群吏弄法，君闻怨言，进谄容以媚之。私心慆慆[48]，假寐而坐[49]，九门既开，重瞳屡回[50]。相君言焉，时君惑焉[51]。政柄于是乎隳哉[52]，帝位以之而危矣！若然，则死下狱，投远方，非不幸也，亦宜也。

是知一国之政，万人之命，悬于宰相，可不慎欤！复有无毁无誉，旅进旅退[53]，窃位而苟禄[54]，备员而全身者，亦无所取焉。棘寺小吏王某为文[55]，请志院壁，用规于执政者[56]。

《王黄州小畜集》卷一六

【注释】

[1]天道：天地自然。　[2]品物：万物。亨：通达，这里指万物成长。岁功：每年的农业收成。　[3]四时之吏：掌管四季的天神。周朝以四时设官，有春官、夏官、秋官、冬官，与"法乎天"的理念相应。　[4]五行之佐：掌管金、木、水、火、土五行的神相辅佐。古代阴阳家认为四时的变化是五行生克运动的结果。　[5]宣其气矣：古人认为自然界的运转是由一

种"气"在促动。宣,疏导。　　[6]三公:周朝已有此称,西汉今文经学家据《尚书大传》、《礼记》等书,认为三公指司马、司徒、司空,而古文经学家则据《周礼》,认为三公指太师、太傅、太保。这里泛指最高长官。　　[7]六卿:《周礼》执政官分为六官,亦称"六卿"。后世往往称吏、户、礼、兵、刑、工六部尚书为六卿。　　[8]张其教:发扬教化之功。　　[9]法乎天:取法于天道自然。　　[10]相(xiàng 象):辅助。　　[11]咎、夔(kuí 葵):皋陶(gāoyáo 高摇)和后夔,舜时贤臣。咎,通"皋"。房、魏:房玄龄和魏徵,唐朝的名相。　　[12]务于勤:谓勤政,忠于职守。　　[13]夙兴夜寐:早起晚睡。　　[14]一人:指皇帝。　　[15]"卿大夫犹然"二句:意谓连卿大夫们都应该勤勉从政,何况职位更高、责任更重的宰相呢!　　[16]丹凤门:宫城的正南门。宋宫城南有三门,中为乾元,改丹凤,东为左掖,西为右掖。　　[17]北阙:皇帝接见群臣的地方。阙,宫门前两边供瞭望的楼。　　[18]相君:宰相。　　[19]火城:古代朝会时,百官先集,宰相后到,列烛达数百柱,叫作火城。　　[20]哕(huì 绘)哕:形容铃声。銮声:铃声。　　[21]未辟:还没有开。　　[22]玉漏犹滴:上朝时间还没有到。　　[23]彻盖:彻,通"撤"。盖,车盖。　　[24]于焉:在此。　　[25]其:句中语气词,大概。　　[26]兆民:百姓。　　[27]泰之:使(百姓)安泰。　　[28]四夷:四方的少数民族。　　[29]来:招徕。　　[30]兵革:指战争。兵,兵器。革,盔甲。　　[31]弭(mǐ 米):平息。　　[32]田畴:田地。　　[33]辟:开辟,垦殖。　　[34]佞(nìng 泞)臣:小人,奸邪之臣。　　[35]六气:指阴、阳(晴)、风、雨、晦、明六种天气。　　[36]眚(shěng 生,上声):灾祸。荐:一再,屡次,接连。　　[37]愿避位以禳(ráng 瓤)之:愿意解除官职来祈求上天消除灾殃。　　[38]五刑:轻重不等的五种刑罚。上古时指墨(在额头上刻字涂墨)、劓(yì 义。割鼻子)、刖(ruì 沸。也作腓,砍脚)、宫(割除生殖器)、大辟(死刑)。中古时五刑分别为笞、杖、徒、流、死。对于女性犯人,五刑则是指刑舂(chōng 充)、掐(zǎn 攒)刑、杖刑、赐死、宫刑。措:放下,废止。　　[39]厘:整理,矫正。　　[40]九门:泛指宫门。　　[41]四聪甚迩:是说能听到四面八方的信息。《尚书·舜典》:"明四目,达四聪。"孔颖达疏:"明四方之目,使为己远视四方也;达四方之聪,使为己远听闻四方也。"迩,近。　　[42]皇风于是乎清夷:国家的政治风气由此清明平静。　　[43]总:统辖。　　[44]"非幸也"二句:不是侥幸得来的,而是理应如此的。　　[45]陟(zhì 至):提升,使(奸人)能爬到高位。　　[46]直士抗言:正直的人直言指摘。　　[47]黜(chù 触):贬抑。　　[48]慆(tāo 掏)慆:纷乱众多。　　[49]假寐:不脱衣冠而睡。　　[50]重瞳:相传舜的眼睛有两个瞳子,这里代指皇帝。屡回:屡屡顾视。　　[51]惑:被(宰相之言)迷惑。　　[52]政柄于是乎隳(huī 灰)哉:国家政权由此败坏了。隳,毁坏。　　[53]旅进旅退:随众人一同进退。　　[54]窃位而苟禄:窃取高位,苟求厚禄。　　[55]棘寺小吏:棘寺,大理寺(管理司法刑狱的机构)的别称。小吏,当时王禹偁为大理评事(依法议出初判,提交寺丞覆议,正八品)。　　[56]用:以。

【解析】

我国古代的知识分子有着心忧天下的优良传统,修身、齐家、治国、平天下是他们理想的人生模式。王禹偁就是这样一位正统的儒家知识分子。《待漏院记》中间两大段关于贤相和奸相的表述,将二者的内心世界,以及他们的所作所为对国家政事可能产生的不同影响,鲜明地呈现在读者眼前。

全文以"勤"字开端,"思"字点题,"慎"字总结,论述如同剥笋，层层深入，脉络清晰，褒贬分明，一气贯注。"勤"、"思"、"慎"三个字是全文的线索，也是全文的三个逻辑层次，更是作者强调的宰相大臣们应该遵行的三个行为准则，即勤于政、思于民、慎于行。作者希望他们关怀民生疾苦，安定社会秩序，发展农业生产，实行贤明吏治。文章反映了作者对现实政治的关切、忧虑和他的政治理想，表现了一位正直、热心的知识分子的家国情怀。结尾处"棘寺小吏王某为文，请志院壁，用规于执政者"，其心昭昭，日月可鉴。难怪清代余诚评价此文说："篇末自署其官以及姓名，亦见敬谨之意，而用规一语，尤觉一片婆心，千载如揭，宜昔人称为垂世立教之文。"（《重订古文释义新编》卷八）

岳阳楼记

〔北宋〕范仲淹

【题解】

范仲淹（989—1052）字希文，苏州吴县（今江苏苏州）人。宋大中祥符八年（1015）进士。身历真宗、仁宗两朝，官至枢密副使、参知政事。《宋史》卷三一四有传。庆历三年（1043），范任参知政事，与杜衍、韩琦、富弼同时执政，条奏十项改革政见，仁宗颁行全国，时称"庆历新政"。后被诬为"朋党"，遂自请外任，出为陕西、河东宣抚使。五年，徙知邓州（今属河南）。此时，他的同年好友滕宗谅（991？—1047，字子京），也于上一年被贬知岳州（今湖南岳阳）。滕在岳州励精图治，重修了江南名胜岳阳楼，并嘱托范仲淹为重修之事作记，于是范仲淹便有感而发，写下了这篇广为后人传诵的《岳阳楼记》。岳阳楼今在湖南岳阳，宋时为岳州巴陵郡城西门楼，下可俯瞰洞庭湖，景物宽广。

庆历四年春[1]，滕子京谪守巴陵郡[2]。越明年[3]，政通人和，百废具兴，乃重修岳阳楼，增其旧制[4]，刻唐贤、今人诗赋于其上，属予作文以记之[5]。

予观夫巴陵胜状，在洞庭一湖。衔远山，吞长江，浩浩汤汤[6]，横无际涯，朝晖夕阴，气象万千。此则岳阳楼之大观也，前人之述备矣[7]。然则北通巫峡[8]，南极潇湘[9]，迁客骚人[10]，多会于此[11]，览物之情，得无异乎[12]？若夫霪雨霏霏[13]，连月不开[14]，阴风怒号，浊浪排空，日星隐耀，山岳潜形，商旅不行，樯倾楫摧，薄暮冥冥[15]，虎啸猿啼。登斯楼也，则有去国怀乡，忧谗畏讥，满目萧然[16]，感极而悲者矣。至若春和景明[17]，波澜不惊，上下天光，一碧万顷，沙鸥翔集，锦鳞游泳，岸芷汀兰，郁郁青青。而或长烟一空，皓月千里，浮光跃金[18]，静影沉璧，渔歌互答，此乐何极！登斯楼也，则有心旷神怡，宠辱偕忘[19]，把酒临风，其喜洋洋者矣。

嗟夫！予尝求古仁人之心，或异二者之为。何哉？不以物喜[20]，不以已悲[21]。居庙堂之高[22]，则忧其民；处江湖之远[23]，则忧其君。是进亦忧，退亦忧，然则何时而乐耶？其必曰"先天下之忧而忧，后天下之乐而乐"乎[24]？噫！微斯人[25]，吾谁与归！

时六年九月十五日[26]。

《范文正公集》卷八

【注释】

[1]庆历四年：即公元1044年。庆历是宋仁宗赵祯所用年号之一。[2]谪：贬官。滕宗谅与范仲淹同年举进士，宗谅被劾在泾州任上费公钱十六万贯，仲淹时为参知政事，力救之，只降一官，由庆州（今甘肃庆阳）改知虢州（今河南灵宝），再徙岳州。见《宋史》卷三〇三《滕宗谅传》。　　[3]越明年：到了第二年，指庆历五年（1045）。　　[4]旧制：原有的规模形制。　　[5]属：同"嘱"，嘱托。　　[6]汤（shāng　商）汤：水大流急的样子。　　[7]前人之述备矣：是说此前关于岳阳楼的诗文题咏甚多，如唐李白《与夏十二登岳阳楼》、杜甫《登岳阳楼》、白居易《题岳阳楼》之类。备，完备。　　[8]巫峡：长江三峡之一，在今重庆巫山与湖北巴东之间。　　[9]南极潇湘：是说南到湘水的尽头。湘水别称潇湘。　　[10]迁客：指遭贬谪而迁徙的人。骚人：指诗人（因屈原作有《离骚》而得名）。　　[11]多：一本作"都"。　　[12]得无：意思是能不、该不会。得，能。无，不。　　[13]若夫：发语词，无义。霪：是说雨多。　　[14]月：一本作"日"。　　[15]薄暮冥冥：是说傍晚时分，天色昏暗。薄，迫近。　　[16]萧然：冷清落寞的样子。　　[17]景：日光。　　[18]跃：一本作"耀"。　　[19]偕：一本作"皆"。　　[20]物：外物，指身处的环境。　　[21]己：指一己之得失。　　[22]庙堂：指在朝廷为官。　　[23]江湖：指下野外放。　　[24]乎：一本作"欤"。　　[25]微：用在假设句之首，意思是说假如没有。斯人：那个人，指前面所说的"古仁人"。　　[26]六年：即庆历六年（1046）。

【解析】

《岳阳楼记》开头用"谪守"二字，点明滕子京的身份与处境。范与滕不仅有同年之谊，而且范自身也正处在外放中，所以他对滕的感受充满同情与理解，接到为楼作记的邀约，便想借机对滕有所劝勉，同时向世人表达自己的处世胸怀。接下来写洞庭湖景物，用一阴一晴、一悲一喜，互为对照，然后由景入情，写出忧国忧民的情怀："不以物喜，不以己悲。居庙堂之高，则忧其民；处江湖之远，则忧其君"，"先天下之忧而忧，后天下之乐而乐。"

"不以物喜，不以己悲"，是说为人的态度，不应为外物所左右，不应计较一己得失，必须坚守自己的信仰和操守。"居庙堂之高，则忧其民；处江湖之远，则忧其君"，是说从政的态度。当高居庙堂之上在朝廷做官时，应当为人民而忧虑，关心国计民生；当退居江湖远离朝政时，应当为君主而忧虑，关心国家安危兴衰。"先天下之忧而忧，后天下之乐而乐"，说的是处理自己和天下的准则。人皆有忧乐，为何而忧，为何而乐，何时当忧，何时当乐，体现出不同的政治品格和人生追求。范仲淹提出"先天下之忧而忧，后天下之乐而乐"，为后人树立了一个高尚的人生典范。

欧阳修为范仲淹写有《神道碑铭》，其中说范少有大节，慨然有志于天下，富贵贫贱、毁誉欢戚都未能令他动摇。他经常自诵的座右铭就是："士当先天下之忧而忧，后天下之乐而乐也。"可见范仲淹在《岳阳楼记》中所发的议论，并非一时的感慨，而是他毕生的志愿。

六国论

〔北宋〕苏洵

【题解】

　　苏洵（1009—1066）字明允，眉州眉山（今属四川）人。苏洵与二子苏轼、苏辙合称"三苏"。嘉祐五年（1060）苏洵以欧阳修荐，除秘书省校书郎。六年，为霸州文安县主簿。参与修纂欧阳修主持的《太常因革礼》一百卷。治平二年（1065），书成。次年春，病卒。《宋史》卷四四三有传。本文是苏洵于皇祐三年（1051）至嘉祐元年（1056）间所撰《权书》十篇的第八篇，嘉祐元年曾由欧阳修进呈仁宗，原名《六国》，今从历代选本作《六国论》。苏洵之文以史论见长，既延续了宋初学术重史论的传统，又能参以《孟子》，具有纵厉宏博的气势。《六国论》借六国赂秦而终为其所灭的史实，讽喻北宋真宗景德元年（1004）签订"澶渊之盟"向辽岁输银绢及仁宗庆历二年（1042）"定川之败"后与西夏议和输币、与辽增岁币的外交政策，提出应以自强御外，不应以贿敌企求苟安，其忧患意识，爱国情怀，昭然可感。

　　六国破灭，非兵不利，战不善，弊在赂秦。赂秦而力亏，破灭之道也。或曰："六国互丧，率赂秦耶？"曰："不赂者以赂者丧。盖失强援，不能独完，故曰弊在赂秦也。"秦以攻取之外，小则获邑[1]，大则得城。较秦之所得，与战胜而得者，其实百倍。诸侯之所亡，与战败而亡者，其实亦百倍。则秦之所大欲，诸侯之所大患，固不在战矣。

　　思厥先祖父暴霜露[2]，斩荆棘，以有尺寸之地。子孙视之不甚惜，举以予人，如弃草芥[3]。今日割五城，明日割十城，然后得一夕安寝。起视四境，而秦兵又至矣。然则诸侯之地有限，暴秦之欲无厌[4]，奉之弥繁，侵之愈急。故不战而强弱胜负已判矣。至于颠覆，理固宜然。古人云："以地事秦[5]，犹抱薪救火，薪不尽，火不灭。"此言得之。

　　齐人未尝赂秦[6]，终继五国迁灭，何哉？与嬴而不助五国也。五国既丧，齐亦不免矣。燕、赵之君，始有远略，能守其土，义不赂秦。是故燕虽小国而后亡，斯用兵之效也。至丹以荆卿为计[7]，始速祸焉。赵尝五战于秦[8]，二败而三胜。后秦击赵者再，李牧连却之。洎牧以谗诛，邯郸为郡，惜其用武而不终也。且燕、赵处秦革灭殆尽之际[9]，可谓智力孤危，战败而亡，诚不得已。向使三国各爱其地，齐人勿附于秦，刺客不行，良将犹在，则胜负之数，存亡之理，当与秦相较，或未易量。

呜呼！以赂秦之地封天下之谋臣，以事秦之心礼天下之奇才，并力西向，则吾恐秦人食之不得下咽也。悲夫！有如此之势，而为秦人积威之所劫[10]，日削月割，以趋于亡。为国者无使为积威之所劫哉！夫六国与秦皆诸侯，其势弱于秦，而犹有可以不赂而胜之之势。苟以天下之大，下而从六国破亡之故事，是又在六国下矣。

《嘉祐集笺注》卷三

【注释】

[1]邑：小城。　　[2]思：怜哀。暴：同"曝"，显露。　　[3]草芥：喻轻贱之物。《孟子·离娄上》："视天下悦而归己，犹草芥也。"　　[4]厌：通"餍"，满足。　　[5]"以地事秦"四句：《战国策·魏策三》记载孙臣对魏王说："以地事秦，譬犹抱薪而救火也，薪不尽，则火不止。"另外，《史

记·魏世家》记载苏代对魏王说："以地事秦，譬犹抱薪救火，薪不尽，火不灭。"　　[6]"齐人未尝赂秦"四句：意谓在秦攻五国之际，齐国一味中立，苟安自保，虽无赂秦之举，实则负有放任秦国坐大之责，最终被秦国统一天下的攻势吞灭。迁灭，《史记·田敬仲完世家》："秦兵击齐。齐王听相后胜计，不战，以兵降秦。秦虏王建，迁之共。遂灭齐为郡。天下壹并于秦，秦王政立号为皇帝。""迁之共。遂灭齐为郡"，故称"迁灭"。与嬴，与，亲近。嬴，秦之先伯翳（yì 义），佐舜调训鸟兽有功，赐为嬴氏。　　[7]"丹以荆卿为计"二句：意谓燕太子丹将燕国命运寄托于荆轲刺杀秦王嬴政的行动，此举招致亡国之祸。见《史记·燕召公世家》。速，招致。　　[8]"赵尝五战于秦"七句：《史记·赵世家》及《史记·廉颇蔺相如列传》载，秦于前234年破赵，斩首十万。明年及后年，赵国大将军李牧连破秦军。前229年，秦再使王翦攻赵，赵使李牧抵御。秦贿赂赵王宠臣郭开，使其传谣李牧欲反，赵王斩牧。后三月，王翦灭赵。又，《史记·赵世家》："七年，秦人攻赵，赵大将李牧、将军司马尚将，击之。李牧诛，司马尚免，赵葱及齐将颜聚代之。赵葱军破，颜聚亡去。以王迁降。八年十月，邯郸为秦。"故以"邯郸为郡"代表赵国的覆灭。洎（jì 计），及，等到。　　[9]革：除去旧的。　　[10]劫：胁迫。

【解析】

此文一开头便点明主旨：六国破灭之弊在于"赂秦"。值得注意的是苏洵以史为鉴，针对北宋真宗、仁宗的外交政策，含蓄地提出批评。据《宋史·寇准传》记载，在"澶渊之盟"中，真宗遣曹利用到辽军中议岁币，预先交代"百万以下皆可许"，而寇准则私下警告曹利用"所许毋过三十万，过三十万，吾斩汝"，结果以三十万成约而还。仁宗庆历二年（1042），辽国乘宋与西夏战事正酣，提出割地要求，富弼以"北朝与中国通好，则人主专其利，而臣下无获；若用兵，则利归臣下，而人主任其祸"的巧说打动辽主，仅增岁币银十万、绢十万而平息割地要求。两事颇为时人津津乐道，以为是难得的外交胜利。究其实际，百万与三十万、割地与增币，不过是耻辱尺度的差别而已。文章最后说，如果"以赂秦之地封天下之谋臣，以事秦之心礼天下之奇才，并力西向，则吾恐秦人食之不得下咽也"，这段话也许是有感于"庆历新政"的失败而发。仁宗庆历三年（1043），范仲淹、韩琦等领导的"庆历新政"，可能受到庆历二年"定川之败"后与西夏议和输币、又增辽岁币的刺激，施行不到两年，遭到各种阻碍而失败。"庆历新政"在宋代士大夫中影响很大。苏轼少年时在眉山闻听其事，就曾心向往之（见《宋史·苏轼传》），而苏洵在新政失败约十年后写作《六国论》，所谓"谋臣奇才"，心目中晚近的形象也正是"庆历新政"中的改革者。因此，以谏官身份参加了新政的欧阳修对《六国论》欣赏有加，是很自然的事。

朋党论

〔北宋〕欧阳修

【题解】

欧阳修（1007—1072）字永叔，号醉翁，晚年号六一居士。自署吉州庐陵（今江西吉安西南）人，实为吉州永丰（今江西永丰）人。宋仁宗天圣八年（1030）进士，历真宗、仁宗、英宗、神宗四朝，官至枢密副使、参知政事。《宋史》卷三一九有传。庆历三年（1043），宋仁宗拜杜衍为枢密使，富弼、范仲淹、韩琦为枢密副使，欧阳修（以太常丞知谏院）、余靖、王素、蔡襄为谏官，拉开了"庆历新政"的序幕。欧阳修所任职的"台谏"（御史台、谏院的合称），自宋真宗天禧元年（1017）颁布"天禧诏书"奠定了制度设置基础，自宋仁宗明道二年（1033）孔道辅、范仲淹"伏阁谏诤"奠定了政治实践基础之后，成为朝野间舆论的主导力量，被称为宋代"立国元气"之所在（《宋史》卷三九〇"论曰"）。庆历四年，反对新政的夏竦等人造为党论，指斥杜衍、范仲淹、欧阳修等为朋党。欧阳修遂以"司职言事"的谏官身份，写下了《朋党论》，意欲在舆论上辨清旧党加诸新党的不实之词，此文因此而成为反映"庆历新政"政治斗争的重要文献。《朋党论》，一作《朋党议》。

　　臣闻朋党之说自古有之[1]，惟幸人君辨其君子小人而已。大凡君子与君子以同道为朋，小人与小人以同利为朋，此自然之理也。然臣谓小人无朋，惟君子则有之。其故何哉？小人所好者禄利也，所贪者财货也。当其同利之时，暂相党引以为朋者，伪也；及其见利而争先，或利尽而交疏，则反相贼害，虽其兄弟亲戚不能相保。故臣谓小人无朋，其暂为朋者，伪也。君子则不然。所守者道义，所行者忠信，所惜者名节。以之修身，则同道而相益；以之事国，则同心而共济，终始如一。此君子之朋也。故为人君者，但当退小人之伪朋，用君子之真朋，则天下治矣。

　　尧之时，小人共工、讙兜等四人为一朋[2]，君子八元、八凯十六人为一朋[3]。舜佐尧退四凶小人之朋，而进元、凯君子之朋，尧之天下大治。及舜自为天子，而皋、夔、稷、契等二十二人并列于朝[4]，更相称美，更相推让，凡二十二人为一朋，而舜皆用之，天下亦大治。《书》曰[5]："纣有臣亿万，惟亿万心；周有臣三千，惟一心。"纣之时，亿万人各异心，可谓不为朋矣，然纣以亡国。周武王之臣三千人为一大朋，而周用以兴。后汉献帝时，尽取天下名士囚禁之，目为党人[6]。及黄巾贼起，汉室大乱，后方悔悟，尽解党人而释之，然已无救矣。唐之晚年，渐起朋党之论。及昭宗时，尽杀朝之名士，或投之黄河，曰此辈清流，可投浊流[7]，而唐遂亡矣。

夫前世之主，能使人人异心不为朋，莫如纣；能禁绝善人为朋，莫如汉献帝；能诛戮清流之朋，莫如唐昭宗之世。然皆乱亡其国。更相称美推让而不自疑，莫如舜之二十二人，舜亦不疑而皆用之。然而后世不诮舜为二十二人朋党所欺，而称舜为聪明之圣者，以能辨君子与小人也。周武之世，举其国之臣三千人共为一朋，自古为朋之多且大莫如周。然周用此以兴者，善人虽多而不厌也。夫兴亡治乱之迹，为人君者可以鉴矣。

《欧阳修全集》卷一七

【注释】

[1]自古有之：战国时期就有"朋党"的说法，如《韩非子·孤愤》："朋党比周以弊主。"　　[2]四人：旧说共工、驩（huān 欢）兜、三苗、鲧为

"四凶"，是不服从舜控制的四个部族的领袖，被舜流放。讙兜，即"驩兜"。　　[3]八元、八凯：高辛氏的贤臣伯奋、仲堪等八人，称为"八元"；高阳氏的贤臣苍舒、隤敳（tuíái 颓皑）等八人，称为"八凯"。　　[4]皋、夔、稷、契等二十二人：这是唐人裴骃《史记集解》引汉代马融的说法，舜命稷、契（xiè 屑）、皋陶（gāoyáo 高摇）、夔、禹、垂六人，加上十二牧、四岳，凡二十二人。　　[5]"书"曰五句：《尚书·周书·泰誓上》："受有臣亿万，惟亿万心。予有臣三千，惟一心。"　　[6]党人：《后汉书·党锢传》记载，汉桓帝时期宦官专权，逮捕所谓"党人"李膺等二百馀人，其中百馀人在随后的灵帝时期死于狱中，史称"党锢之祸"。欧阳修误记为汉献帝时事。　　[7]浊流：《旧五代史·梁书·李振传》记载，唐昭宗天祐二年（905）宰相柳璨迎合朱温意旨，赐死大臣裴枢等七人于滑州白马驿，李振幸灾乐祸，说："此辈自谓清流，宜投于黄河，永为浊流。"《新五代史·唐六臣传》记载，以白马驿之祸为开端，忠于唐而不认同朱温的朝臣被诬为朋党，陆续贬死者数百人。

【解析】

"朋党"原本是一个带有贬义的概念，是指为私利目的而勾结同类、排斥异己的宗派集团。宋初太宗端拱、淳化间，王禹偁作《朋党论》，对朋党概念作了修正，提出"君子有党"的说法。欧阳修《朋党论》在王禹偁的逻辑思路上走得更远，不但承认"君子有党"，更提出在以"道义"同心共济的意义上，"君子有朋"，"小人无朋（党）"。这个结论可谓前所未有，一新耳目。就史实来看，《朋党论》并未取得预期的扭转舆论的效果。"庆历新政"后，颇受革新派中杜衍、范仲淹等人器重的孙甫在康定、嘉祐间作《唐史记》，其中"辨朋党"条称:"盖君子、小人各有其徒。君子之徒以道合,小人之徒以利合。以道合者,思济其功,此同心于国事,非朋党也。以利合者,思济其欲,此同心于私计,乃朋党也。"认为君子是以道义相合,群而不党,否定了"君子有党"说。嘉祐三年(1058)五月,司马光作《朋党论》,也只承认君子、小人各有其党,绝口不提欧阳修"小人无朋"的观点。神宗熙宁二年(1069)二月,当年"庆历新政"的领袖之一富弼上《论辨正邪奏》,不但认为"君子无党",甚至否认"君子有群",指出结为朋党的只能是小人,完全回归到传统观念。由此可见,"庆历新政"失败后,从富弼到孙甫、司马光等革新派人士对欧阳修"小人无朋"说讳莫如深、不置一词,最为大胆者仅涉及"君子、小人各有其党"。《朋党论》的逻辑辨析固然是优点,但理论上走得太远,反而影响其现实效果,欧阳修本人对此也有反思。庆历五年(1045),欧阳修外放河北转运使,针对新政失败后的人事变动上奏,就回到了"君子不党"的传统观念。这是他对《朋党论》现实效果不尽如人意所作的最沉痛反思。

五代史·伶官传序

〔北宋〕欧阳修

【题解】

　　欧阳修撰写《五代史记》是私人修史。此前，已经有薛居正等纂修的《五代史》。后来欧史也进入"二十四史"序列，与官修薛史齐名，故又称《新五代史》。宋人王辟之《渑水燕谈录》说："文忠卒重修《五代》，文约而事详，褒贬去取，得《春秋》之法。"欧阳修于景祐三年（1036）左右开始撰写此书，至皇祐五年（1053）左右完成。景祐三年，欧阳修为范仲淹辩护而贬责夷陵。皇祐年间，他又因为此前的"庆历新政"失败而外放。所以，欧阳修作《五代史记》，正是他政治生涯上处于劣势时，故他往往用《春秋》褒贬义法来阐明自己对"国家典法"的意见，这也使得欧史成为具有微言大义性质的史学撰述。薛史中无《伶官传》，而欧史有之，这是正式记载戏曲演员之始。《伶官传序》一文，主要指出王朝兴衰决定于人事而非天命。

　　呜呼！盛衰之理，虽曰天命，岂非人事哉！原庄宗之所以得天下[1]，与其所以失之者，可以知之矣。世言晋王之将终也[2]，以三矢赐庄宗而告之曰："梁[3]，吾仇也。燕王吾所立[4]，契丹与吾约为兄弟[5]，而皆背晋以归梁[6]。此三者，吾遗恨也。与尔三矢，尔其无忘乃父之志！"庄宗受而藏之于庙[7]。其后用兵，则遣从事以一少牢告庙[8]，请其矢，盛以锦囊，负而前驱，乃凯旋而纳之。方其系燕父子以组[9]，函梁君臣之首，入于太庙，还矢先王而告以成功，其意气之盛，可谓壮哉！及仇雠已灭，天下已定，一夫夜呼[10]，乱者四应，苍皇东出，未及见贼，而士卒离散，君臣相顾，不知所归，至于誓天断发，泣下沾襟，何其衰也！岂得之难而失之易欤？抑本其成败之迹而皆自于人欤？《书》曰："满招损[11]，谦得益。"忧劳可以兴国，逸豫可以亡身[12]，自然之理也。故方其盛也，举天下之豪杰莫能与之争。及其衰也，数十伶人困之，而身死国灭，为天下笑。夫祸患常积于忽微[13]，而智勇多困于所溺，岂独伶人也哉！作《伶官传》。

《新五代史》卷三七

【注释】

[1]原:推究原委。庄宗:后唐创立者李存勖(885—926)。　　[2]晋王:李存勖之父李克用在唐末割据山西一带,封晋王。　　[3]梁,吾仇也:朱温篡唐后建后梁。据《新五代史·唐本纪四》记载,李克用与朱温本来都是镇压黄巢起义的军阀,后来李克用经过开封时,几乎死于朱温的偷袭,故结下深仇。　　[4]燕王:据《新五代史·杂传第二十七》,燕军将领刘仁恭攻幽州,得到李克用的帮助,李克用又请命任刘仁恭为幽州留后。又据《旧五代史·梁书·太祖纪四》记载,朱温于开平三年(909)封刘仁恭之子刘守光为燕王。其事已在李克用死(908)后。欧阳修此处恐误记。　　[5]约为兄弟:据《新五代史·四夷附录一》记载,耶律阿保机曾与李克用握手约为兄弟,期共举兵攻梁。　　[6]背晋以归梁:据《旧五代史·梁书·太祖纪四》记载,刘仁恭后来背叛李克用,并大败之。据《新五代史·四夷附录一》记载,契丹背约,转而与梁结盟,约举兵灭晋。　　[7]庙:宗庙。　　[8]少牢:古代祭祀燕享单用羊、猪称少牢。　　[9]组:丝带,绳索。　　[10]一夫:指首先哗变的军士皇甫晖。《旧五代史·唐书·庄宗纪八》记载,军士皇甫晖因夜间赌博不胜,乘机作乱,胁迫裨将赵在礼,劫贝郡,趋临清,剽永济、馆陶,进犯都城。　　[11]"满招损"二句:语出《尚书·大禹谟》。得,《尚书》作"受"。　　[12]逸豫:过分舒适。　　[13]忽微:极言细微。

【解析】

　　此文开宗明义,指出王朝盛衰之理,不在天命,而在人事。"人事"指什么? 此文认为即"忧劳可以兴国,逸豫可以亡身"。《孟子·告子下》就说过"生于忧患而死于安乐",欧阳修继承孟子这一说法,将其纳入《春秋》大义系统之中。

《孟子·告子下》说:"故天将降大任于是人也,必先苦其心志,劳其筋骨,饿其体肤,空乏其身,行拂乱其所为,所以动心忍性,曾益其所不能。"正是重在描述苦心志、劳筋骨、饿体肤的"生于忧患"一面。《伶官传序》所描述的临终"三矢"之赐,正象征了后唐国运"生于忧患"的史事背景。王禹偁《五代史阙文》说:"(晋王李克用)以三矢付庄宗,一矢讨刘仁恭……一矢击契丹……一矢灭朱温。"父子间临终约誓,遗命沉重。李存勖正是在这一"忧患"重担之下,北却契丹,南击朱梁,东灭桀燕,西服岐秦,建立起后唐王朝一时之盛。

《孟子》所说"死于安乐"的一面,则是《伶官传序》要重点阐述的内容。欧阳修既"照着"孟子讲,又"接着"孟子讲,用庄宗"逸豫亡身"的史实来具体阐释"死于安乐"。《伶官传》举出得到庄宗宠幸而终至"败政乱国"的伶官景进、史彦琼、郭门高(从谦)三人。景进"最居中用事……军机国政皆与参决",郭崇韬女婿、皇弟李存乂,梁朝降晋有功的朱友谦,都死于景进的谗言。史彦琼最初措置不力,导致军士皇甫晖哗变,继而放任其事,使皇甫晖长驱直入邺都,最终怯懦弃军逃跑。郭从谦更是因庄宗一句"复欲何为(叛)"的戏语,直接诱激军士叛乱,导致"乱兵纵火焚门,缘城而入……从楼上射帝,帝伤重……崩"。《伶官传》说"庄宗既好俳优,又知音,能度曲",放在常人身上是雅事。但常人的忽微之乐,在权力极大的帝王手里,可以无限制地向着不可预知的方向膨胀发展。在庄宗创业之初,喜好音乐对他的事业甚至有所帮助,史称庄宗"自撰曲子词。其后凡用军，前后队伍皆以所撰词授之，使揭声而唱，谓之御制。至于入阵，不论胜负，马头才转，则众歌齐作。故凡所斗战，人忘其死，斯亦用军之一奇也"（《旧五代史·唐书·庄宗纪八》引《五代史补》）。而庄宗后期，他放纵个人喜好，任伶官为政，以致亡国。可见盛衰之理与人事关系至深。

爱莲说

〔北宋〕周敦颐

【题解】

周敦颐（1017—1073），原名敦实，字茂叔，道州营道（今湖南道县）人。幼孤，随母依附其舅父龙图阁大学士郑向。景祐中，以舅父恩荫走上仕途，初任洪州分宁县主簿。历任南安军司理参军、郴县令、桂阳令、南昌知县、合州判官等，所至皆有政声。嘉祐六年（1061），以国子监博士通判虔州。熙宁元年（1068），为广南东路转运判官，提点刑狱。以疾求知南康军，熙宁五年归居庐山莲花峰下，门前有濂溪，学者称濂溪先生。嘉定间赐谥元公。周敦颐为宋代理学的创始者，程颢、程颐曾从其学，其著作有《通书》、《太极图说》等，为后世所推崇。《宋史》卷四二七有传。周敦颐《爱莲说》作于嘉祐五年通判虔州任中，曾刻碑，故篇后原有附记："春陵周惇实撰，四明沈希颜书，太原王抟篆额，嘉祐八年五月十五日江东钱拓上石。"

水陆草木之花，可爱者甚蕃[1]。晋陶渊明独爱菊。自李唐来，世人盛爱牡丹。予独爱莲之出淤泥而不

603

染[2]，濯清涟而不妖[3]，中通外直[4]，不蔓不枝[5]，香远益清[6]，亭亭净植[7]，可远观不可亵玩焉[8]。

予谓菊，花之隐逸者也。牡丹，花之富贵者也。莲，花之君子者也。噫！菊之爱，陶后鲜有闻[9]。莲之爱，同予者何人？牡丹之爱，宜乎众矣[10]！

《元公周先生濂溪集》卷六

【注释】

[1]蕃（fán 繁）：繁，多。　[2]出淤泥而不染：是说莲花由淤泥中生长而出，却不染污垢。　[3]濯（zhuó 卓）清涟而不妖：是说莲花经过清水的洗涤，却不妖艳。濯，洗涤。　[4]中通外直：指莲茎中心贯通，外面笔直。　[5]不蔓不枝：指莲茎不蔓延，不生旁枝。蔓，蔓延，滋长。枝，指干茎分杈。　[6]香远益清：指莲花香气远播，越发清香。　[7]亭亭净植：指莲洁净直立，高耸出水面。亭亭，高耸的样子。　[8]可远观不可亵（xiè 谢）玩焉：可以在远处观赏，而不能在近处玩弄。亵，亲近，有轻慢侮弄意。　[9]陶后鲜有闻：是说在陶渊明之后，很少听说有喜爱菊的人。　[10]宜：恰当，适宜。

【解析】

《爱莲说》以莲寓志，写出了作者心中理想的君子形象。莲的特质是"出淤泥而不染，濯清涟而不妖"，不受环境的浸染而保持自身品质的高洁，象征君子的洁身自好、不同流俗。莲的"中通外直，不蔓不枝"，象征君子内心通达，行事正直，具有纯正无邪、独立不倚的品格。莲的"香远益清，亭亭净植"，象征君子清幽洁净，高逸超群，而令德远播。莲可以在远处观赏，不可在近处把玩，君子同样是美德令人敬重，而不容侮弄轻慢。作者还以菊花和牡丹作衬托，菊花象征隐逸，牡丹象征富贵，莲则象征君子，这实际是三种不同的处世态度和人生追求。作者欣赏陶渊明那样真正的隐士，讥刺流俗对富贵权势的追逐，但他更推崇的是如莲一样出淤泥而不染，在污浊俗世中保持高尚独立品格的君子。

　　君子是中国传统文化推崇的理想人格。《论语》说"君子怀德"，"君子无终食之间违仁"，"君子喻于义，小人喻于利"，"君子矜而不争，群而不党"，"君子谋道不谋食"，"君子坦荡荡"等等。儒家推崇的君子具有仁厚、正直、勇敢、自重、独立、坦荡等美好的品德，强调安贫乐道和勇敢承担对国家社会的责任。周敦颐正是这样的君子。据史传记载，周敦颐一生担任县令、知县、州判等地方官员，为官清廉，不媚权势，尽职尽责，深受百姓拥戴。在南安军任中为秉公断案，宁可得罪上司，不惜挂冠而去；任南昌知县时家无百钱之储，服御之物止一敝箧；在合州判官任时为小人所谮，部使者疑之，而处之超然，尽心职事；任广东提点刑狱时务以洗冤泽物为己任，不避瘴疠，不惮劳瘁，终至染疾。黄庭坚称赞周敦颐"人品甚高，胸中洒落，如光风霁月"，"短于取名而惠于求志，薄于徼福而厚于得民"，朱熹赞他"博学力行，闻道甚早，遇事刚果，有古人风。为政精密严恕，务尽道理"，"信古好义，以名节自砥砺，奉己甚约，俸禄尽以周宗族、奉宾友"。《爱莲说》以莲自况，借莲言志，表达了周敦颐的人生理想和人格追求，也成为中国传统文化理想人格的写照。

谏院题名记

〔北宋〕司马光

【题解】

司马光（1019—1086）字君实，陕州夏县（今属山西）涑水乡人，世称涑水先生。宋仁宗景祐五年（1038）进士，初仕苏州判官，后改为大理评事，补国子监直讲。庆历六年（1046），为馆阁校勘、同知礼院。嘉祐七年（1062），为起居舍人、同知谏院。宋英宗治平二年（1065），进龙图阁直学士，辞去谏职。宋神宗即位，为翰林学士。熙宁三年（1070），因与王安石政见不合，辞枢密副使不拜，出知永兴军。熙宁四年（1071），为西京留司御史台，居洛阳，编修《资治通鉴》。宋哲宗元祐元年（1086），拜尚书左仆射，兼门下侍郎。九月，卒于位，赠太师、温国公，谥文正。《宋史》卷三三六有传。北宋初年，谏议之责归门下省和中书省的左、右谏议大夫，左、右司谏，左、右正言所掌，无专门谏官官署。直到仁宗明道元年（1032），始设谏院，以左、右谏议大夫为长官，主管规谏讽喻。欧阳修曾在《与高司谏书》中，痛斥高若讷"身惜官位，惧饥寒而顾利禄"，"身为司谏，乃耳目之官，当其骤用时，何不一为天子辨其不贤，反默默无一语，待其自败，然后随而非之"，简直"不复知人间有羞耻事"。可见谏院之官并非都具有履行职责的德行。嘉祐八年

607

（1063），司马光仍知谏院，写下这篇《谏院题名记》，也应是有感而发。

古者谏无官，自公卿大夫，至于工商，无不得谏者。汉兴以来[1]，始置官。夫以天下之政，四海之众，得失利病，萃于一官使言之[2]，其为任亦重矣。居是官者，当志其大，舍其细；先其急，后其缓；专利国家而不为身谋。彼汲汲于名者[3]，犹汲汲于利也，其间相去何远哉！

天禧初[4]，真宗诏置谏官六员，责其职事。庆历中，钱君始书其名于版[5]。光恐久而漫灭。嘉祐八年，刻著于石。后之人将历指其名而议之曰："某也忠，某也诈，某也直，某也回。"呜呼！可不惧哉！

《温国文正司马公文集》卷六六

【注释】

[1]"汉兴以来"二句：西汉武帝元狩五年（前118），置谏大夫，无定员，掌议论，属光禄勋。东汉时改称谏议大夫。自此，始有专职谏官。　　[2]萃：聚集。　　[3]汲汲：急切地追求。　　[4]"天禧初"三句：《宋史·真宗纪》载，宋真宗天禧元年（1017）二月，置谏官、御史各六员，每月一员奏事，有急

务，可随时上奏。　　　[5]钱君：即钱明逸（1015—1071），字子飞，宋仁宗庆历四年（1044）为右正言，供职谏院。六年擢知谏院。《宋史》卷三一七《钱惟演传》附有《钱明逸传》。

【解析】

《谏院题名记》阐述了谏官的重要责任、应该具有的能力与德行，以及谏院题名刻石的警示作用。首段议论，末段题记，看似游离，却密切关联，强调了谏官"专利国家而不为身谋"的品行，汲汲于谏诤的使命感，以及对身后清正之名的爱惜。

文中指出，谏官所职，涉及"天下之政，四海之众，得失利病"，可谓责任重大。正如欧阳修《上范司谏书》所言："谏官虽卑，与宰相等。天子曰不可，宰相曰可；天子曰然，宰相曰不然：坐乎庙堂之上与天子相可否者，宰相也。天子曰是，谏官曰非；天子曰必行，谏官曰必不可行：立殿陛之前与天子争是非者，谏官也。宰相尊，行其道；谏官卑，行其言。言行，道亦行也。"然而，谏官并不能事无巨细缓急，一例进谏，须"志其大，舍其细；先其急，后其缓"。

司马光在末段提及，谏官要经得住历史的考验，题名刻石就是为了"后之人将历指其名而议之"，真有"本以示荣"、"却以示戒"（林云铭《古文析义》卷一四）般的威力。这对于重视"生前身后名"之人来说，无疑是最严重的警告，直令他们不敢委曲诈伪。这对当代人净化心理与约束行为也有所启发。

西　铭

〔北宋〕张载

【题解】

　　张载（1020—1077）字子厚，北宋哲学家，凤翔郿县（今陕西眉县）横渠镇人，世称横渠先生。北宋仁宗嘉祐二年（1057）进士，历任祁州司法参军、丹州云岩令、签书渭州军事判官、崇文院校书、同知太常礼院等职。北宋神宗熙宁十年（1077）卒，年五十八。南宋宁宗嘉定十三年（1220），追谥明公。宋吕大临有《横渠先生行状》（《张子全书》卷一五附），《宋史》卷四二七有传。张载长期讲学关中，弟子又大多是关中人，故他所领导的学派被称为"关学"。张载为后世留下了许多宝贵的精神遗产，其中包括他的四句名言："为天地立心，为生民立命，为往圣继绝学，为万世开太平。"当代哲学家冯友兰先生将其称作"横渠四句"。这四句话的大意是，为社会建立起一套以道德伦理为核心的精神价值系统，为百姓指明一条共同遵行的大道，继承孔孟等以往的圣人不传的学问，为天下后世开辟永久太平的基业。由于它言简意宏，一直被人们传诵不衰。张载的著作自元明以后逐渐散佚，后世搜集编纂的本子主要有《张子全书》、《张横渠文集》、《张子抄释》等，还有以单行本问世的《易说》、《语录》、《经学理窟》等。《正蒙》是张载晚年著作，原书不分篇章，后由其弟子苏昞分为十七篇，这里所选的《西铭》即出自第十七篇《乾称篇》。《西铭》是宋代理学最重要的经典文献。史称其"言纯而意备"，"深发圣人之微意"（《河南程氏粹言》卷一《论书篇》），"而辟佛、老之邪迷，挽人心之横流，真孟子以后所未有也"（王夫之《张子正蒙注》卷九、朱熹《伊洛渊源录》卷六），不仅程朱之后的理学家，就连反理学的哲学家，也几乎无不对之推崇备至，取以教导门人。《西铭》对宋代以来知识阶层理想人格的塑造产生了深远影响。

　　乾称父[1]，坤称母。予兹藐焉，乃混然中处[2]。故天地之塞[3]，吾其体；天地之帅，吾其性。民，吾同胞；物，吾与也[4]。大君者[5]，吾父母宗子[6]；其大臣，宗子之家相也[7]。尊高年，所以长其长；慈孤弱，所以幼吾幼。圣，其合德；贤，其秀也。凡天下疲癃残疾[8]，惸独鳏寡[9]，皆吾兄弟之颠连而无告者也[10]。"于时保之"[11]，子之翼也。"乐且不忧"，纯乎孝者也。违曰悖德[12]，害仁曰贼[13]，济恶者不才[14]，其践形唯肖者也[15]。知化则善述其事[16]，穷神则善继其志。不愧屋漏为无忝[17]，存心养性为匪懈[18]。恶旨酒[19]，崇伯子之顾养；育英才[20]，颍封人之锡类。不弛劳而底豫[21]，舜其功也；无所逃而待烹[22]，申生其恭也。体其受而归全者，参乎[23]！勇于从而顺令者，伯奇也[24]。富贵福泽，将厚吾之生也；贫贱忧戚，庸玉女于成也[25]。存，吾顺事[26]；没，吾宁也。

《张载集·正蒙·乾称篇第一七》

【注释】

[1]"乾称父"二句：《周易·说卦》："乾，天也，故称乎父；坤，地也，故称乎母。"全篇的主旨，在说明人是天地所生，禀受天地之性，所以必须对天地行其大孝。　[2]混然中处：指与天地相合而位于天地之中。朱熹注《西铭》说："人禀气于天，赋形于地，以藐然之身混合无间，而位乎中，子道也。"　[3]"故天地之塞"四句：是说充满了天地之间的气是构成人身体的东西，即所谓气体之充。天地的本性即是人的本性。《孟子·公孙丑上》："我善养吾浩然之气……其为气也，至大至刚，以直养而无害，则塞于天地之间。"又说："夫志，气之帅也；气，体之充也；夫志至焉，气次焉，故曰持其志，无暴其气。"塞，充塞。　[4]与：同伴。张载认为所有的人类都是同一父母（即天地）所生的亲兄弟，其他万物都是人类的朋友。　[5]大君：君主，帝王。　[6]宗子：宗法社会里享有继承权的嫡长子。　[7]家相：一家的总管。　[8]疲癃（lóng 龙）：衰老病残。　[9]悍（qióng 穷）：同"茕"，没有兄弟，孤独。　[10]颠连：狼狈困苦的样子。无告：无所告诉。　[11]"于时保之"四句：《诗·周颂·我将》："畏天之威，于时保之。"朱熹《西铭》注："畏天以自保者，犹其敬亲之至也；乐天而不忧者，犹

其爱亲之纯也。"时，是。翼，恭敬。　　[12]违：不从父母之命。悖德：指不遵守道德的行为。　　[13]害仁曰贼：《孟子·梁惠王下》："贼仁者谓之贼。"害仁就是贼仁。《正蒙·中正篇》说："以爱己之心爱人则尽仁。"伤害了仁就叫作贼。　　[14]济：帮助，接济。　　[15]践形：指将仁义实践于形色之中。《孟子·尽心上》："惟圣人然后可以践形。"肖者：像父母的儿子。　　[16]"知化则善述其事"二句：这是说能穷神知化就能继承天的意志，成就天的事业，就是天的孝子。知化、穷神，语本《周易·系辞》："穷神知化，德之盛也。"善述其事、善继其志，语本《中庸》："夫孝者，善继人之志，善述人之事者也。"　　[17]不愧屋漏为无忝(tiǎn　腆)：这是说在人所看不到的地方不做亏心事，是不辱父母的孝子。《诗·大雅·抑》："相在尔室，尚不愧于屋漏。"屋漏，室内西北隅隐僻处。又《诗·小雅·小宛》："夙兴夜寐，无忝尔所生。"忝，羞辱。所生，即父母。　　[18]存心养性为匪懈：《孟子·尽心上》："存其心，养其性，所以事天也。"《诗·大雅·烝民》："夙夜匪懈。"匪懈，不怠。　　[19]"恶旨酒"二句：《孟子·离娄下》："禹恶旨酒而好善言。"旨酒，美酒。崇，国名，禹的父亲鲧是崇国的伯爵，所以称禹为崇伯子。顾养，指善于保养本性。因为酒能乱性，所以说不饮酒就是能保养本性的孝子。　　[20]"育英才"二句：意思是说，教育英才的人，对天就像颍考叔的纯孝，能使同类都成为天之孝子。《左传》隐公元年："颍考叔，纯孝也，爱其母，施及庄公。《诗》曰：'孝子不匮，永锡尔类。'其是之谓乎！"锡，通"赐"。锡类，把恩德赐给朋类。　　[21]"不弛劳而底豫"二句：《孟子·离娄上》："舜尽事亲之道而瞽瞍底豫，瞽瞍底豫而天下化。"不弛劳，指竭尽全力。弛，松懈。底，至，到。豫，安乐，快乐。　　[22]"无所逃而待烹"二句：意思是说，人无所逃于天地之间，命里该死的时候，就只能像申生的恭顺天命。《礼记·檀弓》："晋献公将杀其世子申生，申生辞于狐突……再拜稽首乃卒，是以为恭世子也。"恭是申生死后的谥号，因为他顺从父意,所以谥为恭。申生是自缢死的,待烹是等待杀戮的意思。当时申生的兄弟重耳劝他逃往国外,他说:"君谓我欲弑君也,天下岂有无父之国哉?" [23]参(shēn 身):孔子弟子曾参。《礼记·祭义》:"曾子问诸夫子曰:'父母全而生之,子全而归之,可谓孝矣;不亏其体,不辱其亲,可谓全矣。'" [24]伯奇:周大夫尹吉甫的儿子,被父所逐。《颜氏家训·后娶》:"吉甫,贤父也;伯奇,孝子也。贤父御孝子,合得终于天性,而后妻间之,伯奇遂放。" [25]庸玉女于成也:庸,用。玉女,即玉汝。《诗·大雅·民劳》:"王欲玉女。"玉是宝贵的东西,玉汝于成,是说像打磨璞玉一样磨炼你,使你取得成功。人在贫贱忧患中受了锻炼,可以达到最高的成就,所以说贫贱忧患是一种磨炼,用来使他达到成就的手段。 [26]"存,吾顺事"四句:朱熹《西铭》注:"孝子之身存,则其事亲也,不违其志而已;没,则安而无所愧于亲也。仁人之身存,则其事天也,不逆其理而已;没,则安而无所愧于天也。盖所谓'朝闻夕死','吾得正而毙焉'者,故张子之《铭》,以是终焉。"张载这里要表达的意思是,人们应该立足于现实,采取既顺应天命又积极对待人生的态度,生时就顺事天地,努力尽到自己的义务和职责,以实现自己人生的价值,死时便可无愧而得到安宁。这是在精神层面上的超越,是达到自己的目标之后所获得的一种心灵上的平静与满足。

【解析】

《西铭》本名《订顽》,原是张载退居横渠讲学时书于学堂西牖之上的一篇短文,其目的在警示学者。后来程颐恐《订顽》之名易引起争端,便改为《西铭》。《西铭》后来被编入《正蒙》一书,作为第十七篇《乾称篇》的开头部分,成为张载哲学思想的代表作之一。《西铭》以精炼的语言概括表达了张载的宇宙论、人性论、政治论、道德论、人生论及其相互之间的逻辑联系，是宋代理学论著中一篇具有纲领性意义的著作，常与周敦颐的《太极图说》相提并论，历来受到很高的评价。

《西铭》大旨是要解决如何从个人的角度看宇宙，以及如何运用这种对宇宙的观点来看待个人和社会生活的问题。全文大体上可分为三个部分。第一部分从"乾称父，坤称母"到"民，吾同胞；物，吾与也"，这是全文的总纲，从宇宙论层面论证了万物为一体、天下为一家的仁爱思想。第二部分从"大君者，吾父母宗子"到"勇于从而顺令者，伯奇也"，这部分主要集中在政治、伦理思想层次论说，重点关注的是道德的践履，张载将事亲与事天打通，把仁、孝伦理原则放置在宇宙论背景下关照，直接呼应了文章的第一部分。第三部分从"富贵福泽，将厚吾之生也"到"存，吾顺事；没，吾宁也"，主要表达了张载的人生观。

张载还提出了"天地之帅，吾其性"的人性论，在他看来，人"混然中处"于天地大气之中，人的身体是分得了天地之气而成，人的性是自天地之间的主宰而来，人只有践形尽性才能与天地合德。人能践形尽性，即对天地父母尽到了孝道，便能穷神知化与天地合德。《西铭》反映了张载试图通过孝道的提升和扩大来整顿社会道德、稳定社会秩序的愿望。围绕这一宗旨，文章的整个论证体系其实是由宇宙秩序到社会秩序，再到家庭秩序，宇宙、社会、家庭一脉相承、相合无间。就思想内涵和理论宗旨而言，《西铭》表达了仁爱的主题，也就是"民胞物与"的思想。通过"乾父坤母"到"民胞物与"再到"仁民爱物"的依次推进，最终形成了一个条理贯通的有序的仁爱格局。

张载的这种"民胞物与"、万物一体的思想，不仅继承了传统哲学中的"天人合一"思想，而且与儒家"礼运大同"的理想息息相通，对于信奉"国家兴亡，匹夫有责"的担当者来说，无疑是一种精神上的激励和鼓舞。

答司马谏议书

〔北宋〕王安石

【题解】

王安石（1021—1086）字介甫，号半山，抚州临川（今属江西）人。宋仁宗庆历二年（1042）进士，签书淮南节度判官公事。嘉祐三年（1058），入为三司度支判官，奏献万言《上仁宗皇帝言事书》，阐述变法主张。宋神宗熙宁二年（1069），除谏议大夫、参知政事。次年，拜礼部侍郎、同中书门下平章事，推行变法。因反对派攻击，熙宁七年（1074）罢相，出知江宁府。八年，复拜同中书门下平章事、昭文馆大学士，九年外调镇南节度、同平章事，判江宁府。晚年退居金陵，元丰三年（1080）封荆国公，世称"王荆公"。卒于钟山（今江苏南京），赠太傅。《宋史》卷三二七有传。宋时邵伯温《邵氏闻见录》载："荆公（王安石）、温公（司马光）不好声色，不爱官职，不殖货利皆同。"嘉祐年间，二人同在从班，特相友善，时与吕公著（字晦叔）、韩维（字持国）并称"嘉祐四友"。然而，二人却因治国理念不同而逐渐疏远。熙宁二年，宋神宗命王安石推行新法，设立制置三司条例司，推行青苗、均输二法，统筹财政，不意受到士大夫坚决反对。熙宁三年，司马光连作三书以劝。第一书《与王介甫书》长达三千馀字，责难王安石"侵官"、"生事"、"征利"、"拒谏"、"致怨"，要求废除新法，恢复旧制，《答司马谏议书》便是对此书的回复。

　　某启[1]：昨日蒙教，窃以为与君实游处相好之日久[2]，而议事每不合，所操之术多异故也[3]。虽欲强聒[4]，终必不蒙见察，故略上报，不复一一自辨。重念蒙君实视遇厚[5]，于反覆不宜卤莽[6]，故今具道所以，冀君实或见恕也。

　　盖儒者所争，尤在于名实[7]，名实已明，而天下之理得矣。今君实所以见教者，以为侵官、生事、征利、拒谏[8]，以致天下怨谤也。某则以谓受命于人主[9]，议法度而修之于朝廷，以授之于有司，不为侵官；举先王之政，以兴利除弊，不为生事；为天下理财，不为征利；辟邪说[10]，难壬人，不为拒谏。至于怨诽之多，则固前知其如此也。

　　人习于苟且非一日，士大夫多以不恤国事、同俗自媚于众为善，上乃欲变此，而某不量敌之众寡，欲出力助上以抗之，则众何为而不汹汹然[11]？盘庚之迁[12]，胥怨者民也[13]，非特朝廷士大夫而已。盘庚不为怨者故改其度[14]，度义而后动[15]，是而不见可悔故也。如君实责我以在位久，未能助上大有为，以膏泽斯民[16]，则某知罪矣。如曰今日当一切不事事[17]，守前所为而已，则非某之所敢知[18]。

无由会晤，不任区区向往之至[19]。

《临川先生文集》卷七三

【注释】

[1]某启：古时书信开头格式，表示写信人向对方启告。　　[2]君实：司马光，字君实。　　[3]所操之术多异：主张多不一致。操，持，使用。术，方法，政见。　　[4]强聒（guō　郭）：唠叨不休。　　[5]重（chóng　崇）念蒙君实视遇厚：是说再三思量，承蒙君实对我厚遇有加。视遇，看待。　　[6]于反覆不宜卤莽：是说书信往来不宜粗疏草率。卤莽，粗率冒失。　　[7]名实：古时两个相对的哲学范畴，名指形式，实指内容。《论语·子路》说："子曰：'必也正名乎……名不正，则言不顺；言不顺，则事不成；事不成，则礼乐不兴；礼乐不兴，则刑罚不中；刑罚不中，则民无所措手足。'"　　[8]侵官、生事、征利、拒谏：指侵夺官吏职权，制造事端，争夺百姓财利，拒绝接受谏议。王安石变法，设"制置三司（盐铁、户部、度支）条例司"，"侵官"说的便是此项举措。　　[9]人主：皇帝，这里指宋神宗赵顼。　　[10]"辟邪说"二句：是说驳斥错误言论，责难拒斥奸佞之人。辟，驳斥。壬（rèn　任），佞，指巧言谄媚、不行正道。　　[11]汹汹然：争吵、喧闹的样子。　　[12]盘庚之迁：指盘庚迁都。商朝原来建都奄（今山东曲阜），因常有水患，盘庚即位后，决定迁都于殷（今河南安阳西北）。这一决定受到百姓、官吏、贵族的一致反对，盘庚先后作有三篇诰文，即《尚书·盘庚》（上中下），说服官民同意迁

都，然后"百姓由宁，殷道复兴"。　　　[13]胥（xū 需）怨：相怨，多指百姓对上的怨恨。　　　[14]度：法制。《左传》昭公四年载："（子产曰）苟利社稷，死生以之。且吾闻为善者不改其度，故能有济也。"　　　[15]度（duó 夺）义而后动：是说考虑是否合理，再付诸行动。　　　[16]膏泽：本指滋润土壤的雨水，用以比喻施加恩惠。　　　[17]一切不事事：什么事都不做。　　　[18]非某之所敢知：不是我愿意领教的。　　　[19]不任区区向往之至：古时写信的客套语，向对方表达仰慕之情。不任，不胜。区区，形容诚恳真挚。

【解析】

　　《答司马谏议书》针对司马光的责难，从高处入手，论证变法的名正言顺，令"侵官、生事、征利、拒谏、致怨"的指责不攻自破，并且批判了士大夫因循守旧的不良习气，表现了改革的决心与勇气。

　　王安石称，变法乃"名实已明，而天下之理得矣"之举：其制定法令的程序合理合法，先是"受命于人主"，而后"议法度而修之于朝廷"，再"授之于有司"。其目的则是"举先王之政，以兴利除弊"，"为天下理财"。也正是因为变法为"度义而后动"的举措，所以致怨天下"而不见可悔"。除了正面的辩驳，王安石又宕开一笔，批判士大夫苟且终日，一味"守前所为"，对于这些人的指责，明确表示"非某之所敢知"，态度十分坚决。

　　王安石所表现出的果敢与担当，与《宋史·王安石传》中所说的"三不足"精神相辅相成，即"天变不足畏，祖宗不足法，人言不足恤"。这正是儒家士大夫精神的传承与发扬，所谓"士不可以不弘毅，任重而道远"，将激励当代人树立远大理想、勇于担当并坚定前行。

游褒禅山记

〔北宋〕王安石

【题解】

褒禅山，在今安徽含山北。据清乾隆朝修《江南通志》卷一八"和州"载："褒禅山，在含山县北十五里。旧名华山，以唐贞观慧褒禅师得今名。上有起云峰、龙洞、罗汉洞、龙女泉、白龟泉。寺后有石塔，石刻二大字，宋张孝祥书。又北三里，曰华阳山，一名兰陵山，前后有二洞，宋王安石游此有记。"明嘉靖《含山邑乘》也曾载："华阳山，在县北一十八里一都……有洞二：山前一洞，游观者甚众；后一洞，王安石尝游焉，作记立碑，岁久碑记失传。"此文题名为"游褒禅山记"，记事多与褒禅山故实甚符，记游山中前后二洞则为华阳山景观。宋仁宗至和元年（1054）四月，王安石从舒州（治所在今安徽安庆）通判任上辞职，归家途中游览此山，同年七月以追记的方式写下此文，即文末所谓"至和元年七月某日，临川王某记"。四年后，王安石上万言书，主张改革，继而在神宗年间，不遗余力地推行新法。此文或可依稀看到他不畏艰险、推行改革的气质与气魄。

褒禅山，亦谓之华山，唐浮图慧褒始舍于其址[1]，而卒葬之，以故其后名之曰"褒禅"[2]。今所谓慧空禅院者，褒之庐冢也[3]。距其院东五里，所谓华山洞者，以其乃华山之阳名之也[4]。距洞百馀步，有碑仆道[5]，其文漫灭，独其为文犹可识，曰"花山"。今言"华"如"华实"之"华"者，盖音谬也[6]。

其下平旷，有泉侧出，而记游者甚众，所谓前洞也。由山以上五六里，有穴窈然[7]，入之甚寒，问其深，则其好游者不能穷也，谓之后洞。余与四人拥火以入，入之愈深，其进愈难，而其见愈奇。有怠而欲出者[8]，曰："不出，火且尽。"遂与之俱出。盖予所至，比好游者尚不能十一[9]，然视其左右，来而记之者已少。盖其又深，则其至又加少矣。方是时，予之力尚足以入，火尚足以明也。既其出[10]，则或咎其欲出者，而予亦悔其随之，而不得极夫游之乐也。

于是予有叹焉。古人之观于天地、山川、草木、虫鱼、鸟兽，往往有得，以其求思之深而无不在也。夫夷以近[11]，则游者众；险以远，则至者少。而世之奇伟瑰怪非常之观，常在于险远，而人之所罕至焉，故非有志者不能至也。有志矣，不随以止也，然力不足者，亦不能至也。有志与力，而又不随以怠，至于幽暗昏惑[12]，而无物以相之[13]，亦不能至也。然力足以至焉，于人为可讥，而在己为有悔。尽吾志也而不能至者，可以无悔矣，其孰能讥之乎？此予之所得也。

余于仆碑，又以悲夫古书之不存，后世之谬其传而莫能名者[14]，何可胜道也哉[15]！此所以学者不可以不深思而慎取之也。

四人者：庐陵萧君圭君玉[16]，长乐王回深父[17]，余弟安国平父、安上纯父[18]。至和元年七月某日，临川王某记。

《临川先生文集》卷八三

【注释】

[1]浮图：又作"浮屠"或"佛图"，梵语音译，指释迦牟尼佛或佛教徒，这里指后者。慧褒：唐代高僧，事迹不详。　[2]褒禅：即慧褒禅师。禅，梵语音译"禅那"的简称，本指佛家追求的一种静思的境界，后来泛指与佛教有关的人或物。　[3]庐冢（zhǒng　肿）：古人服丧期间，在父母或师长坟墓

旁搭建的守护的屋舍，叫庐冢，也叫庐墓。庐，屋舍。冢，坟墓。　　[4]阳：古时，山南水北谓之阳，山北水南谓之阴。　　[5]仆道：倒在路上。　　[6]音谬：读音错误。　　[7]窈然：深邃幽暗的样子。　　[8]怠：懈怠。　　[9]不能十一：不到十分之一。　　[10]"既其出"二句：是说出洞后，有人责怪当时想要出来的人。既，已经。咎，责怪。　　[11]夷：平坦。　　[12]幽暗昏惑：幽深昏暗，叫人迷惑。　　[13]相（xiàng　象）：辅助，帮助。　　[14]谬其传而莫能名：流传中产生谬误而不能道出真相。　　[15]何可胜道：怎能说得尽。胜，尽。　　[16]庐陵萧君圭君玉：庐陵，今江西吉安。萧君圭，字君玉。　　[17]长乐王回深父：长乐，今属福建。王回，字深父。　　[18]余弟安国平父、安上纯父：王安石之弟王安国（字平父）、王安上（字纯父）。

【解析】

《游褒禅山记》通过对王安石等人游赏山洞的叙述，表达了"不得极夫游之乐"的遗憾，并借游览之道论述勇于探索、坚忍不拔的精神对实现理想、成就人生的重要意义。若以游记来论，《游褒禅山记》在摹景抒情方面并非出色。然而，它叙议转换，不着痕迹，义理精深，思虑缜密，无论从思想高度还是从写作技巧上看，都堪称佳作。

王安石提出"世之奇伟瑰怪非常之观，常在于险远"的观点，暗喻美好的理想尽管无比瑰丽，却往往难以实现。他认为，想要观赏到世间险怪奇丽之景，务必要"有志与力"，且"不随以怠"。人生亦当如此，只有通过坚强的意志、卓越的能力以及毫不怠惰、坚持到底的精神，才能最终实现理想。尽管在这一过程中，若"无物以相之，亦不能至也"，但起到关键作用的还是内在的心志。正所谓"尽吾志也而不能至者，可以无悔矣"。这其中所透露出的开拓意识、探索精神以及"虽千万人吾往矣"的坚忍与果敢，在王安石后来推行的变法中发挥了重要作用，也激励后世无数胸怀远大理想的人们竭尽所能地追索真理，勇敢前行。

赤壁赋

〔北宋〕苏轼

【题解】

苏轼（1037—1101）字子瞻，又字和仲，号东坡居士，眉州眉山（今属四川）人。嘉祐二年（1057）进士。宋神宗元丰三年（1080）因"乌台诗案"被贬黄州（今湖北黄冈）。哲宗时，出知杭州、颍州、扬州、定州等地，官至礼部尚书。后又贬谪惠州（今广东惠阳）、儋州（今海南儋州）。徽宗即位，遇赦北归，病逝于常州，谥文忠，著《东坡七集》、《东坡易传》、《东坡乐府》等。《宋史》卷三三八有传。

黄州时期是苏轼创作上的重要分水岭，在此期间，他创作了著名的《念奴娇·赤壁怀古》和前后《赤壁赋》等。元丰二年（1079），因被罗织以讥刺新法的罪名，一度下狱。司马光等二十九位大臣名士也受到牵连，这就是当时震动朝野的"乌台诗案"。三年二月，苏轼被贬为黄州团练副使。五年七月十六日，作者夜游黄州赤壁，写下了这篇《赤壁赋》。三个月之后，十月十五日，作者复游赤壁，又写了一篇《赤壁赋》。后人分别称为《前赤壁赋》和《后赤壁赋》，"前"字自然是后人所加。黄州赤壁，并非是三国赤壁之战的古战场，而是今湖北黄冈的赤鼻矶。苏轼多次到此地游览，凭吊三国人物，表现了苏轼思想深处的矛盾及其达观圆融的生活态度。

　　壬戌之秋[1]，七月既望[2]，苏子与客泛舟，游于赤壁之下。清风徐来，水波不兴。举酒属客[3]，诵明月之诗[4]，歌窈窕之章。少焉[5]，月出于东山之上，徘徊于斗、牛之间[6]。白露横江，水光接天。纵一苇之所如[7]，凌万顷之茫然。浩浩乎如冯虚御风[8]，而不知其所止；飘飘乎如遗世独立，羽化而登仙[9]。

　　于是饮酒乐甚，扣舷而歌之。歌曰："桂棹兮兰桨[10]，击空明兮溯流光。渺渺兮予怀[11]，望美人兮天一方。"客有吹洞箫者[12]，倚歌而和之[13]。其声呜呜然，如怨如慕[14]，如泣如诉，馀音袅袅，不绝如缕。舞幽壑之潜蛟[15]，泣孤舟之嫠妇。

　　苏子愀然[16]，正襟危坐，而问客曰："何为其然也？"客曰："'月明星稀[17]，乌鹊南飞。'此非曹孟德之诗乎？西望夏口[18]，东望武昌[19]，山川相缪[20]，郁乎苍苍，此非孟德之困于周郎者乎？方其破荆州[21]，下江陵，顺流而东也，舳舻千里[22]，旌旗蔽空，酾酒临江[23]，横槊赋诗[24]，固一世之雄也，而今安在哉？况吾与子渔樵于江渚之上，侣鱼虾而友麋鹿[25]，驾一叶之扁舟[26]，举匏尊以相属[27]。寄蜉蝣于天地[28]，渺沧海之一粟。哀吾生之须臾[29]，羡长江之无穷。挟飞仙以遨游，抱明月而长终。知不可乎骤得[30]，托遗响于悲风。"

苏子曰："客亦知夫水与月乎？逝者如斯[31]，而未尝往也；盈虚者如彼，而卒莫消长也。盖将自其变者而观之，则天地曾不能以一瞬；自其不变者而观之，则物与我皆无尽也，而又何羡乎！且夫天地之间，物各有主。苟非吾之所有[32]，虽一毫而莫取。惟江上之清风，与山间之明月，耳得之而为声，目遇之而成色，取之无禁，用之不竭。是造物者之无尽藏也[33]，而吾与子之所共食[34]。"

客喜而笑，洗盏更酌，肴核既尽[35]，杯盘狼籍。相与枕藉乎舟中[36]，不知东方之既白[37]。

《苏轼文集》卷一

【注释】

[1]壬戌：宋神宗元丰五年（1082）。　　[2]既望：望日的后一天，即十六日。　　[3]属（zhǔ 嘱）：通"嘱"，致意，此处意谓"敬酒"。　　[4]"诵明月之诗"二句：指《诗·陈风·月出》，其第一章："月出皎兮，佼人僚兮。舒窈纠兮，劳心悄兮。"窈纠，即窈窕。　　[5]少（shǎo 烧，上声）焉：一会儿。　　[6]斗、牛：指斗宿和牛宿。　　[7]一苇：指小船。《诗·卫风·河广》："谁谓河广，一苇杭之。"　　[8]冯（píng 平）虚御风：凌空驾风飞行。冯，通"凭"，借助。　　[9]羽化：指成仙飞升。《抱朴子·对俗》："古之得仙者，或身生羽翼，变化飞行。"　　[10]"桂棹（zhào 兆）兮兰桨"二句：桂棹、兰桨，用桂、兰等香木做成的船桨。泝（sù 诉），逆流而上。　　[11]"渺渺兮予怀"二句：我的心思随船飘得很远啊，想望美人，在天一方。渺渺，悠远。美人，用以隐指贤君明主或美政理想。　　[12]客有吹洞箫者：这里指绵竹道士杨世昌。苏轼《次孔毅父韵》："杨生自言识音律，洞箫入手清且哀。"　　[13]和（hè 贺）：应和。　　[14]"如怨如慕"二句：像是哀怨、思慕，又像是啜泣、倾诉。　　[15]"舞幽壑之潜蛟"二句：使深渊的蛟龙感动得起舞，使孤舟上的寡妇落泪哭泣，形容洞箫的感染力极强。嫠（lí 离）妇，孤居的妇女，指寡妇。　　[16]愀（qiǎo 巧）然：忧愁，凄怅。　　[17]"月明星稀"二句：出自曹操《短歌行》。　　[18]夏口：今湖北武汉。　　[19]武昌：今湖北鄂州。　　[20]缪（liáo 辽）：盘绕。　　[21]"方其破荆州"二句：汉建安十三年（208），曹操南征，降刘琮，占领荆州，追击刘备，进占江陵。　　[22]舳舻（zhúlú 逐卢）千里：船只首尾相接，千里不绝，极言船之多。舳，船尾掌舵处。舻，船头划桨处。　　[23]酾（shī 师）酒：斟酒。　　[24]横槊（shuò 朔）赋诗：指曹操。槊，类似长矛的武器。　　[25]侣鱼虾而友麋（mí 迷）鹿：以鱼虾为伴，以麋鹿为

友。 [26]扁(piān 偏)舟:小船。 [27]匏(páo 袍)尊:葫芦一类的酒器。 [28]"寄蜉蝣(fúyóu 浮游)于天地"二句:极言人在宇宙间的短暂和渺小。蜉蝣,一种昆虫,春夏之交生于水边,仅存活数小时,比喻人生之短暂。 [29]须臾(yú 鱼):一会儿,时间极短。 [30]"知不可乎骤得"二句:知道不可能立刻实现,就把这种心情用洞箫吹奏出来,让它回响在秋风里。骤,立刻。 [31]"逝者如斯"四句:水奔流而去,但它并没有消失;月亮看起来有圆有缺,但它本身并没有变大或变小。斯,此,指水。彼,指月亮。卒,最终。 [32]苟:假如。 [33]无尽藏(zàng 葬):本为佛教用语,指佛法广阔无边,后转指寺院之财为无尽财,此指用之不尽的宝藏。 [34]食:享受。一作"适"。 [35]"肴核既尽"二句:饭后杂乱的样子。狼籍,同"狼藉",纵横散乱。 [36]相与枕藉(jiè 借):相互枕着靠着睡去。藉,垫着。 [37]既白:已经显出白色,指天亮。

【解析】

此赋开篇写景如画,描绘了一个水天一色、江月辉映的逍遥世界。苏子"乐甚"而歌,客吹洞箫而和。不过,乐中含悲,"渺渺兮予怀,望美人兮天一方",正是处江湖之远而忧其君的情感不自觉地自然流露,"歌"既是文中的转折处,也是主客心灵相通处。歌中的"美人",乃是作者以隐喻比兴之法,隐指贤君明主或美政理想。作者远离朝廷,依然有忧国忧君之念。洞箫之悲,所传达出的又何尝不是作者的心灵之悲?"舞幽壑之潜蛟,泣孤舟之嫠妇",既是渲染客的高超的音乐技艺,也从另一个侧面把作者隐约的心灵之悲渲染到了极点。

接着,作者以"何为其然也"一句勾连上下,引出了客的回答。而客的回答,则又把人生的逼仄与悲哀写到了极处,进一步申述了对人生之悲的感慨,"大江东去,浪淘尽、千古英雄人物",英雄的功业,终归寂灭,此为人生之一悲。即使可以逍遥一时,但是生命的短暂,形体的微小,在永恒浩瀚的大自然面前,显得多么微不足道,"寄蜉蝣于天地,渺沧海之一粟",此为人生之又一悲。求仙长生,也不过是人生一梦,何况在理性上也知道这是无法也无可能实现的。客的回答,凸显了人生的悖论与悲凉,不仅对苏子,实际上也给每个人提出了一个必须面对的问题:人生的意义安在?

面对客的人生之悲,作者以"客亦知夫(fú)水与月乎"轻轻提起,从"自其变者而观之"、"自其不变者而观之"两个方面进行了回答。苏轼的回答,显然与他接受了庄子的齐物论和僧肇的物不迁论等思想有关。庄子认为,万物齐一,"自其异者视之,肝胆楚越也;自其同者视之,万物皆一也"(《庄子·德充符》)。僧肇则认为,动静不二,"不迁,故虽往而常静;不住,故虽静而常往"(《物不迁论》)。东坡以水月之喻对客作出的变与不变的回答,固然是他接受了道、佛思想的结果。但是,苏轼所作出的此种回答,实际上也是他本人历经宦海风波和世事沧桑,对人生有了切实休悟之后而作出的智慧表达。人生的悖论与悲凉,不但被他举重若轻地消解了,而且人生的窘迫与局促,在他的视野中,更出现了无限宽广的坦途——人生的意义在于归向自然,这才是人生最好的安顿与最大的意义。在这一答案下面,客对于人生的悲慨之中所暗含的"人生意义安在"这一巨大的疑问，就这样被苏轼的回答解决了。在苏轼看来，在大自然中，在造物者的"无尽藏"中，处处可以得到人生的安顿，此即所谓的清风明月不用一钱买，人生何必拘泥"执于一端"？如果能够戒"有"戒"取"，则江上之清风，山间之明月，就都是造物者的"无尽藏"。人生如寄，是客观不变的事实，但是如果寄于造物者的"无尽藏"，享用造物者的"无尽藏"，则人生就得到了最大的有，找到了最好的安顿，实现了最大的意义。如果说，客之感慨导向的是人生之悲，指向的是人生价值的"无"，而苏子的回答，则使得客的"无"发生了反转，导向了人生的"有"，为人生指出向上一路的境界。明乎此，也就明白了"客喜而笑"的原因。

苏轼的这种思想自然有其积极意义，如果联系到作者的逐客生涯，联系到作者经历过的生死之劫，就不难理解苏轼为何能以一种安之若素的圆融心态，坦然面对一切的劫难，始终保持一种"也无风雨也无晴"的人生姿态。该赋正好展示了苏轼融儒道佛为一体的哲学观念与人生取向，在流连风物、凭吊历史这一常见的题材中，苏轼融入了道佛庄禅的思想，提升了议论说理的哲学高度，使宋代辞赋的文学境界为之一变。特别是作者对客的回答，从哲学的意义上回答了人生如何安顿的问题，该赋的境界由此为之廓大，其体现出的思想"深度"与"厚度"正在于此。即使在今天看来，作者亲近自然，不以得失为怀的人生态度，依然具有现实意义。

潮州韩文公庙碑

〔北宋〕苏轼

【题解】

苏轼性情真率,总是从实际出发思考并力图解决具体问题,这使得他即使在旧党主政的元祐年间也屡受排挤,难安于任。哲宗元祐六年(1091),苏轼自杭州任上被召回朝廷,任职未久,又于同年八月再外调颍州,元祐七年初再调任扬州。就在由颍州调任扬州这段时间里,苏轼应潮州知州王涤之请,构思并完成了《潮州韩文公庙碑》。文中说韩愈"不能使其身一日安于朝廷之上……去国万里,而谪于潮",这些话也包含了苏轼对自身经历及其背后的学术、政治背景的思考和定位。南宋人黄震评论说:"《韩文公庙碑》,非东坡不能为此,非(韩)文公不足以当此,千古奇观也。"(《黄氏日抄》卷六二)可谓中肯之论。

匹夫而为百世师[1],一言而为天下法。是皆有以参天地之化[2],关盛衰之运。其生也有自来[3],其逝也有所为。故申、吕自岳降[4],傅说为列星[5],古今所传，不可诬也[6]。孟子曰："吾善养吾浩然之气[7]。"是气也，寓于寻常之中，而塞乎天地之间。卒然遇之[8]，则王公失其贵，晋、楚失其富[9]，良、平失其智[10]，贲、育失其勇[11]，仪、秦失其辩[12]，是孰使之然哉？其必有不依形而立[13]，不恃力而行，不待生而存，不随死而亡者矣。故在天为星辰，在地为河岳，幽则为鬼神，而明则复为人。此理之常，无足怪者。

自东汉以来，道丧文弊[14]，异端并起[15]，历唐贞观、开元之盛[16]，辅以房、杜、姚、宋而不能救[17]。独韩文公起布衣，谈笑而麾之[18]，天下靡然从公[19]，复归于正，盖三百年于此矣。文起八代之衰[20]，而道济天下之溺；忠犯人主之怒，而勇夺三军之帅。岂非参天地，关盛衰，浩然而独存者乎[21]！盖尝论天人之辨，以谓人无所不至，惟天不容伪。智可以欺王公[22]，不可以欺豚鱼。力可以得天下，不可以得匹夫匹妇之心。故公之精诚[23]，能开衡山之云，而不能回宪宗之惑；能驯鳄鱼之暴[24]，而不能弭皇甫镈、李逢吉之谤；能信于南海之民，庙食百世，而不能使其身一日安于朝廷之上。盖公之所能者，天也。所不能者，人也。

始，潮人未知学，公命进士赵德为之师[25]。自是潮之士，皆笃于文行，延及齐民[26]，至于今，号称易治。信乎孔子之言："君子学道则爱人[27]，小人学道则易使也。"潮人之事公也，饮食必祭，水旱疾疫，凡有求必祷焉。而庙在刺史公堂之后，民以出入为艰。前守欲请诸朝作新庙，不果。元祐五年，朝散郎王君涤来守是邦，凡所以养士治民者，一以公为师。民既悦服，则出令曰："愿新公庙者听。"民欢趋之。卜地于州城之南七里，期年而庙成。

或曰："公去国万里，而谪于潮，不能一岁而归[28]，没而有知，其不眷恋于潮，审矣[29]。"轼曰："不然！公之神在天下者，如水之在地中，无所往而不在也。而潮人独信之深，思之至，焄蒿凄怆[30]，若或见之。譬如凿井得泉，而曰水专在是，岂理也哉？"元丰七年，诏封公昌黎伯[31]，故榜曰昌黎伯韩文公之庙。潮人请书其事于石，因作诗以遗之，使歌以祀公。其词曰：

公昔骑龙白云乡，手抉云汉分天章[32]，天孙为织云锦裳[33]。飘然乘风来帝旁，下与浊世扫秕糠[34]，西游咸池略扶桑[35]。草木衣被昭回光[36]，追逐李杜参翱翔，汗流籍湜走且僵[37]。灭没倒景不可望，作书诋佛讥君王，要观南海窥衡湘[38]。历舜九疑吊英皇[39]，祝融先驱海若藏[40]，约束蛟鳄如驱羊。钧天无人帝悲伤，讴吟下招遣巫阳[41]，犦牲鸡卜羞我觞[42]。於粲荔丹与蕉黄[43]，公不少留我涕滂，翩然被发下大荒[44]。

《苏轼文集》卷一七

【注释】

[1]匹夫而为百世师：此以圣人比韩愈。《孟子·尽心下》："圣人，百世之师也。"　[2]"参天地之化"二句：圣人之道与天地化育万物的功绩鼎足为三，和国家命运的盛衰有深切关系。《礼记·中庸》："可以赞天地之化育，则可以与天地参矣。"赞，助。　[3]"其生也有自来"二句：圣人的降生一定有特别的由来，圣人离世时一定已有所作为。　[4]申、吕自岳降：申，申伯。吕，甫侯，亦称吕侯。二人是周朝的辅佐重臣。《诗·大雅·崧高》："维岳降神，生甫及申。"　[5]傅说（yuè 悦）：商王武丁的大臣。《庄子·大宗师》："傅说得之（道），以相武丁，奄有天下，乘东维，骑箕尾，而比于列星。"　[6]不可诬也：并非捏造。　[7]"吾善养吾浩然之气"四句：《孟子·公孙丑上》："（孟子）曰：'我知言，我善养吾浩然之气。''敢

问何谓浩然之气？'曰：'难言也。其为气也，至大至刚，以直养而无害，则塞于天地之间。'"苏轼这里大略言之，并非严格引用原文。　　[8]卒然：突然。　　[9]晋、楚：两国一度是春秋时期最富强的诸侯国。《孟子·公孙丑下》："晋楚之富，不可及也。"　　[10]良、平：张良、陈平，汉高祖开国功臣，以足智多谋见称。　　[11]贲（bēn 奔，阴平）、育：孟贲、夏育，古代著名勇士。　　[12]仪、秦：张仪、苏秦，战国时著名游说之士。　　[13]"必有不依形而立"四句：是说不依赖具象而存在，不凭借外力而自然流布，没有生死存亡变化的抽象之物，即孟子所说的"浩然之气"。　　[14]道：道统，即儒家正统理论。文：文统，即儒家正统理论的文字表达。　　[15]异端：儒家正统之外的其他学说。　　[16]贞观、开元之盛：贞观、开元是唐代的盛世时期。贞观是唐太宗年号（627—649），开元是唐玄宗年号（713—741）。　　[17]辅以房、杜、姚、宋而不能救：房玄龄、杜如晦，是唐太宗时贤相。姚崇、宋璟，是唐玄宗前期时贤相。救，挽回。　　[18]麾：通"挥"，指挥，号召。　　[19]靡然：倾倒的样子。　　[20]"文起八代之衰"四句：指从文章的形式上看，韩愈之文一反东汉以来文章拘于偶对的习气，重振司马迁、扬雄的雄健文风。从文章的内容上看，韩愈之文重新倡导儒家道统，将天下人从对释、老的沉迷中拯救出来。从事功上看，韩愈忠于自己的哲学及政治理念，在朝中极力劝谏唐宪宗迎佛骨的举动，对藩镇则不惧武力，敢于出使宣抚王廷凑部，力阻其违背朝命的分裂行为。（参见《新唐书·韩愈传》）八代，指东汉、魏、晋、宋、齐、梁、陈、隋八个朝代。济，拯救。　　[21]浩然而独存者：意谓韩愈是"浩然之气"在唐代唯一（"独存"）的继承者。　　[22]"智可以欺王公"四句：指儒家经典中对人为作伪终究无法以精诚感天等问题的记述，如《论语·阳货》说："苟患失之，无所不至矣。"又如《周易·中孚》说："豚、鱼吉，信及豚、鱼也。"这里用"豚鱼"和"匹夫匹妇"引出下文所说"驯鳄鱼之暴"、"信于南海之民"的事迹。　　[23]"公之精诚"三句：指韩愈《谒衡岳庙遂宿岳寺题门楼》诗所说因诚心祷告而去晦昧见青天之事,"我来正逢秋雨节,阴气晦昧无清风。潜心默祷若有应,岂非正直能感通! 须臾静扫众峰出,仰见突兀撑青空"。宪宗之惑,指宪宗迎佛骨事。　　[24]"能驯鳄鱼之暴"二句:驯鳄鱼事指韩愈贬潮州期间写《鳄鱼文》令鳄鱼西徙六十里的传说(见《新唐书·韩愈传》)。皇甫镈(bó 博)、李逢吉之谤,前者指韩愈贬潮州后上表自辩,又被皇甫镈中伤;后者指韩愈担任京兆尹时,与御史中丞李绅因参拜礼仪问题冲突,宰相李逢吉有意挑拨,利用这一矛盾达到个人政治目的(二事皆见《新唐书·韩愈传》)。　　[25]命进士赵德为之师:韩愈曾请命赵德摄海阳县尉,管理州学(见韩愈《潮州请置乡校牒》)。　　[26]齐民:即平民。　　[27]"君子学道则爱人"二句:语出《论语·阳货》。　　[28]不能一岁而归:韩愈自宪宗元和十四年(819)正月贬为潮州刺史,当年十月改任袁州刺史,在潮州不足一年。　　[29]审:一定。　　[30]焄(xūn 熏)蒿凄怆:指祭祀时因闻到祭品气味而产生怀念逝者的凄怆之情。《礼记·祭义》记载孔子论鬼神之名说:"焄蒿凄怆,此百物之精也,神之著也。"焄,香气。蒿,气息蒸腾而上。　　[31]诏封公昌黎伯:《宋史·神宗纪》:"(元丰七年五月)壬戌,以孟轲配食文宣王,封荀况、扬雄、韩愈为伯,并从祀。"　　[32]天章:指挑取天河中星云的文彩。　　[33]天孙:织女星。　　[34]秕(bǐ 比)糠:即上文所说的"异端"。　　[35]西游咸池略扶桑:屈原《离骚》:"饮余马于咸池兮,总余辔乎扶桑。"咸池,传说太阳沐浴之处。略,行到。扶桑,神木。　　[36]草木衣被昭回光:指韩愈的道德文章泽被一代。草木衣被,是"衣被草木"的倒文。昭回,光辉普照。《诗·大雅·云汉》:"倬彼云汉,昭回于天。"　　[37]汗流籍湜(shí 实)走且僵:指韩门弟子张籍、皇甫湜难以企及韩愈的成就。《新唐书·韩愈传》说:"至其徒李翱、李汉、皇甫湜从而效之,遽不及远甚。"　　[38]要观南海窥衡湘:指韩愈因谏宪宗迎佛骨被贬潮州,从长安南下,须取道衡山湘江(在今湖南),才能到达潮州(地濒南海）。　　[39]吊英皇：指韩愈作《祭湘君夫人文》、《黄陵庙碑》，其中涉及传说中因舜葬于九嶷山，舜的两妃娥皇、女英亦死于湘水之事。　　[40]祝融先驱海若藏：祝融是南海之神，海若是海神，韩愈《南海神庙碑》都曾提及。苏轼这里指韩愈的魂魄也化为神灵，逗留在南方，与他当日文中提到的南方诸神俨然一处。　　[41]遣巫阳：指上天派遣神巫召韩愈为天神，这里暗用了《楚辞·招魂》："帝告巫阳曰：'有人在下，我欲辅之。'"　　[42]爆（bó 帛）牲鸡卜羞我觞：用牺牛、美酒歆享，用鸡骨占卜。　　[43]於（wū 呜）粲荔丹与蕉黄：这里暗用韩愈《柳州罗池庙碑》："荔子丹兮蕉黄，杂肴蔬兮进侯堂。"於粲，色泽鲜明。　　[44]翩然被发下大荒：这里暗用韩愈《杂诗》："翩然下大荒，被发骑麒麟。"同时在祭祀礼仪上象征着送走神灵。送神是祭祀的最后一个环节，在这里意味着文章的结束。

【解析】

苏轼为韩愈撰写碑文，与传主有同声相应的思想契合，倾注了撰写者的个人情感与学术旨趣，故此文不仅成为苏轼文章的名篇，其对韩愈在道统文统传承历史中地位的评判，即"文起八代之衰，而道济天下之溺"与"匹夫而为百世师，一言而为天下法"，也一锤定音，传诵至今。

在苏轼看来，韩愈的历史地位建立在他对道的体认传承的基础上。这种体认传承，就个人层面来看，表现为韩愈在道德人格修养上具有一种浩然之气鼓舞充沛的伟岸境界；就历史层面来看，表现为韩愈对道统文统的历史传承起到自觉的前后承袭续接的作用。第一，苏轼指出韩愈一生中"忠犯人主之怒"、

"勇夺三军之帅"、"驯鳄鱼之暴"、"信于南海之民"的种种作为，背后存在着一种"参天地，关盛衰，浩然而独存"之物，这种不依赖具象而存在、不凭借外力而自然流布、没有生死存亡变化的抽象之物，即孟子所说的"浩然之气"。苏轼认为韩愈具有孟子所说的"浩然之气"，背后的逻辑理路是将韩愈视为孟子之道在唐代的继承者。苏轼《六一居士集叙》(《苏轼文集》卷一〇)说得更加直白："学者以(韩)愈配孟子，盖庶几焉。"第二，苏轼进一步指出，韩愈作为孟子学说在唐代的继承者，具有"文起八代之衰，而道济天下之溺"的重大意义。也就是说，孟子之后自东汉、魏、晋、宋、齐、梁、陈、隋中断了八代的"道(统)"及其文字表现"文(统)"，是由韩愈一人独自续接起来。苏轼这一描述背后的学术思想资源，是宋初以降士大夫推崇的道统文统学说。在宋初以来的道统文统学说的框架中，孔、孟之后存在着一条"汉—唐—宋"一脉相承的传袭线索，其中汉代的道统文统传承者往往被宋代士大夫指认为扬雄(以及董仲舒)，韩愈(以及唐初的王通)则被指认为道统文统学说在唐代的传承者。

韩愈之后，在道统文统学说"汉—唐—宋"传承历史线索中，宋代士大夫自任为道统文统的当代传承者。苏轼认为，欧阳修作为其中的代表，是"今之韩愈也"(《六一居士集叙》)。而苏轼作为欧阳修的弟子，自然也在道统文统传承的历史语境中获得了自信心和自豪感。这正可以揭橥苏轼此文评价韩愈"不能使其身一日安于朝廷之上。盖公之所能者，天也。所不能者，人也"时隐含的反观自身、夫子自道的心态，这也是苏轼此文在道统文统"集体话语"中发出的一点"个人声音"。在苏轼的"天人之辨"中，天代表了必然的、规律性与趋势性的"道"，道在人类社会中的体现也就是道统与文统；人代表了或然的、随机性与权宜性的"人为"因素，在人类社会中体现为投机取合、察宜权变等巧伪乃至欺诈行为。在苏轼看来，个体以充满"浩然之气"的人格处世临事，也就意味着认同并投身于秉"道"而行这一超越性、长时段的历史事件中，自然会在"历史性"的传承中获得一种不朽的位置与价值。在这样的思想境界下，一时的得失微不足道。苏轼阐释了韩愈的意义，同时也就从现实世界的纷纭中开释了自己。苏轼所说的道符合他的时代的认识水平，未必能获得我们的认同，但他对文化历史传承的敬意，对物质利益之上的群体性、超越性价值的提倡，仍有其合理性。我们今天体会苏轼对韩愈的阐释，或许也能让自己从中获得不惑于物质利益一时得失的心灵力量。

中庸章句序

〔南宋〕朱熹

【题解】

朱熹(1130—1200)字元晦,一字仲晦,号晦庵。徽州婺源(今属江西)人。南宋高宗绍兴十八年(1148)进士,历知南康军、漳州。宁宗初,以焕章阁待制提举南京鸿庆宫。庆元二年(1196),被劾落职。卒后追谥"文",世称朱文公。《宋史》卷四二九有传。朱熹一生主要居于福建讲学,故其学又称"闽学"。他的著作很多,主要有《周易本义》、《四书章句集注》、《四书或问》、《太极图说解》、《通书注》、《西铭解》以及《朱子语类》和《朱子文集》等。其《四书章句集注》被元、明、清三代定为科举取士的必读之书。宋咸淳、德祐年间从祀孔庙,清康熙时又升位于十哲之次,被称为理学的集大成者。这篇《中庸章句序》是朱熹为《中庸章句》所写的序言,成于宋孝宗淳熙十六年(1189),朱熹时年六十岁,可以代表他晚年成熟的思想。此文论述了道统的传承、中断和接续,具有代表新儒学文化抱负的意义,序文的重心是对"道心"、"人心"说的阐明。

中庸何为而作也？子思子忧道学之失其传而作也[1]。盖自上古圣神继天立极[2]，而道统之传有自来矣[3]。其见于经，则"允执厥中"者[4]，尧之所以授舜也；"人心惟危[5]，道心惟微，惟精惟一，允执厥中"者，舜之所以授禹也。尧之一言，至矣尽矣，而舜复益之以三言者，则所以明夫尧之一言，必如是而后可庶几也[6]。

盖尝论之，心之虚灵知觉[7]，一而已矣[8]，而以为有人心、道心之异者[9]，则以其或生于形气之私，或原于性命之正，而所以为知觉者不同，是以或危殆而不安，或微妙而难见耳。然人莫不有是形[10]，故虽上智不能无人心，亦莫不有是性，故虽下愚不能无道心。二者杂于方寸之间[11]，而不知所以治之，则危者愈危，微者愈微。而天理之公卒无以胜夫人欲之私矣。精则察夫二者之间而不杂也[12]，一则守其本心之正而不离也。从事于斯，无少间断，必使道心常为一身之主，而人心每听命焉，则危者安、微者著，而动静云为自无过不及之差矣。

　　夫尧、舜、禹，天下之大圣也。以天下相传，天下之大事也。以天下之大圣，行天下之大事，而其授受之际，丁宁告戒，不过如此。则天下之理，岂有以加于此哉？自是以来，圣圣相承：若成汤、文、武之为君，皋陶、伊、傅、周、召之为臣[13]，既皆以此而接夫道统之传[14]。若吾夫子，则虽不得其位，而所以继往圣、开来学，其功反有贤于尧、舜者。然当是时，见而知之者，惟颜氏、曾氏之传得其宗。及曾氏之再传，而复得夫子之孙子思，则去圣远而异端起矣[15]。子思惧夫愈久而愈失其真也，于是推本尧、舜以来相传之意，质以平日所闻父师之言[16]，更互演绎，作为此书，以诏后之学者。盖其忧之也深，故其言之也切；其虑之也远，故其说之也详。其曰"天命率性"，则道心之谓也；其曰"择善固执"，则精一之谓也；其曰"君子时中"，则执中之谓也。世之相后千有馀年，而其言之不异如合符节。历选前圣之书，所以提挈纲维，开示蕴奥，未有若是之明且尽者也。自是而又再传以得孟氏，为能推明是书，以承先圣之统，及其没而遂失其传焉。则吾道之所寄[17]，不越乎言语文字之间，而异端之说日新月盛，以至于老佛之徒出，则弥近理而大乱真矣。然而尚幸此书之不泯，故程夫子兄弟者出[18]，得有所考，以续夫千载不传之绪；得有所据，以斥夫二家似是之非。盖子思之功，于是为大，而微程夫子，则亦莫能因其语而得其心也。惜乎！其所以为说者不传，而凡石氏之所辑录[19]，仅出于其门人之所记，是以大义虽明，而微言未析。至其门人所自为说，则虽颇详尽而多所发明，然倍其师说而淫于老佛者[20]，亦有之矣。

熹自蚤岁即尝受读而窃疑之[21]，沉潜反复，盖亦有年，一旦恍然，似有以得其要领者，然后乃敢会众说而折其中，既为定著《章句》一篇，以竢后之君子[22]。而一二同志复取石氏书，删其繁乱，名以《辑略》[23]，且记所尝论辩取舍之意，别为《或问》，以附其后。然后此书之旨，支分节解[24]，脉络贯通，详略相因，巨细毕举，而凡诸说之同异得失，亦得以曲畅旁通而各极其趣。虽于道统之传不敢妄议，然初学之士或有取焉，则亦庶乎行远升高之一助云尔[25]。淳熙己酉春三月戊申，新安朱熹序。

《四书章句集注·中庸》卷首

【注释】

[1]子思子：指孔子之孙孔伋（前483—前402），字子思。第二个"子"是对有学问有道德者的尊称。　　[2]继天立极：继天道以立人极。《诗·大雅·烝民》说："天生烝民，有物有则。"但天自己不能讲这些道理（准则），所以圣人体悟天道，为之修道立教，以教化百姓。继，继守。极，中正的准则，指人道的根本标准。　　[3]道统：指道的传承谱系。朱熹认为，尧舜禹三代是以"允执厥中"的传承而形成道统的。以后圣圣相传，历经商汤、文王、武王、皋陶、伊尹、傅说、周公、召公，传至孔子；孔子以后，则有颜子、曾子，再传至子思，子思即是《中庸》的作者。孟子是子思的再传弟子，亦能"承先圣之统"。孟子之后，道统就中断了，道学亦没有再传承下去。这就是朱熹所认定的道统早期相传的系谱。　　[4]允执厥中：一作"允执其中"，谓诚实地坚持中正之道。朱熹注："允，信也。中者，无不及之名。"　　[5]"人心惟危"四句：语出伪《古文尚书·大禹谟》。清人阎若璩在《古文尚书疏证》中曾指出这是隐括《荀子·解蔽》中的一段话，续以《论语·尧曰》中"允执厥中"一语而成，伪托为舜对禹说的。这四句话，据朱熹意，是说杂于私欲之心是危而不安的，而纯乎天理之心则是深微难明的。只有精察正道，而又专一持守的人，才能执其中道。人心，指人的各种生理欲望和需求。危，指危而不安。道心，指合于道德准则的思想、情感、欲望。微，指深微难明。　　[6]庶几（jī　基）：也许，差不多，表示希望或推测之词。　　[7]虚灵知觉：《朱子语类》卷一六说："人心本是湛然虚明。"又说："人心之灵，莫不有知"，"灵便是那知觉。"朱熹

认为心是中性的,具备着虚灵知觉。在朱熹的理论系统中,并无"心即理"之"本心"义。心只是虚灵,必须通过格物的工夫,才能知理。 [8]一:《朱子语类》卷四《性理一》说:"人物之性一源。" [9]"而以为有人心、道心之异者"六句:朱熹认为,心具有虚灵的知觉能力,人之所以会形成不同的意识和知觉,意识之所以会有道心和人心的差别,主要是由于不同的知觉发生的根源不同。人心根源于形气之私,道心根源于性命之正,即人心根源于人所禀受的气所形成的形体,道心发自于人所禀受的理所形成的本性。人心惟危是说根于身体发出的人心不稳定而有危险,道心惟微是说根于本性发出的道心微妙而难见。 [10]"然人莫不有是形"四句:朱熹认为,人人都有形体、有本性,所以人人都有道心、有人心。按朱熹在其他地方所指出的,道心就是道德意识,人心是指人的自然欲求。 [11]方寸:指心(人心不过一寸见方)。 [12]"精则察夫二者之间而不杂也"八句:在朱熹看来,如果人的心中道心和人心相混杂,得不到治理,那么人欲之私就会压倒天理之公,人心就变得危而又危,道心就更加隐没难见。所以正确的功夫是精细地辨察心中的道心和人心,也就是要使道心常常成为主宰,使人心服从道心的统领,这样人心就不再危险,道心就会发显著明,人的行为就无过无不及而达到"中"。 [13]皋陶(gāoyáo 高摇):一作"咎繇",传说为舜的大臣。伊:指伊尹,商汤的大臣。傅:指傅说,为殷武丁(高宗)的大臣。周:指周公旦。召:指召公奭。二人都是周成王的大臣。 [14]此:指"允执厥中"的传统。 [15]异端:指别于儒家的其他诸家学说。 [16]质:质证,对证。 [17]"吾道之所寄"二句:是说孟子以后没有传道的人,而道只寄托于《中庸》等书中。 [18]"程夫子兄弟者出"三句:程颢、程颐兄弟对《中庸》作了考据,被认定是儒家传授"心法"的著作,使孟子死后断绝了一千多年的"道统"得以延续下来。 [19]石氏之所辑录:石氏,指宋人石𡒉(dūn 敦),字子重。石𡒉辑录《中庸集解》一书,里面收录了周敦颐、二程等宋儒解释《中庸》的话。　　　[20]倍：同"背"，违背。淫：沉浸。　　　[21]蚤：同"早"。　　　[22]竢（sì 寺）：同"俟"，等待。　　　[23]名以《辑略》：石㲪所编原名《中庸集解》，经朱熹删定后，更名为《中庸辑略》。　　　[24]支分节解：分章细说，按节解释。　　　[25]行远升高：走得更远，登得更高。比喻对学问进一步探究其深奥理论。

【解析】

朱熹说"四书"为其毕生精力所萃，而《中庸章句》用心尤精密。这篇文章作为《中庸章句》的序文，大致可分为四个部分：第一部分，直述《中庸》成书原由，并重点提揭出"虞廷十六字心传"，即"人心惟危，道心惟微，惟精惟一，允执厥中"。第二部分，对"道心、人心"作了完整的诠释。第三部分，详细论述了儒家道统的传承、中断和接续情况。第四部分，介绍所以作《中庸章句》的理由。

朱熹关于"道心、人心"的诠释有一个发展过程，但对于这一问题的最后见解却见于这篇序文。朱熹认为，"心"具有虚灵的知觉能力，且"心只是一个心，非是以一个心治一个心"（《朱子语类》卷一二），之所以会有道心和人心的差别，是由于不同的知觉其发生的根源不同。人心根源于形气之私，道心根源于性命之正，即人心根源于人所禀受的气所形成的形体，道心发自于人所禀受的理所形成的本性。人心惟危是说根于身体发出的人心不稳定而有危险，道心惟微是说根于本性发出的道心微妙而难见。

朱熹特别强调要精察天理与人欲，即道心与人心的界限，如果人的心中道心和人心相混杂，得不到治理，那么人心就变得危而不安，道心就更加隐没难见。必须使道心常常成为一身之主，使人心服从道心的统领，这样，人心就不再危险，道心就会发显著明，人的行为就无过无不及而达到"中"。

另一方面，由于人人都有形体，有本性，所以人人都有道心，有人心。圣人之所以为圣人，实质在于，在圣人的生命中，自然欲求（人心）已经完全顺从了道德意识（道心），即所谓"道心常为一身之主"。在朱熹的思想里，"人心"是指人的自然欲求，就人的生存必须依赖其自然欲求而言，它们不能说是不善；换言之，在一定程度内，朱熹是承认"人心"的合理性的。唯有人心在违背天理时，它们才成为"人欲"或"私欲"。过去常有不少人认定朱熹是主张"禁欲主义"，其实是失之偏颇的。实质上，朱熹的伦理学观点和多数的宋明儒者一样，属于"严格主义"，而非"禁欲主义"。

作为两宋理学的集大成者，朱熹吸收并整合了前期诸多理学话语资源，并创造性地将理学的关注课题集中到天理论、心性论、理气论以及功夫论等层面，这些在《中庸章句序》中几乎都有涉及。借助于对"四书"等经典的系统解释，朱熹成功地展开了其新儒学的理论建构，一方面促进了理学思想的传播，另一方面也使得理学成为接下来几个世纪中国人的指导思想，对当时及后世都产生了很大的影响。

指南录后序

〔南宋〕文天祥

【题解】

文天祥(1236—1283)字宋瑞,一字履善,号文山,庐陵(今江西吉安)人。南宋理宗宝祐四年(1256)进士第一,历任湖南提刑,知赣州。恭帝德祐元年(1275)元军渡江,文天祥奉诏起兵勤王。次年拜右丞相兼枢密使,奉命出使元营,被拘,后脱逃。同年端宗继位,改元景炎,召文天祥赴福州,拜右丞相。坚持抗元,转战江西、福建、广东等地。帝昺祥兴元年(1278)十二月,兵败被俘。次年押往元大都(今北京),囚禁三年,始终不屈。元至元十九年十二月九日(1283年1月9日)从容就义。《宋史》卷四一八有传。《指南录》收录德祐二年出使元营、被拘脱逃及流亡途中所作诗歌,是文天祥途中撰集的,书名取自其《扬子江》诗"臣心一片磁针石,不指南方不肯休"句。本文即文天祥为《指南录》所作的后序,时端宗已即位,改元景炎元年(1276)。

德祐二年二月十九日,予除右丞相兼枢密使[1],都督诸路军马[2]。时北兵已迫修门外[3],战、守、迁皆不及施[4]。缙绅、大夫、士萃于左丞相府[5]，莫知计所出。会使辙交驰[6]，北邀当国者相见[7]，众谓予一行为可以纾祸[8]。国事至此，予不得爱身，意北亦尚可以口舌动也[9]。初奉使往来，无留北者，予更欲一觇北[10]，归而求救国之策。于是辞相印不拜，翌日，以资政殿学士行[11]。

初至北营，抗辞慷慨[12]，上下颇惊动，北亦未敢遽轻吾国[13]。不幸吕师孟构恶于前[14]，贾馀庆献谄于后[15]，予羁縻不得还[16]，国事遂不可收拾。予自度不得脱[17]，则直前诟虏帅失信[18]，数吕师孟叔侄为逆[19]。但欲求死，不复顾利害。北虽貌敬，实则愤怒。二贵酋名曰馆伴[20]，夜则以兵围所寓舍，而予不得归矣。

未几[21]，贾馀庆等以祈请使诣北[22]。北驱予并往，而不在使者之目[23]。予分当引决[24]，然而隐忍以行，昔人云"将以有为也[25]"。至京口[26]，得间奔真州[27]，即具以北虚实告东西二阃[28]，约以连兵大举。中兴机会，庶几在此[29]。留二日，维扬帅下逐客之令[30]。不得已，变姓名，诡踪迹，草行露宿，日与北骑相出没于长、淮间。穷饿无聊[31]，追购又急[32]，天高地迥[33]，号呼靡及[34]。已而得舟，避渚洲，出北海[35]，然后渡扬子江，入苏州洋[36]，展转四明、天台[37]，以至于永嘉[38]。

呜呼！予之及于死者不知其几矣！诋大酋当死[39]，骂逆贼当死，与贵酋处二十日，争曲直，屡当死。去京口，挟匕首以备不测[40]，几自颈死[41]。经北舰十馀里[42]，为巡船所物色[43]，几从鱼腹死。真州逐之城门外[44]，几徬徨死。如扬州[45]，过瓜洲、扬子桥[46]，竟使遇哨[47]，无不死。扬州城下，进退不由[48]，殆例送死[49]。坐桂公塘土围中[50]，骑数千过其门，几落贼手死。贾家庄几为巡徼所陵迫死[51]。夜趋高邮[52]，迷失道，几陷死。质明避哨竹林中[53]，逻者数十骑[54]，几无所逃死。至高邮，制府檄下[55]，几以捕系死。行城子河[56]，出入乱尸中，舟与哨相后先，几邂逅死[57]。至海陵[58]，如高沙[59]，常恐无辜死。道海安、如皋[60]，凡三百里，北与寇往来其间[61]，无日而非可死。至通州[62]，几以不纳死[63]。以小舟涉鲸波[64]，出无可奈何,而死固付之度外矣!呜呼!死生昼夜事也,死而死矣,而境界危恶,层见错出,非人世所堪。痛定思痛,痛何如哉!

予在患难中,间以诗记所遭[65],今存其本,不忍废,道中手自抄录。使北营,留北关外为一卷[66]。发北关外,历吴门、毗陵[67],渡瓜洲,复还京口为一卷。脱京口,趋真州、扬州、高邮、泰州、通州为一卷。自海道至永嘉、来三山为一卷[68]。将藏之于家,使来者读之,悲予志焉。

呜呼!予之生也幸,而幸生也何所为?求乎为臣,主辱,臣死有馀僇[69]。所求乎为子,以父母之遗体行殆[70],而死有馀责。将请罪于君,君不许。请罪于母,母不许。请罪于先人之墓,生无以救国难,死犹为厉鬼以击贼,义也。赖天之灵、宗庙之福[71],修我戈矛,从王于师,以为前驱,雪九庙之耻[72],复高祖之业[73],所谓"誓不与贼俱生",所谓"鞠躬尽力,死而后已",亦义也。嗟夫!若予者,将无往而不得死所矣[74]。向也使予委骨于草莽[75],予虽浩然无所愧怍[76],

然微以自文于君亲[77]，君亲其谓予何[78]？诚不自意返吾衣冠[79]，重见日月[80]，使旦夕得正丘首[81]，复何憾哉！复何憾哉！

是年夏五，改元景炎[82]，庐陵文天祥自序其诗[83]，名曰《指南录》。

《文山先生全集》卷一三

【注释】

[1]除：拜官，授职。枢密使：枢密院长官，掌管国家军事。　[2]都督：总领，统领。　[3]北兵：指元兵。迫：逼近。修门：国都城门。　[4]战、守、迁皆不及施：迎战、固守或迁都，都已来不及施行。　[5]萃：聚集。左丞相：时任左丞相为吴坚。　[6]会使辙交驰：指宋、元使臣来往车辆频繁。会，恰巧，适逢。　[7]当国者：主持国政之人。元军邀请宋朝执政者至营谈判。　[8]众谓予一行为可以纾（shū 舒）祸：是说众人都认为我去一趟可以解除祸患。纾祸，解除祸患。　[9]意：料想。以口舌动：用语言说服打动。　[10]觇（chān 搀）：窥视，观察。指前往一探元军情况。　[11]资政殿学士：文天祥辞去相印，以资政殿学士名义前往元营。　[12]抗辞：严辞抗辩。　[13]遽（jù 巨）：遂，就。　[14]吕师孟：宋兵部尚书，德祐元年（1275）出使元军，投降。构恶：作恶。　[15]贾馀庆：宋同签书枢密院事，知临安府，继文天祥为右丞相。　[16]羁縻（jīmí 基迷）：拘禁，扣留。　[17]自度（duó 夺）：自己估计。　[18]直前诟（gòu 构）虏帅失信：径直上前诟骂元军统帅伯颜失信。诟，责骂，辱

骂。　　[19]数：斥责，列举罪状。吕师孟叔侄：吕师孟之叔吕文焕为宋襄阳守将，时已降元。　　[20]贵酋：指元军将领。馆伴：陪同接待外国使臣的人员。　　[21]未几：不久。　　[22]祈请使：奉表请降的使节。宋朝派贾馀庆等人为祈请使，前往元大都请降。　　[23]目：列。　　[24]分（fèn 奋）当：本当，理应。引决：自杀。　　[25]将以有为也：语出唐韩愈《张中丞传后叙》，指隐忍不死，以图有所作为。　　[26]京口：今江苏镇江。　　[27]得间：得到机会。真州：治所在今江苏仪征。　　[28]东西二阃（kǔn 捆）：指淮东制置使李庭芝和淮西制置使夏贵。阃，郭门的门槛，借指统兵在外的将领。　　[29]庶几：或许，可能。　　[30]维扬帅：维扬为扬州别称，维扬帅指淮东制置使李庭芝。李庭芝误以文天祥来说降，乃令真州守将苗再成杀他。苗不忍，将其放走。帅，原本误作"师"。　　[31]无聊：无所依靠。　　[32]购：重金收买，悬赏以求。　　[33]迥：远。　　[34]号呼：哀号呼喊。靡：不。　　[35]北海：指淮海。　　[36]苏州洋：今上海市东南海域。　　[37]四明：宋明州（庆元府）的别称，治今浙江宁波。天台：今属浙江。　　[38]永嘉：今属浙江。　　[39]大酋：指元军统帅伯颜。　　[40]挟：原本误作"扶"。夹持，怀藏。　　[41]自颈：以刀割颈自杀。　　[42]北舰：指元军船队。　　[43]物色：搜寻。　　[44]真州逐之城门外：指上文维扬帅下逐客之令，被驱城外事。　　[45]如：往。　　[46]瓜洲、扬子桥：在扬州邗江南。　　[47]竟使：假使。哨：指巡逻的士兵。　　[48]不由：不由自主。　　[49]殆例：按例。是说几乎按例是送死。　　[50]桂公塘：在扬州城外。　　[51]贾家庄：在扬州城外。巡徼（jiào 叫）：巡逻兵。　　[52]趋：疾行。高邮：今属江苏。　　[53]质明：天刚亮的时候。　　[54]逻者：巡逻的元兵。　　[55]制府：制置使。檄：声讨的文书。淮东制置使李庭芝下令捕拿文天祥。　　[56]城子河：在高邮境内。　　[57]几邂逅（xièhòu 谢后）死：是说险些与元军不期相遇而死。邂逅,偶然碰上。　　[58]海陵:今江苏泰州。　　[59]高沙:指高邮(此据陈友兴、陈军《文天祥〈指南录后序〉之"高沙"辨析》)。　　[60]道:经过。海安、如皋:今皆属江苏。　　[61]北与寇:"北"指元军,"寇"指土匪。　　[62]通州:治所在今江苏南通。　　[63]不纳:不被接纳入城。　　[64]鲸波:比喻惊涛骇浪。　　[65]间:间或。　　[66]北关外:指临安城北的元军驻扎地。　　[67]吴门:今江苏苏州。毗陵:今江苏常州。毗,原本误作"昆"。　　[68]三山:今福建福州。　　[69]僇(lù 路):侮辱,羞辱。是说臣子未能使国君免于受辱,即使身死也有馀羞。　　[70]遗体行殆:是说以父母留给自己的身体去冒险。子女为父母所生,子女的身体即父母的遗体。　　[71]宗庙:古代帝王祭祀的庙宇,代指朝廷和国家。　　[72]雪九庙之耻:是说要扫清皇帝祖宗所遭受的耻辱。帝王宗庙祭祀祖先,共有九庙。　　[73]高祖:指宋太祖赵匡胤。　　[74]无往而不得死所:是说不管在哪里死,都能死得其所。　　[75]向也:当初。委骨于草莽:指尸骨弃于草丛荒野。　　[76]愧怍(zuò 做):惭愧。　　[77]微以自文:指无法向国君和父母文饰自己的过失。微,无。　　[78]其谓予何:会说我什么呢?意谓有所责备。　　[79]诚不自意:自己实在没有料想到。返吾衣冠:指重新穿上宋朝的官服。　　[80]日月:代指国君。　　[81]正丘首:狐狸死时头向窟穴,表示依恋故土。这里指死在故国。　　[82]景炎:德祐二年(1276)五月,宋端宗赵昰(shì 是)在福州继位,年号景炎。

【解析】

德祐二年(1276),元丞相伯颜举兵进逼南宋首都临安(今浙江杭州),朝廷上下一片混乱,"三宫九庙、百万生灵,立有鱼肉之忧"(《指南录自序》)。当此危亡之际,文天祥挺身而出,毅然承担起出使元营的重任。文天祥在元营中据理力争，抗辞慷慨，遭伯颜拘禁，拒不投降，并痛斥降元的吕文焕、吕师孟等人。随后被押往元大都，至京口得隙脱逃，奔真州。淮东制置使李庭芝疑文天祥为元军奸细，下令捕杀，幸真州守将苗再成不忍，将他放走。文天祥一路逃亡，草行露宿，既要躲避元军悬赏追捕，又要提防宋军误信流言加害，穷饿无依，屡陷绝境。途中与元军多次遭遇，九死一生，幸而得脱，辗转至永嘉。本文前半部分叙述了这段出使、逃亡的经历，随后以排山倒海般的十几个排比句，列举了自己陷入死境的诸多事例。情势危急险恶，屡屡命悬一线，危恶境况非人所堪，国家破亡的现实和个人困苦难堪的境遇，令人哀叹。

在非人所堪的惨酷境遇中，文天祥始终不屈不挠，顽强图存。他并不惧死，"死生昼夜事也，死而死矣"。在元军兵临城下时他奋不顾身出使元营，"国事至此，予不得爱身"；被元军拘禁劝降时直骂敌帅，面斥降臣，"但欲求死"；被押同宋朝祈请使北上时，也曾考虑自杀；后来兵败后押赴大都路途中曾绝食八日而不死。文天祥早已把生死置之度外。他克服重重困难，顽强图存，是为了"将以有为"，为了"修我戈矛，从王于师，以为前驱"，为了"雪九庙之耻，复高祖之业"。正如他在《指南录自序》中所说的："未死以前，无非报国之日。"支撑他活下来的，是报国的信念，是"誓不与贼俱生"，"鞠躬尽力，死而后已"的气节，是抵抗外侮、光复国家的决心。他被俘后在《过零丁洋》诗中写下的千古名句"人生自古谁无死，留取丹心照汗青"，与本文中的生死观一脉相承，都充满了英雄气概和伟大爱国主义精神。

正气歌序

〔南宋〕文天祥

【题解】

南宋帝昺祥兴元年（1278）冬，文天祥在五坡岭（今广东海丰北）兵败被俘，次年被押送至元大都（今北京）。元朝统治者多次劝降无果，遂将文天祥囚禁在兵马司土室中长达三年。《正气歌》是文天祥被关押在土室两年后所作的一首五言古诗，本文即《正气歌》诗前小序。此诗作后的第二年（元世祖至元十九年，1283）十二月，文天祥慷慨就义。

予囚北庭[1]，坐一土室。室广八尺，深可四寻[2]。单扉低小[3]，白间短窄[4]，污下而幽暗[5]。当此夏日，诸气萃然[6]。雨潦四集[7]，浮动床几，时则为水气。涂泥半朝[8]，蒸沤历澜[9]，时则为土气。乍晴暴热，风道四塞，时则为日气。檐阴薪爨[10]，助长炎虐[11]，时则为火气。仓腐寄顿[12]，陈陈逼人[13]，时则为米气。骈肩杂遝[14]，腥臊污垢，时则为人气。或圊溷[15]，或死尸[16]，或腐鼠，恶气杂出，时则为秽气[17]。叠是数气，当之者鲜不为厉[18]。而予以孱弱[19]，俯仰其间，于兹二年矣[20]。嗟乎[21]！是殆有养致然[22]。然尔亦安知所养何哉[23]？孟子曰："吾善养吾浩然之气[24]。"彼气有七[25]，吾气有一，以一敌七，吾何患焉！况浩然者，乃天地之正气也。作《正气歌》一首。

《文山先生全集》卷一四

【注释】

[1]北庭：指元大都（今北京）。 [2]可：大约。寻：古代长度单位，一般为八尺。 [3]单扉：单扇门。 [4]白间：窗。 [5]污下：低洼。 [6]萃然：聚集的样子。 [7]雨潦（lǎo 老）：大雨积水。 [8]涂泥半朝：指土室墙上的泥土处于半潮湿状态。朝，通"潮"。 [9]蒸沤：熏蒸沤烂。历澜：水气蒸腾貌。 [10]檐阴薪爨（cuàn 篡）：在房檐下烧火做饭。 [11]炎虐：酷热。 [12]仓腐寄顿：仓库中积存腐败的粮食。 [13]陈陈逼人：指陈年的粮食散发逼人的气味。 [14]骈肩：肩挨着肩。杂遝（tà 榻）：纷繁杂多貌。遝，通"沓"。 [15]圊（qīng 青）溷（hùn 混，去声）：厕所。 [16]或死：二字原缺，据明崇祯刻本补，《四库全书》本作"或毁"。 [17]秽气：腐烂不洁的气味。 [18]之者：二字原缺，据崇祯本，《四库全书》本补。厉，灾疫，指染疫病。 [19]孱（chán 馋）弱：瘦弱，身体虚弱。 [20]于兹：到现在。 [21]嗟乎：二字

原缺，据崇祯本补，《四库全书》本作"审如"。　　[22]是殆有养致然：这大概是因为我有所修养而致如此。殆，大概。　　[23]然尔亦安知所养何哉：然而又怎么知道我所修养的是什么呢？尔，通"而"。　　[24]浩然之气：正大刚直之气。此句出自《孟子·公孙丑上》。　　[25]彼气：指上述水气、土气等。

【解析】

　　面对元统治者的威逼利诱，文天祥不为所动。元统治者遂将文天祥囚禁在环境极其恶劣的兵马司土室中，试图以此消磨他的意志，令其屈服。文天祥在土室中被关押了三年，受尽肉体和精神的折磨，却始终保持着不屈的斗志和爱国的热情。写作《正气歌》时，文天祥已经在土室中被关押了两年之久。酷夏大雨之后，土室中污秽不堪，水气、土气、日气、火气、米气、人气、秽气，七气混杂，常人鲜不染疫而亡。文天祥以孱弱之身，在这种艰难困苦的环境中坚持了两年，没有被压垮，他认为这是自己的"浩然之气"战胜了邪气。

　　"浩然之气"出自《孟子·公孙丑上》："其为气也，至大至刚，以直养而无害，则塞于天地之间。"孟子认为浩然之气是天地间正大刚直之气，它与道、义相配，是一种至高的精神境界。在中华民族精神中，"浩然之气"体现为临危不惧、杀身成仁的豪气，为国为民、鞠躬尽瘁的担当，抵御外侮、坚贞不屈的气节，追求真理、坚持正义的信念，同时也是一种正直、坦荡、坚定，富贵不能淫、贫贱不能移、威武不能屈的人格力量。文天祥《正气歌》是对这种民族精神和高尚人格的颂歌，同时也是他对自己的期许和激励。

　　《正气歌》开篇点出主题："天地有正气，杂然赋流形"，"于人曰浩然，沛乎塞苍冥。"作者列举历史上十二位具有浩然正气的代表人物："在齐太史简，在晋董狐笔。在秦张良椎，在汉苏武节。为严将军头，为嵇侍中血。为张睢阳齿（一本作齿），为颜常山舌。或为辽东帽，清操厉冰雪。或为出师表，鬼神泣壮烈。或为渡江楫，慷慨吞胡羯。或为击贼笏，逆竖头破裂。"他们都是"时穷节乃见，一一垂丹青"的典范。文天祥以这些历史人物激励自己，以浩然之气面对敌人，"是气所旁薄，凛烈万古存。当其贯日月，生死安足论"。为了民族的事业生死且不足惧，更不必怕任何艰难困苦。《正气歌》及《正气歌序》是文天祥自觉的民族精神的体现，也成为中华民族精神史上宝贵的篇章。

学政说

〔金〕元好问

【题解】

元好问（1190—1257）字裕之，号遗山，太原秀容（今山西忻州）人。金宣宗兴定五年（1221）进士及第，授权国史院编修，历任内乡县令、南阳县令，所在有治名。天兴元年（1232）调任尚书省令史，升任左司都事，又转任尚书省左司员外郎。金亡后为元兵羁押，伤故国之亡，潜心编撰《中州集》，意在以诗存史。后为元世祖忽必烈大臣耶律楚材接纳，然元好问无心为官，遂隐居故里，以著述自娱。《金史》卷一二六有传。其诗文结集为《遗山先生文集》四十卷。元好问诗文兼擅，尤以诗名重天下，为金元之际文坛盟主。本篇节选自《遗山先生文集》卷三二《东平府新学记》，作于元宪宗五年乙卯（1255），是元好问晚年的作品，题目为本书所拟。

呜呼！治国治天下者有二：教与刑而已。刑所以禁民，教所以作新民。二者相为用，废一不可。然而有国则有刑，教则有废有兴，不能与刑并，理有不可晓者。故刑之属不胜数，而贤愚皆知其不可犯。教则学政而已矣[1]，去古既远，人不经见，知所以为教者亦鲜矣，况能从政之所导以率于教乎[2]？何谓政？古者井天下之田[3]，党庠遂序[4]，国学之法立乎其中。射、乡饮酒[5]、春秋合乐[6]、养老、劳农、尊贤、使能、考艺、选贤之政皆在。聚士于其中，以卿大夫尝见于设施而去焉为之师，教以德以行[7]，而尽之以艺[8]。淫言诐行[9]，诡怪之术，不足以辅世者，无所容也。士生于斯时，揖让、酬酢[10]、升降，出入于礼文之间。学成则为卿，为大夫，以佐王经邦国。虽未成而不害其能，至焉者犹为士，犹作室者之养吾栋也。所以承之庸之者如此[11]。庶顽谗说[12]，若不在时，侯以明之[13]，挞以记之[14]。记之而又不从，是蔽陷畔逃[15]，终不可与有言，然后弃之为匪民[16]，不得齿于天下[17]。所以威之者又如此。学政之坏久矣！人情苦于羁检而乐于纵恣[18]，中道而废，纵恶若崩。时则为揣摩，为掉阖[19]，为钩距[20]，为牙角，为城府，为穿获[21]，为谿壑，为尢断[22]，为捷径，为贪墨[23]，为盖藏，为较固[24]，为乾

663

没[25]，为面谩[26]，为力诋，为贬驳，为讥弹，为姗笑，为凌轹[27]，为瘢癜[28]，为睚眦，为构作，为操纵，为麾斥，为劫制，为把持，为绞讦[29]，为姜妇妒，为形声吠，为厓岸[30]，为阶级，为高亢，为湛静[31]，为张互[32]，为结纳，为势交，为死党，为囊橐[33]，为渊薮，为阳挤[34]，为阴害，为窃发，为公行[35]，为毒螫，为蛊惑，为狐媚，为狙诈[36]，为鬼幽[37]，为怪魁[38]，为心失位。心失位不已，合谩疾而为圣癫[39]，敢为大言，居之不疑，始则天地一我，既而古今一我。小疵在人，缩颈为危[40]。怨讟薰天[41]，泰山四维。吾术可售，恶恶不可。宁我负人，无人负我。从则斯朋，违则斯攻。我必汝异，汝必我同。自我作古，孰为周、孔[42]？人以伏膺，我以发冢[43]。凡此皆杀身之学，而未若自附于异端杂家者为尤甚也。居山林、木食涧饮，以德言之，则虽为人天师可也，以之治世则乱。九方皋之相马[44]，得天机于灭没存亡之间[45]，可以为有道之士，而不可以为天子之有司。今夫缓步阔视，以儒自名，至于徐行后长者，亦易为耳，乃羞之而不为。窃无根源之言，为不近人情之事，索隐行怪[46]，欺世盗名，曰："此曾、颜、子思子之学也[47]。"不识曾、颜、子思子之学，固如是乎？夫动静交相养，是为弛张之道；一张一弛，游息存焉。而乃强自矫揉，以静自囚，未尝学而曰"绝学"，不知所以言而曰"忘言"。静生忍，忍生敢，敢生狂。缚虎之急，一怒故在。宜其流入于申、韩而不自知也[48]。古有之："桀纣之恶[49]，止于一时；浮虚之祸，烈于洪水。"夫以小人之《中庸》，欲为魏晋之《易》与崇观之《周礼》[50]，又何止杀其驱而已乎？道统开矣[51]，文治兴矣，若人者必当戒覆车之辙，以适改新之路。特私忧过计，有不能自已者耳，故备述之。既以自省，且为无忌惮者之劝。

《遗山先生文集》卷三二

【注释】

[1]学政：指国家培育选拔人才的政务。　[2]率：遵循。　[3]井天下之田：井田，相传是古代的一种土地制度。以方九百亩为一里，划为九区，形如"井"字，中间为公田，外八区为私田，八家均私百亩，同养公田。公事毕，然后治私事。　[4]"党庠（xiáng 详）遂序"二句：党庠，指

乡学。序，古代称学校为序。国学，古代指国家设立的学校。 [5]射：即乡射礼，周代三年业成大比贡士之后，乡大夫、乡老与乡人习射的礼仪。乡饮酒：周代乡学三年业成大比，考其德行道艺优异者，荐于诸侯。将行之时，由乡大夫设酒宴以宾礼相待，谓之"乡饮酒礼"。历朝沿用。亦指地方官按时在儒学举行的一种敬老仪式。 [6]春秋合乐：指春秋仲月上丁日举行祭祀孔庙的释菜之礼。合乐，诸乐合奏。 [7]德：指六德，知、仁、信、义、忠、和。行：六行，孝、友、睦、婣（yīn 因）、任、恤。 [8]艺：六艺，礼、乐、射、御、书、数。 [9]淫言詖（bì 必）行：不正当的言行。詖，原本误作"诚"。 [10]酬酢（zuò 坐）：主客相互敬酒，主敬客称酬，客还敬称酢。 [11]承：荐。庸：任用。 [12]庶顽：众愚妄之人。 [13]侯：行射侯之礼。 [14]挞：用鞭子或棍子打。"侯以明之，挞以记之"出自《尚书·益稷》，意思是行射侯之礼以知其善恶，以相区别。而所行有不是者，用鞭挞惩罚其身，以记其过错。 [15]蔽：昏聩不知是非。陷：犯有过错。 [16]匪民：非人。 [17]齿：同类。 [18]羁检：约束，检点。 [19]捭阖：犹开合。为战国时纵横家的游说之术。 [20]钩距：辗转推问，究得情实。 [21]穽（jǐng 井）获：喻圈套。 [22]龙断：龙，通"垄"。本指独立的高地。引申为独占其利。 [23]贪墨：贪污。 [24]较固：犹垄断。 [25]乾没：冒险侥幸。 [26]面谩：当面欺蒙。 [27]凌轹（lì 力）：欺凌压制。 [28]瘢癜（bāndiàn 班电）：疤痕，这是指挑毛病。 [29]绞讦（jié 节）：急切地指责别人的过失。 [30]厓（yá 牙）岸：矜持孤高。 [31]湛静：沉静而不露声色。 [32]张互：互相吹捧张扬。 [33]囊橐：窝藏包庇。 [34]阳挤：公开排挤。 [35]公行：公然从事违法行为。 [36]狙诈：伺机诈取。狙，原本误作"徂"。 [37]鬼幽：人将死前形体所表现的一种病态。 [38]怪魁：怪异特殊之人。 [39]谩疾：心智蒙蔽，失去辨别是非的疾病。圣癫：癫狂到自以为圣明的病态心理。　　[40]缩颈:缩其颈项。　　[41]怨讟(dú 独):怨恨诽谤。　　[42]周、孔:周公与孔子,均为儒家的圣人。　　[43]发冢:发掘坟墓。这里指揭人阴私。　　[44]九方皋:春秋时人,善相马。相传伯乐推荐他为秦穆公外出求马,他不辨毛色雌雄,而观察马的内神,因得天下良马。　　[45]天机:天赋灵动。　　[46]索隐行怪:探求隐秘幽暗之事,行怪迂之道。　　[47]曾、颜、子思子:指孔子弟子曾参、孔子弟子颜回、孔子之孙孔伋(字子思)。　　[48]申:指申不害,战国时郑国人。法家代表人物,主张法治,尤重"术",强调加强君主专制。韩:韩非,战国时韩国人。法家代表人物,主张法、术、势合一的君主统治术。　　[49]桀纣:夏代暴君桀与商代暴君纣的合称。　　[50]崇观:宋徽宗年号崇宁(1102—1106)、大观(1107—1110)的并称。　　[51]道统:圣道继承的统系。韩愈《原道》指由尧、舜、禹、汤、周文王、周武王、周公、孔子、孟子相承的统系。

【解析】

元代的东平府地跨山东、河北、河南、安徽、江苏五省,地理位置十分重要,为南宋、金、元三家势力的交汇处。归顺蒙古的地方势力严实推行养士兴学的政策,为东平聚集了大批儒学人才。严实去世后,其子严忠济巩固发展了东平府学。在其主持下,元宪宗二年(1252)东平新府学开始兴建,历时三年建成。新府学落成后,众人请元好问记其事以彰严氏之功,于是作《东平府新学记》。

元好问前文追述了新府学的由来与兴造,而此节论述了学政的重要意义。其文开篇即谈到,治天下唯"教"与"刑"两端。刑为定制而教有兴废,故教之义鲜为人知。教实在国家育人的政务中。古者士大夫以贤哲为师，出入于礼文之间，学成则能经邦治国。其不成者也足以为士，顽劣者则有惩罚规劝，最下者方弃之，不为同类。然今学政大坏，人情趋于安逸，从恶如崩。元好问遍举人心之险恶情状，可谓穷尽世态。究其原因，是人心失位。于是，世之儒者入于申、韩异端之说而不自知。而今道统开，文治新，故当引以为戒。元氏在文中表达了对俗儒的厌恶及对新学的期待。

吏　道

〔元〕邓牧

【题解】

邓牧（1246—1306）字牧心，钱塘（今浙江杭州）人。因其不认同理学、佛教、道教，自号三教外人，又号九锁山人、大涤隐人，世称文行先生。三十三岁时宋亡，拒元征召，薄于名利，遍游方外。元成宗元贞二年（1296）至山阴陶山书院。大德三年（1299）归居馀杭洞霄宫之超然馆，累月不出，沈介石为营白鹿山房居之。与谢翱、叶林等友善。其著述有《洞霄图志》、《游山志》及文集《伯牙琴》。《宋诗纪事》卷八一有传。本文选自《伯牙琴》。

与人主共理天下者[1]，吏而已[2]。内九卿[3]、百执事[4]，外刺史、县令[5]，其次为佐[6]，为史，为胥徒。若是者，贵贱不同，均吏也。

古者军民间相安无事，固不得无吏，而为员不多。唐、虞建官[7]，厥可稽已[8]，其去民近故也。择才且贤者[9]，才且贤者又不屑为[10]。是以上世之士，高隐大

669

山深谷，上之人求之，切切然恐不至也[11]。故为吏者常出不得已，而天下阴受其赐[12]。后世以所以害民者，牧民而惧其乱[13]，周防不得不至[14]，禁制不得不详[15]，然后小大之吏布于天下。取民愈广，害民愈深，才且贤者愈不肯至，天下愈不可为矣。今一吏，大者至食邑数万[16]；小者虽无禄养，则亦并缘为食[17]，以代其耕，数十农夫力有不能奉者。使不肖游手[18]，往往入于其间。率虎狼牧羊豕，而望其蕃息[19]，岂可得也？天下非甚愚，岂有厌治思乱，忧安乐危者哉？宜若可以常治安矣，乃至有乱与危，何也？夫夺其食，不得不怒；竭其力，不得不怨。人之乱也，由夺其食；人之危也，由竭其力。而号为理民者，竭之而使危，夺之而使乱。二帝三王平天下之道[20]，若是然乎？天之生斯民也，为业不同，皆所以食力也。今之为民不能自食[21]，以日夜窃人货殖[22]，搂而取之[23]，不亦盗贼之心乎？盗贼害民，随起随仆[24]，不至甚焉者，有避忌故也。吏无避忌，白昼肆行[25]，使天下敢怨而不敢言，敢怒而不敢诛。岂上天不仁，崇淫长奸[26]，使与虎豹蛇虺均为民害邪[27]？

然则如之何？曰：得才且贤者用之。若犹未也，废有司[28]，去县令，听天下自为治乱安危，不犹愈乎[29]？

《伯牙琴》卷一

【注释】

[1]理：治理，管理。　　[2]吏：大小官员的通称。　　[3]九卿：古时中央政府的九个高级官职。宋以太常、光禄、卫尉、太仆、大理、鸿胪（lú 卢）、宗正、司农、太府为九卿。　　[4]百执事：泛指各级官员。　　[5]刺史：州郡的最高长官。　　[6]"其次为佐"三句：佐，帮助地方长官办事的官吏。史，官署中掌管文书的官吏。胥（xū 虚）徒，泛指官府衙役。胥，胥吏，书办之类的僚属。徒，差役。　　[7]唐、虞：唐尧与虞舜的并称。亦指尧与舜的时代，古人以为太平盛世。　　[8]厥：其。稽：考查。　　[9]择才且贤者：《知不足斋丛书》本作"择才者"，《四库全书》本作"择才且贤者"，据上下文《四库全书》本更合理，今据改。　　[10]屑：介意，放在心上。　　[11]切切然：诚恳的样子。　　[12]阴：暗中，暗地里。　　[13]牧：治理。　　[14]周防：严密地防范。　　[15]禁制：禁令，法制。　　[16]食邑：古代君主赐予臣下作为世禄的封地。这里指收取几万户人家的租赋。　　[17]并缘：相互依附勾结。　　[18]不肖游手：指不务正业的人。　　[19]蕃息：繁衍生息。　　[20]二帝：指唐尧、虞舜。三王：指夏、商、周三代的开国君主夏禹、商汤、周文王和周武王。　　[21]自食：自食其力。　　[22]货殖：原指聚集财物以图利，这里指财货。　　[23]搂（lōu 楼，阴平）：搜刮。　　[24]仆：跌倒，这里的意思是消失。　　[25]肆行：谓恣意妄为。　　[26]崇淫长奸：滋长奸邪。　　[27]虺（huǐ 毁）：毒

蛇。 [28]有司：古代设官分职，各有专司，故称。 [29]愈：较好，胜过。

【解析】

吏治是古往今来国家治理的关键问题，邓牧此文对古代吏治的弊端做了较为深刻的揭露与反思。为吏者当德才兼备，然有才且贤者往往不愿为吏，而不贤不肖之辈乘虚而入，厕身其中，百姓深受其害。结果，百姓受扰不得自食其力，官吏不得供养而为非作歹，形成恶性循环。邓牧认为，解决的最好办法是选择德才兼备者为吏，退求其次，则是废除吏治，让百姓自治。宋代以来，统治者重视文官政治，官吏机构空前膨胀，百姓负担日益沉重。宋元鼎革后，江南民生凋敝，邓牧此论对古代吏治提出了深刻质疑，并寄希望于百姓的自治。这种乌托邦式思想，反映了古人的良好愿望。

送东阳马生序

〔明〕宋濂

【题解】

宋濂（1310—1381）字景濂，号潜溪，浦江（今属浙江）人。自幼多病，家境贫寒，但他聪敏好学。元末辞朝廷征命，修道著书。明初时受朱元璋礼聘，官至学士承旨知制诰，奉命主修《元史》。死后谥文宪。《明史》卷一二八有传。《送东阳马生序》一文作于明洪武十一年（1378），马生即马君则，东阳（今属浙江）人，时为太学生。宋濂洪武十年已告老还乡，次年应诏赴京，同乡后学马君则即将回乡探亲之际，前来拜谒，宋濂作此序以勉励之。这里所说的序属于赠序，就是"君子赠人以言"的意思。

余幼时即嗜学，家贫，无从致书以观[1]，每假借于藏书之家，手自笔录，计日以还。天大寒，砚冰坚，手指不可屈伸，弗之怠[2]。录毕，走送之，不敢稍逾约。以是人多以书假余，余因得遍观群书。既加冠[3]，益慕圣贤之道，又患无硕师、名人与游[4]，尝趋百里外，从乡之先达执经叩问。先达德隆望尊[5]，门人弟子填其室，未尝稍降辞色[6]。余立侍左右，援疑质理，俯身倾耳以请。或遇其叱咄[7]，色愈恭，礼愈至，不敢出一言以复。俟其欣悦[8]，则又请焉。故余虽愚，卒获有所闻。

当余之从师也，负箧曳屣[9]，行深山巨谷中，穷冬烈风，大雪深数尺，足肤皲裂而不知[10]。至舍，四支僵劲不能动，媵人持汤沃灌[11]，以衾拥覆[12]，久而乃和。寓逆旅[13]，主人日再食，无鲜肥滋味之享。同舍生皆被绮绣[14]，戴朱缨宝饰之帽，腰白玉之环，左佩刀，右备容臭[15]，烨然若神人[16]。余则缊袍弊衣处其间[17]，略无慕艳意[18]。以中有足乐者，不知口体之奉不若人也。盖余之勤且艰若此。今虽耄老，未有所成，犹幸预君子之列，而承天子之宠光[19]，缀公卿之后，日侍坐备顾问，四海亦谬称其氏名[20]，况才之过于余者乎？

今诸生学于太学，县官日有廪稍之供[21]，父母岁有裘葛之遗[22]，无冻馁之患矣。坐大厦之下而诵《诗》、《书》，无奔走之劳矣。有司业、博士为之师[23]，未有问而不告，求而不得者也。凡所宜有之书，皆集于此，不必若余之手录,假诸人而后见也。其业有不精,德有不成者,非天质之卑[24],则心不若余之专耳,岂他人之过哉?

东阳马生君则,在太学已二年,流辈甚称其贤[25]。余朝京师,生以乡人子谒余,撰长书以为贽[26],辞甚畅达。与之论辨,言和而色夷[27]。自谓少时用心于学甚劳,是可谓善学者矣!其将归见其亲也,余故道为学之难以告之。谓余勉乡人以学者,余之志也。诋我夸际遇之盛而骄乡人者[28],岂知予者哉!

《宋学士文集》卷七三

【注释】

[1]致:取得,得到。 [2]怠:懒惰,松懈。 [3]加冠:古代男子二十岁行冠礼,表示成年。 [4]硕师:此处指学识渊博的老师。 [5]德隆望尊:德高望重。 [6]未尝稍降辞色:指言语、态度都十分严厉。 [7]叱咄(chì duō 斥多):人声斥责。 [8]俟(sì 四):等待。 [9]负箧(qiè 怯)曳屣(xǐ 洗):背着书箱,拖着鞋子。 [10]皲(jūn 军)裂:皮肤因冻伤而开裂。 [11]媵(yìng 硬)人持汤沃灌:服侍的人用热水帮助洗手。 [12]衾:被子。 [13]逆旅:旅店。 [14]绮绣:有彩色花纹的衣服。 [15]容臭(xiù 秀):香袋。 [16]烨然:光彩鲜明的样

子。　　[17]缊（yùn 运）袍：填絮乱麻的袍子，贫者所服。弊衣：破旧的衣服。　　[18]慕艳：羡慕。　　[19]宠光：谓恩宠光耀。　　[20]谬称：不恰当的称赞，自谦之辞。　　[21]廪稍：指公家按时供给的粮食。　　[22]裘葛之遗（wèi 卫）：泛指四时衣服的供给。裘，冬衣。葛，夏衣。遗，此指供给。　　[23]司业：国子监置司业，为监内的副长官，协助祭酒，掌儒学训导之政。博士：古代学官名。　　[24]天质：天资，天赋。　　[25]流辈：同辈。　　[26]贽（zhì 至）：初次拜见尊长者时所送的礼物。　　[27]言和而色夷：语言和顺，神色平和。　　[28]诋我夸际遇之盛：诋毁我自夸受到皇帝的赏识。诋，诋毁。际遇之盛，时运好，此处指受皇帝赏识。

【解析】

　　本文是劝勉后学的赠序，也是劝学文中的经典。既不同于《荀子·劝学》的巧妙譬喻，也不同于韩愈《师说》的针砭时弊。本文的特点是自然亲切，感同身受。宋濂从自己求学的艰辛讲起，言及自己向学之志坚，为学之意诚，虽条件艰苦，终能有所成就。而今日逢太平，为学条件极佳，诸生如果立志专心，学问必能大成。宋濂反复强调为学要专心致志，所谓"其业有不精，德有不成者，非天质之卑，则心不若余之专耳，岂他人之过哉？"自古以来，贤圣莫不强调专注。《易经》有"恒"卦，云"不恒其德，或承之羞"，《论语》中说"人而无恒，不可以作巫医"，《庄子》中也说"用志不分，乃凝于神"，都是这个道理。

答顾东桥书

〔明〕王守仁

【题解】

王守仁（1472—1529）字伯安，祖籍馀姚（今属浙江），居山阴（今浙江绍兴），结庐于山阴附近的阳明洞，自号阳明子，学者称之为阳明先生。弘治十二年（1499）进士，授刑部主事，后改兵部主事。弘治十八年，和湛甘泉结交，"共以倡明圣学为事"。正德元年（1506），一度被权宦刘瑾排挤，谪贵州龙场驿驿丞。"龙场悟道"是王阳明人生最关键的时期，他先立为圣之志，继而经过艰苦的探索，终在龙场悟道，最后弘道，将心学弘传天下。阳明集文韬武略于一身，他巡抚南赣，定宸濠之变，平定思田、大藤峡之乱，在政治和军事方面都表现出了非凡才能。累官至南京兵部尚书、南京都察院左都御史，封新建伯，卒谥文成。《明史》卷一九五有传。

王阳明是明代理学中最有影响的思想家，也是明代"心学"运动的代表人物，其著作保存较全的是《王文成公全书》。阳明哲学思想集中表现在《传习录》和《大学问》中。《传习录》见《王文成公全书》的卷一至卷三，是一部语录和论学书信集，共分上、中、下三卷，主要阐述了阳明"心外无物"、"心外无理"、"知行合一"、

"致良知"等思想，其中"致良知"是阳明心学的主旨。"致良知"就是将良知推广扩充到万事万物。"致"本身即是兼知兼行的过程，因而也就是自觉之知与推致知行合一的过程。"良知"是"知是知非"的"知"，"致"是在事上磨炼，见诸客观实际。"致良知"即是在实际行动中实现良知，知行合一。《答顾东桥书》选自《传习录中》，该文虽是书信，却集中体现了阳明心学"知行合一"的主要观点，是反映阳明哲学思想的代表作。顾东桥（1476—1545），名璘，字华玉，号东桥，上元（今江苏南京）人。官至南京刑部尚书。《明史》卷二八六有传。

　　来书云："所喻知、行并进[1]，不宜分别前后，即《中庸》'尊德性而道问学'之功[2]，交养互发，内外本末一以贯之之道。然工夫次第，不能无先后之差，如知食乃食，知汤乃饮，知衣乃服，知路乃行，未有不见是物，先有是事。此亦毫厘倏忽之间，非谓有等今日知之，而明日乃行也。"

　　既云"交养互发，内外本末一以贯之"，则知、行并进之说无复可疑矣。又云"工夫次第，不能不无先后之差"，无乃自相矛盾已乎？知食乃食等说，此尤明白易见，但吾子为近闻障蔽[3]，自不察耳。夫人必有欲食之心，然后知食，欲食之心即是意[4]，即是行之始矣；食味之美恶，必待入口而后知，岂有不待入口而已先知食味之美恶者邪？必有欲行之心，然后知路，欲行之心即是意，即是行之始矣。路岐之险夷，必待身亲履历而后知，岂有不待身亲履历而已先知路岐之险夷者邪？知汤乃饮，知衣乃服，以此例之，皆无可疑。若如吾子之喻，是乃所谓不见是物而先有是事者矣。吾子又谓"此亦毫厘倏忽之间，非谓截然有等今日知之，而明日乃行也"，是亦察之尚有未精。然就如吾子之说，则知、行之为合一并进，亦自断无可疑矣。

来书云：真知即所以为行[5]，不行不足谓之知。此为学者吃紧立教，俾务躬行则可。若真谓行即是知，恐其专求本心，遂遗物理，必有闇而不达之处[6]。抑岂圣门知行并进之成法哉？

知之真切笃实处即是行[7]，行之明觉精察处即是知。知行工夫，本不可离。只为后世学者分作两截用功，失却知行本体，故有合一并进之说。真知即所以为行，不行不足谓之知。即如来书所云"知食乃食"等说可见，前已略言之矣。此虽吃紧救弊而发，然知行之体，本来如是。非以己意抑扬其间，姑为是说，以苟一时之效者也。专求本心，遂遗物理。此盖失其本心者也。夫物理不外于吾心[8]，外吾心而求物理，无物理矣。遗物理而求吾心，吾心又何物邪？心之体[9]，性也，性即理也。故有孝亲之心，即有孝之理。无孝亲之心，即无孝之理矣。有忠君之心，即有忠之理。无忠君之心，即无忠之理矣。理岂外于吾心邪？晦庵谓"人之所以为学者[10]，心与理而已。心虽主乎一身，而实管乎天下之理。理虽散在万事，而实不外乎一人之心"，是其一分一合之间，而未免已启学者心理为二之弊。此后世所以有专求本心，遂遗物理之患。正由不知心即理耳。夫外心以求物理，是以有闇而不达之处。此告子义外之说[11]，孟子所以谓之不知义也。心一而已，以其全体恻怛而言[12]，谓之仁；以其得宜而言，谓之义；以其条理而言，谓之理。不可外心以求仁，不可外心以求义，独可外心以求理乎？外心以求理，此知行之所以二也。求理于吾心，此圣门知行合一之教，吾子又何疑乎？

　　来书云：人之心体，本无不明。而气拘物蔽，鲜有不昏。非学问思辨以明天下之理[13]，则善恶之机，真妄之辨，不能自觉，任情恣意，其害有不可胜言者矣。

此段大略，似是而非。盖承沿旧说之弊，不可以不辨也。夫学问思辨行，皆所以为学，未有学而不行者也。如言学孝，则必服劳奉养，躬行孝道，而后谓之学。岂徒悬空口耳讲说，而遂可以谓之学孝乎？学射，则必张弓挟矢，引满中的。学书，则必伸纸执笔，操觚染翰。尽天下之学，无有不行而可以言学者。则学之始，固已即是行矣。笃者，敦实笃厚之意，已行矣。而敦笃其行，不息其功之谓尔。盖学之不能以无疑，则有问，问即学也，即行也。又不能无疑，则有思，思即学也，即行也。又不能无疑，则有辨，辨即学也，即行也。辨既明矣，思既慎矣，问既审矣，学既能

681

矣，又从而不息其功焉，斯之谓笃行。非谓学问思辨之后而始措之于行也。

是故以求能其事而言，谓之学。以求解其惑而言，谓之问。以求通其说而言，谓之思。以求精其察而言，谓之辨。以求履其实而言，谓之行。盖析其功而言，则有五。合其事而言，则一而已。此区区心理合一之体，知行并进之功，所以异于后世之说者，正在于是。

今吾子特举学问思辨以穷天下之理，而不及笃行。是专以学问思辨为知，而谓穷理为无行也已。天下岂有不行而学者邪？岂有不行而遂可谓之穷理者邪？明道云："只穷理便尽性至命。"故必仁极仁[14]，而后谓之能穷仁之理。义极义，而后谓之能穷义之理。仁极仁，则尽仁之性矣。义极义，则尽义之性矣。学至于穷理至矣，而尚未措之于行，天下宁有是邪？是故知不行之不可以为学[15]，则知不行之不可以为穷理矣。知不行之不可以为穷理，则知知行之合一并进，而不可以分为两节事矣。

夫万事万物之理，不外于吾心。而必曰穷天下之理，是殆以吾心之良知为未足[16]，而必外求于天下之广，以裨补增益之。是犹析心与理而为二也。夫学问思辨笃行之功，虽其困勉至于人一己百，而扩充之极，至于尽性知天，亦不过致吾心之良知而已。良知之外，岂复有加于毫末乎？今必曰穷天下之理，而不知反求诸其心，则凡所谓善恶之机，真妄之辨者，舍吾心之良知，亦将何所致其体察乎？吾子所谓气拘物蔽者，拘此蔽此而已。今欲去此之蔽，不知致力于此，而欲以外求。是犹目之不明者，不务服药调理以治其目，而徒伥伥然求明于其外，明岂可以自外而得哉？任情恣意之害，亦以不能精察天理于此心之良知而已。此诚毫厘千里之谬者，不容于不辨。吾子毋谓其论之太刻也。

《王文成公全书》卷二《传习录中》

【注释】

[1]知、行并进："知"指知识、知觉、思想、认识等。"行"指行为、行动、践履、实践等。"知行"是中国哲学的一对重要范畴。宋元明清时期，出现了各种系统的知行理论，知行问题成为当时哲学论争中的一个重要侧面。如朱熹

认为："知行常相须，如目无足不行，足无目不见。论先后，知为先；论轻重，行为重。"（《朱子语类》卷九）朱熹虽然说"论先后，知为先"，但他注意到了知行互相依赖和互相促进的关系，认为二者相须互发。王阳明在认识路线上和朱熹并无二致，但是他反对"将知行分作二件去做"，提出了知行合一的理论，认为"只说一个知，已自有行在；只说一个行，已自有知在"，知行不过是观念上的不同层次而已。阳明"知行合一"说的宗旨是"要人晓得一念发动处便即是行了。发动处有不善，就将这不善的念克倒了，须要彻根彻底不使那一念不善潜伏在胸中"。　　[2]尊德性而道问学：见《中庸》第二十七章："故君子尊德性而道问学，致广大而尽精微。"尊，即尊崇。德性，指天赋的道德本性。道，遵循。所谓"尊德性而道问学"，是《中庸》提倡的两种道德修养方法，认为君子不仅要着重发扬天赋的善的德性，而且要努力学习道德知识，只有把二者结合起来，固有的道德天性才能发扬光大，才能达到"中庸"的至德境界。　　[3]近闻：指以朱熹为代表的知先行后学说。　　[4]意：《传习录上》："身之主宰便是心，心之所发便是意，意之本体便是知，意之所在便是物。""意"是阳明哲学中一个很重要的范畴，笼统地说，主要指意识或意念。在这句话里，意主要指意欲，表示一种行为的意向。　　[5]真知：指真切之知，这个观念表示，真知者必然会把他所了解的道德知识付诸行动，不会发生知而不行的问题。反过来说，知而不行，表示还没有达到"真知"。因此，在宋儒看，真知的观念虽然并不直接包含行为，却包含了"必能行"这一性质。宋儒这个思想是王阳明知行合一说的先导，他认为"未有知而不能行者，知而不行只是未知"，正是把宋儒"真知必能行"的思想作为起点。"知行本体"是阳明用来代替真知的概念。　　[6]闇（àn　暗）：糊涂，不明白。《荀子·臣道》："故明主好同，而闇主好独。"　　[7]"知之真切笃实处即是行"二句：这是阳明晚年对知行问题新的阐述。又见《答友人问》："知之真切笃实处便是行，行之明觉精察处便是知。若知时，其心不能真切笃实，则其知便不能明觉精察。不是知之时只要明觉精察，更不要真切笃实也。行之时，其心不能明觉精察，则其行便不能真切笃实。不是行之时只要真切笃实，更不要明觉精察也。知天地之化育，心体原是如此。乾知大始，心体亦原是如此。"（《王文成公全书》卷六）　　[8]"夫物理不外于吾心"三句：此即王阳明的心外无理思想。阳明反对朱熹的格物穷理说，他认为朱熹所说的万事万物皆有定理的理只是"至善"的"义"，而至善作为道德原理不可能存在于外部事物，道德法则是纯粹内在的，事物的道德秩序只是来自行动者赋予它的道德法则，如果把道德原理看成源于外部事物，这就犯了孟子所批判的"义外说"，即把"义"代表的道德原则看作外在性的错误。所以，人之穷理求至善，只须在自己心上去发掘，去寻找。　　[9]"心之体"三句：阳明这里所说的"性"是指心之本体，与朱子哲学中的"性"不同。　　[10]"晦庵谓"六句：见朱熹《大学或问》第五《知本知至章》。朱熹号晦庵。　　[11]"此告子义外之说"二句：《孟子·告子上》："告子曰：'食、色，性也。仁，内也，非外也。义，外也，非内也。'"又《孟子·公孙丑上》："我故曰'告子未尝知义，以其外之也'。"　　[12]恻怛（dá 达）：怜悯。　　[13]学问思辨：儒家所倡导的学习方法和要求。《中庸》："博学之，审问之，慎思之，明辨之，笃行之。"朱熹认为学问思辨属知的方面，笃行属行的方面。朱熹《中庸章句注》："学问思辨，所以择善而为知，学而知也。笃行，所以固执而为仁，利而行也。"　　[14]仁极仁：指将仁推扩到极处，亦就是"致"其仁的意思。推致吾心之仁，而后吾心之"仁之理"始能"穷"。仁如此，义亦然。吾心之仁理穷，而后吾心之仁性尽。"穷"吾心良知之天理，即是"致"吾心良知之天理，阳明所说的穷理，并不是穷究外在事物之理。穷理的过程即是致良知的过程，必须以"行"贯彻始终，所以阳明说："学至于穷理至矣，而尚未措之于行，天下宁有是邪？"　　[15]"是故知不行之不可以为学"五句：此即阳明的知行合一思想。参见《答友人问》："知行原是两个字说一个工夫。这一个工夫，须著此两个字方说得完全无弊病。若头脑处见得分明，见得原是一个头脑，则虽把知、行分作两个说，毕竟将来做那一个工夫，则始或未便融会，终所谓百虑而一致矣。若头脑见得不分明，原看做两个了，则虽把知、行合作一个说，亦恐终未有凑泊处，况又分作两截去做，则是从头至尾，更没讨下落处也。"（《王文成公全书》卷六） [16]良知：《孟子·尽心上》："人之所不学而能者，其良能也；所不虑而知者，其良知也。"在阳明哲学体系里，良知是人的内在的道德判断与道德评价体系，作为意识结构中的一个独立部分，良知具有对意念活动的指导、监督、评价、判断的作用。良知作为先验原则，不仅表现为"知是知非"或"知善知恶"，还表现为"好善恶恶"，既是道德理性，又是道德情感。良知不仅指示我们何者为是何者为非，而且使我们"好"所是，而"恶"所非，它是道德意识与道德情感的统一。

【解析】

《答顾东桥书》为王阳明晚年答友人顾东桥论学书，此时距其病逝不过短短几年，代表了他晚年的思想。书中所阐发的思想虽以论知、行之本体为详，然间亦触及心即理、诚意、致良知和天地万物一体之仁等思想。书末论"拔本塞源"更是被指为"辩论痛快，使人惭伏无辞也"。

本篇所节选的几段问答集中围绕着"知行合一"问题展开。王阳明反对朱熹"析心与理而为二"，认为"外心以求理，此知行之所以二也"，"心即理"或心外无理，是阳明知行合一思想的基础。阳明所说的理不是知识之理，而是道德之理；

他所说的心，也不是认知的心，而是孟子所说的本心。正是在这个层面上，阳明提出了"知行本体"的说法。所谓"本体"是说知行本来如是的状态，具体而言，"知行本体"是指知行本来是合一的，这个合一并不是说二者完全是一回事，而是强调二者是不能割裂的，知行的规定是互相包含的，照阳明的说法是，"知是行之始，行是知之成"，"知是行的主意，行是知的工夫"，"知之真切笃实处即是行，行之明觉精察处即是知"。

与"知行本体"对应着的是"知行工夫"。阳明在论知行合一的时候总是强调知行不能分为两件，这个"分为两件"不止是理论上或范畴上否认知与行的互相渗透，而且指在实践上把"本是一个工夫"的知行割裂了，所以他强调知行不能"分开两截做"。阳明并不认为把致知说成行、把力行说成知就算完成了知行合一所要解决的任务，而是根本上要使致知和力行在人的每一活动之中都密切结合。如《中庸》所论及的学、问、思、辨、行，在朱熹看来，"学问思辨，所以择善而为知，学而知也。笃行，所以固执而为仁，利而行也"（《中庸章句注》）。这是把学、问、思、辨归属知之一面，把笃行归属行之一面，知行两分。阳明反对这种区分，他认为学、问、思、辨、行五者，"析其功而言，则有五。合其事而言，则一而已"。凡人有疑而问、而思、而辨，此即是学，即是行。不可以把学、问、思、辨单纯地归为知，而将知与行分而为二，也不可单纯地以"学、问、思、辨"为穷理，谓穷理为无行。天下没有不行之学，也没有不行之穷理。

　　"知行合一"是王阳明哲学中最具特色的命题，这不仅仅是一个认识论命题，更为重要的，这是一个实践的命题。阳明提出的"知行合一"就是要将知和行并作一件事，将道德认识和道德实践相统一，以便消除以前程朱学派一味强调知先行后所带来的知行脱节的情况。"知"是良知，"行"是指对良知的实践以及对道德的体会和实践。知行在阳明看来没有顺序上的差别，它们是同一个过程的两个方面，"知行合一"从本质上讲就是道德实践论。在阳明看来，真正的道德理论是以道德实践的完成来判定的。如果没有道德实践，那么道德理论就沦为了空谈。阳明所要做的不是穷尽天下之理，而是以道德实践为其理论的最终目的。"知行合一"是一个由知善到行善的过程，要求人们将自己的伦理道德知识付诸实践，从而完善自己的道德人格。这种理论，对于唤醒人们的道德良知，提高整个社会的道德水平有着重要的指导意义，为沟通道德知识和道德行为架起了一道桥梁。

报刘一丈

〔明〕宗臣

【题解】

宗臣（1525—1560）字子相，号方城山人，扬州兴化（今属江苏）人。明嘉靖二十九年（1550）进士，授刑部主事，调考功，谢病归。起为稽勋员外郎，因得罪权相严嵩，出京为福建布政使司左参议，任内率众击退倭寇，升任提学副使，卒于官。诗文主张复古，是"后七子"之一。《明史》卷二八七有传。《报刘一丈》大约作于嘉靖三十四年（1555）到三十六年之间，宗臣时任刑部郎官，目睹严嵩父子专权、士大夫趋附干谒、贿赂公行的官场丑态，在与做过自己塾师的父执刘玠的书信中表达了自己洁身自好的态度，这与宗臣素来的品行一致，也与受书者刘玠的为人相合。玠字过珍，号墀（chí 迟）石。所谓"一丈"，一是排行，丈是对年长的人的敬称。宗臣文中说他"抱才而困"，又有《席上赠刘一丈墀石》诗："怜君空抱苍生策，一卧江门四十秋。"可见刘氏也是狷介独守之人。

数千里外，得长者时赐一书，以慰长想，即亦甚幸矣，何至更辱馈遗[1]，则不才益将何以报焉？书中情意甚殷[2]，即长者之不忘老父[3]，知老父之念长者深也。至以"上下相孚，才德称位"语不才[4]，则不才有深感焉。夫才德不称，固自知之矣。至于不孚之病，则尤不才为甚。且今世之所谓孚者，何哉？日夕策马候权者之门，门者故不入，则甘言媚词作妇人状，袖金以私之[5]。即门者持刺入[6]，而主者又不即出见；立厩中仆马之间[7]，恶气袭衣袖，即饥寒毒热不可忍，不去也。抵暮，则前所受赠金者，出报客曰："相公倦，谢客矣！客请明日来！"即明日，又不敢不来。夜披衣坐，闻鸡鸣，即起盥栉[8]，走马抵门，门者怒曰："为谁？"则曰："昨日之客来。"则又怒曰："何客之勤也？岂有相公此时出见客乎？"客心耻之，强忍而与言曰："亡奈何矣，姑容我入！"门者又得所赠金，则起而入之，又立向所立厩中。幸主者出，南面召见，则惊走匍匐阶下。主者曰："进！"则再拜，故迟不起，起则上所上寿金。主者故不受，则固请。主者故固不受，则又固请，然后命吏内之[9]。则又再拜，又故迟不起，起则五六揖始出。出揖门者曰："官人幸顾我[10]，他日来，幸亡阻我也！"门者答揖。大喜奔出，马上遇所交识，即扬鞭语曰："适自相公家来，相公厚我，厚我！"且虚言状[11]。即所交识，亦心畏相公厚之矣。相公又稍稍语人曰："某也贤！某也贤！"闻者亦心计交赞之。此世所谓"上下相孚"也，长者谓仆能之乎？前所谓权门者，自岁时伏腊[12]，一刺之外，即经年不往也。间道经其门，则亦掩耳闭目，跃马疾走过之，若有所追逐者，斯则仆之褊哉[13]，以此常不见悦于长吏，仆则愈益不顾也。每大言曰："人生有命，吾惟守分尔矣[14]。"长者闻此，得无厌其为迂乎？乡园多故，不能不动客子之愁。至于长者之抱才而困，则又令我怆然有感。天之与先生者甚厚[15]，亡论长者不欲轻弃之，即天意亦不欲长者之轻弃之也，幸宁心哉！

《宗子相集》卷一四

【注释】

[1]馈遗（kuìwèi 溃位）：赠送。 [2]殷：深切。 [3]老父：指宗臣的父亲宗周，字维翰，官至四川马湖府太守。 [4]"至以'上下相孚，才德称位'语不才"二句：用在上、在下之人都给予信任，才干与德行都和职位

相称来形容我,那我(对这话)有很深的感触啊。孚,信任。不才,没本事的人,宗臣自谦之称。　　[5]私:私下行贿。　　[6]刺:名帖,名片。　　[7]仆马:驾车之马。　　[8]盥栉(guànzhì 贯质):梳洗。盥,泛指洗。栉,梳头。　　[9]内(nà 纳):同"纳",接受。　　[10]官人:对守门者的尊称。幸:希望。顾:照顾。　　[11]虚:吹嘘夸大。　　[12]岁时:一年四季。伏腊:夏祭曰伏,冬祭曰腊,古代两个重要祭祀节日。　　[13]褊(biǎn 贬):度量狭小。　　[14]分:本分。　　[15]"天之与先生者甚厚"四句:意谓上天赐给您的(才能)很多,且不说您不会轻易放弃它,就是天意也不想让您轻易放弃它呀,希望您安心(等待机会)啊!先生,指刘一丈,即同一句中的"长者"。这里换用词,大概是为了避免两"者"字重叠。亡(wú 吴)论,不要说。幸,希望。宁心,安心。

【解析】

宗臣报书刘一丈时三十岁出头,仕宦未深,但闻见识力并不浅。因为其父宗周做过四川马湖府太守,对于官场的情态,他自小就见识不少。再加上自己也年少成名,曾任刑部考功之职,身为局中人,对官场腐败习气可谓深谙其情。信是写给自己父执辈启蒙老师的,所以,宗臣在信中畅所欲言,不惮于表现自己性情最真实的一面。文中对官场腐败的抨击,带有深谙内情后抑制不住的不平之气。在这封信的最后,宗臣说"人生有命,吾惟守分尔矣",宗臣把这称为"大言",可见并不是一般意义上听任命运安排的颓废情绪,而是带有公平正义终将伸张的希望和信心。这种自信在宗臣福建抗击倭寇时也有展现,《明史·宗臣传》记载:"倭薄城,臣守西门,纳乡人避难者万人。或言贼且迫，曰：'我在，不忧贼也。'与主者共击退之。"可见，宗臣的自信背后具备"言必信，行必果"的意志与能力，并非泛泛的空话。另外，宗臣在信中流露的自信，也并非一时的恃才逞能，而具有更持久的考虑。换言之，他也作过年老时仍不得志的预想，并在这种预想下犹能保有自信，这是更加难能可贵的心态。他在信中也用这种"持久的坚守"去感染刘一丈，"亡论长者不欲轻弃之，即天意亦不欲长者之轻弃之也，幸宁心哉"。明朝奸相严嵩弄权腐败二十年，其糜烂情形之严重，已经到了惊人的地步。当时人就曾慨叹："每过长安街，见嵩门下无非边镇使人。未见其父，先馈其子。未见其子，先馈家人。家人严年富已逾数十万，嵩家可知"，"无耻之徒，络绎奔走，靡然成风，有如狂易。而祖宗二百年培养之人才尽败坏矣。"（《明史·张翀传》）面对这样的情况，敢于违抗、弹劾严嵩的正直之士仍不断涌现，他们的声音不啻是黑暗中的一道亮光。可惜宗臣三十五岁就英年早逝，那时严嵩尚在权力的顶点，他没能看到弄权者的最终结局。不过宗臣在这篇文章中对官场腐败的鄙夷和批判，以及对正义的自信与坚守，定将永葆其生命活力。

五人墓碑记

〔明〕张溥

【题解】

张溥（1602—1641）字天如，号西铭，太仓（今属江苏）人。幼嗜学，读书必手抄，朗读一过后焚之再抄，如是者六七遍，故其读书室名"七录斋"。早有文名，与同里张采齐名，号"娄东二张"。明崇祯初年创立复社，以复兴古学、务为有用为号召，结交天下士人，议论朝政时务。崇祯四年（1631）中进士，改庶吉士，以葬亲乞假归。组织复社活动，声气通朝右，复社遂成为继东林党之后最有影响的文人社团，张溥也因此遭到执政者嫉恨。崇祯十四年卒，时年四十岁。《明史》卷二八八有传。明天启六年（1626）三月，苏州百姓为反对魏忠贤党抓捕原吏部主事周顺昌，数万人群起抗议。七月，颜佩韦等五位普通市民以倡乱罪遭处决。崇祯即位后清除阉党，苏州人民为五人修墓立碑，张溥作《五人墓碑记》，表彰五人之大义。五人墓在今苏州虎丘。

五人者，盖当蓼洲周公之被逮[1]，急于义而死焉者也[2]。至于今，郡之贤士大夫请于当道[3]，即除逆阉废祠之址以葬之[4]，且立石于其墓之门，以旌其所为[5]。呜呼，亦盛矣哉！

夫五人之死，去今之墓而葬焉，其为时止十有一月尔。夫十有一月之中，凡富贵之子，慷慨得志之徒，其疾病而死，死而埋没不足道者[6]，亦已众矣，况草野之无闻者与[7]？独五人之皦皦[8]，何也？

予犹记周公之被逮，在丁卯三月之望[9]。吾社之行为士先者[10]，为之声义[11]，敛赀财以送其行[12]，哭声震动天地。缇骑按剑而前[13]，问："谁为哀者？"众不能堪[14]，抶而仆之[15]。是时以大中丞抚吴者为魏之私人[16]，周公之逮所繇使也[17]。吴之民方痛心焉[18]，于是乘其厉声以呵[19]，则噪而相逐[20]，中丞匿于溷藩以免[21]。既而以吴民之乱请于朝[22]，按诛五人[23]，曰颜佩韦、杨念如、马杰、沈杨、周文元[24]，即今之傫然在墓者也[25]。

然五人之当刑也[26]，意气阳阳[27]，呼中丞之名而詈之[28]，谈笑以死。断头置城上，颜色不少变[29]。有贤士大夫发五十金[30]，买五人之脰而函之[31]，卒与尸合[32]。故今之墓中，全乎为五人也[33]。

嗟乎！大阉之乱[34]，缙绅而能不易其志者[35]，四海之大，有几人欤？而五人生于编伍之间[36]，素不闻诗书之训[37]，激昂大义，蹈死不顾[38]，亦曷故哉[39]？且矫诏纷出[40]，钩党之捕遍于天下[41]，卒以吾郡之发愤一击，不敢复有株治[42]。大阉亦逡巡畏义[43]，非常之谋[44]，难于猝发[45]，待圣人之出而投环道路[46]，不可谓非五人之力也。

繇是观之，则今之高爵显位，一旦抵罪[47]，或脱身以逃，不能容于远近，而又有剪发杜门[48]，佯狂不知所之者[49]，其辱人贱行[50]，视五人之死[51]，轻重固何如哉[52]？是以蓼洲周公忠义暴于朝廷[53]，赠谥美显[54]，荣于身后；而五人亦得以加其土封[55]，列其姓名于大堤之上，凡四方之士，无不有过而拜且泣者，斯固百世之遇也[56]。不然，令五人者保其首领[57]，以老于户牖之下[58]，则尽其天年，人皆得以隶使之，安能屈豪杰之流[59]，扼腕墓道[60]，发其志士之悲哉？故余与同社诸君子，哀斯墓之徒有其石也[61]，而为之记，亦以明死生之大[62]，匹夫之有重于社稷也。

贤士大夫者，闾卿因之吴公、太史文起文公、孟长姚公也[63]。

《七录斋诗文合集·古文存稿》卷三

【注释】

[1]蓼(liǎo 聊，上声)洲周公：即周顺昌，字景文，号蓼洲，吴县(今江苏苏州)人。明万历四十一年(1613)进士，曾任吏部主事，文选员外郎。天启六年(1626)三月，周顺昌被魏忠贤党抓捕，同年六月惨死京师狱中。　[2]急：一作"激"，二字可通。　[3]当道：当权执政者。　[4]除：整治。逆阉(yān 焉)：指魏忠贤。阉，宦官太监的蔑称。废祠：魏忠贤当权势盛，各地官员争建生祠，败后生祠皆废。　[5]旌：表彰。　[6]埋(yīn 因)没：埋没，泯灭。　[7]草野之无闻者：指民间乡村无名的百姓。与：通"欤"，语气词，表疑问。　[8]曒(jiǎo 狡)曒：明亮，光耀。　[9]丁卯：指天启七年(1627)。望：月圆之日，旧历每月十五日。史载周顺昌被捕、吴民声义，时天启六年(丙寅)三月，颜佩韦等五人被杀在该年七月。此处"丁卯"当为"丙寅"。上文云"夫五人之死，去今之墓而葬焉，其为时止十有一月尔"，按天启七年(丁卯)八月崇祯即帝位，同年十一月魏忠贤自缢死，苏州士人墓葬五人当在此后，距五人被杀实不止十一个月，盖亦作者误记。　[10]吾社：张溥于天启年间创建文人社团应社，崇祯二年组织复社。这里所指当为应社。行为士先者：品行可为读书人榜样的人。　[11]声义：声张正义。　[12]赀(zī 咨)：通"资"。　[13]缇骑(tíjì 提记)：本指汉代执金吾属下的卫士，后泛指逮治犯人的官役，明代指锦衣卫校尉。　[14]堪：忍受，承

受。　　　[15]挞（chì　赤）：鞭打。仆（pū　扑）：打倒，使倒毙。　　　[16]以大中丞抚吴者：指应天府（今江苏南京）巡抚毛一鹭，时以大中丞巡抚吴地。私人：以私利相依附之人。毛为魏忠贤一党。　　　[17]周公之逮所繇使：周顺昌被逮捕乃毛一鹭所指使。繇，通"由"。　　　[18]痛心：悲愤，痛恨。　　　[19]厉声以呵：严厉地高声呵斥。　　　[20]噪：大声喧嚷。　　　[21]匿：藏。溷（hùn　混，去声）藩：厕所。毛一鹭藏在厕所里得以脱身。　　　[22]既而：不久。以吴民之乱请于朝：指毛一鹭向朝廷报告苏州百姓暴乱。　　　[23]按诛：查办处死。　　　[24]"颜佩韦"等五人：皆苏州市民，其中周文元为周顺昌轿夫。沈杨，一本作"沈扬"。　　　[25]傫（léi　雷）然：重叠堆积的样子。　　　[26]当刑：受刑，指就死之时。　　　[27]阳阳：通"扬扬"。　　　[28]中丞：指毛一鹭。詈（lì　立）：骂。　　　[29]颜色不少变：是说五人头颅被置于城楼上，面容没有一点变化。颜色，面容。　　　[30]发：拿出，捐出。　　　[31]脰（dòu　豆）：颈项，这里指头部。函：用匣子装盛。　　　[32]卒与尸合：终于使五人头颅与尸身合在一起。卒，终于。　　　[33]全乎：指尸首完整。　　　[34]大阉：指魏忠贤。　　　[35]缙绅：本意为插笏（hù　互。古代大臣上朝时所执的手板）于带，后泛指官宦。缙，插。绅，束在衣服外的带子。　　　[36]编伍：古代户籍编制，五家为伍。这里指普通百姓。　　　[37]诗书：本指《诗经》和《尚书》，这里泛指儒学。　　　[38]蹈死：赴死。　　　[39]曷（hé　何）故：什么缘故。　　　[40]矫诏纷出：指魏忠贤屡屡假托皇帝的名义发出诏令。矫诏，假托诏令。　　　[41]钩党之捕遍于天下：指魏忠贤为铲除异己，四处牵连正直官员、士人为同党，而予以抓捕。钩党，拉扯牵连为同党。　　　[42]株治：株连治罪。　　　[43]逡巡畏义：是说魏忠贤畏惧正义的力量，不敢过于肆意妄行。逡巡，迟疑徘徊、欲行又止的样子。　　　[44]非常之谋：不同寻常的阴谋。　　　[45]难于猝发：不敢贸然行动。　　　[46]圣人之出而投环道路：指崇祯皇帝即位后，严厉镇压阉党，魏忠贤在被贬途中自缢而死。投环，自缢。　　　[47]抵罪：因犯罪而受到处罚。　　　[48]剪发：指削发出家。杜门：闭门不出。　　　[49]佯狂：假装疯癫。不知所之：不知往哪里去。　　　[50]辱人贱行：可耻的人格，卑贱的品行。　　　[51]视：比较。　　　[52]轻重固何如哉：是说阉党官宦卑贱可耻的品行，与五人之死相比较，其轻重究竟如何呢？固，本来，究竟。　　　[53]暴：显露。　　　[54]赠谥美显：获赠谥号，美好而荣耀。崇祯即位后为周顺昌平反，赠谥"忠介"。　　　[55]加其土封：为坟墓加封土，指重修坟墓。　　　[56]百世之遇：百世难得的际遇。　　　[57]保其首领：指活下来。首领，头和脖子。　　　[58]老于户牖（yǒu 有）之下：指在家里终老。户牖，门窗。　　　[59]屈：使折服。　　　[60]扼腕：以手握腕，表示惋惜愤慨。　　　[61]徒有其石：只有碑石而无碑记。　　　[62]"亦以明死生之大"二句：是说作此碑记以说明死生事大，普通百姓也可以对国家发挥重大作用。社稷，本指土神和谷神，代指国家。　　　[63]囧（jiǒng 迥）卿因之吴公：吴默，字因之，曾任太仆卿。《尚书》载周穆王命伯囧为太仆正，后因称太仆寺卿为囧卿。太史文起文公：文震孟，字文起，曾任翰林院修撰。孟长姚公：姚希孟，字孟长，文震孟外甥。上述三人皆苏州人。

【解析】

　　明天启年间，宦官魏忠贤擅政，网罗党羽，排斥异己，迫害朝中正直的大臣和东林党人，杨涟、左光斗、魏大中等相继被残害至死，激起极大的民愤。曾任吏部主事的周顺昌为人刚介，疾恶如仇，因与魏大中等交好，指斥魏忠贤党，被罗织罪名，天启六年三月由锦衣卫旗尉前往苏州抓捕。周顺昌有德于乡，受士民爱戴，得知锦衣卫前来抓人，苏州士人、百姓数万人聚集，为其喊冤乞命。锦衣卫旗尉辱骂请愿众人，气焰嚣张，巡抚毛一鹭是魏忠贤一党，此时亦厉声呵斥民众。众人激于义愤，纷拥而上，打死旗尉一人，其馀负伤逃走。事后周顺昌被押解入京，遭严刑而死，颜佩韦等五位普通苏州市民则被诬暴乱处死。魏忠贤败后，苏州人民为表彰五人事迹，在魏忠贤废祠上为五人修墓建碑，张溥为撰《五人墓碑记》。

《五人墓碑记》颂扬了五位普通苏州市民秉持大义、蹈死不顾的气概。作者将五人之死与"富贵之子，慷慨得志之徒"庸庸碌碌，屈服于邪恶势力，不能保持刚正气节相比，与魏忠贤一党"高爵显位者"事败抵罪的辱人贱行相比，也与"老于户牖之下"、"人皆得以隶使之"的苟活者相比，凸显出五人之死重于泰山。国家兴亡，匹夫有责。正是以五人为代表的苏州百姓自发形成的正义力量，使肆无忌惮的魏忠贤一党"逡巡畏义"，有所顾忌，以至"非常之谋，难于猝发"。作者在碑记之末一语道出了本文的主旨："亦以明死生之大，匹夫之有重于社稷也。"不仅抒发了对五人蹈义而死的敬仰之情，更充分肯定了普通百姓的正义行为对国家社稷的重要影响。

狱中上母书

〔明〕夏完淳

【题解】

夏完淳(1631—1647),初名复,字存古,号小隐,华亭(今上海松江)人。其父夏允彝为明崇祯十年(1637)进士,与陈子龙等创立几社,明亡后毁家倡义,从事抗清斗争。夏完淳十四岁即跟随父亲从事反清斗争,又与老师陈子龙、岳父钱旃等共谋举义,上书鲁王,被遥授中书舍人。入吴易(一作易)军为参谋,兵败流亡,清顺治四年(1647)在家乡被捕。他在南京狱中坚贞不屈,痛骂劝降的洪承畴,同年九月十九日英勇就义,年仅十七岁。事见《皇明四朝成仁录》卷六等。著有《玉樊堂集》、《南冠草》、《续幸存录》等,后人编为《夏内史集》。《狱中上母书》是作者在狱中写给母亲的诀别信。

不孝完淳今日死矣,以身殉父[1],不得以身报母矣!痛自严君见背[2],两易春秋[3],冤酷日深[4],艰辛历尽。本图复见天日[5],以报大仇,恤死荣生[6],告成黄土[7]。奈天不佑我[8],锺虐明朝[9],一旅才兴[10],便成齑粉[11]。去年之举[12]，淳已自分必死[13]，谁知不死，死于今日也。斤斤延此二年之命[14]，菽水之养无一日焉[15]。致慈君托迹于空门[16]，生母寄生于别姓[17]，一门漂泊，生不得相依，死不得相问。淳今日又溘然先从九京[18]，不孝之罪，上通于天。

呜呼！双慈在堂[19]，下有妹女[20]，门祚衰薄[21]，终鲜兄弟[22]。淳一死不足惜，哀哀八口，何以为生？虽然，已矣[23]！淳之身，父之所遗；淳之身，君之所用。为父为君，死亦何负于双慈！但慈君推干就湿[24]，教礼习诗，十五年如一日。嫡母慈惠，千古所难，大恩未酬[25]，令人痛绝！慈君托之义融女兄[26]，生母托之昭南女弟[27]。

淳死之后，新妇遗腹得雄[28]，便以为家门之幸。如其不然，万勿置后[29]。会稽大望[30]，至今而零极矣[31]，节义文章如我父子者几人哉？立一不肖后[32]，如西铭先生[33]，为人所诟笑[34]，何如不立之为愈耶[35]？呜呼！大造茫茫[36]，总归无后。有一日中兴再造[37]，则庙食千秋[38]，岂止麦饭豚蹄[39]，不为馁鬼而已哉[40]？若有妄言立后者，淳且与先文忠在冥冥诛殛顽嚚[41]，决不肯舍。

兵戈天地[42]，淳死后，乱且未有定期。双慈善保玉体，无以淳为念。二十年后，淳且与先文忠为北塞之举矣[43]。勿悲，勿悲！相托之言，慎勿相负！武功甥将来大器[44]，家事尽以委之。寒食、盂兰[45]，一杯清酒，一盏寒灯，不至作若敖之鬼[46]，则吾愿毕矣。新妇结褵二年[47]，贤孝素著。武功甥好为我善待之，亦武功渭阳情也[48]。

语无伦次，将死言善[49]，痛哉！痛哉！人生孰无死？贵得死所耳。父得为忠臣，子得为孝子。含笑归太虚[50]，了我分内事。大道本无生[51]，视身若敝屣[52]。但为气所激，缘悟天人理。恶梦十七年，报仇在来世。神游天地间，可以无愧矣！

《夏完淳集笺校》卷九

【注释】

[1]殉：以人从葬，这里指跟随父亲而死。　　[2]严君见背：谓其父去世。　　[3]两易春秋：经过两年。夏完淳之父夏允彝于顺治二年（1645）抗清兵败后投水而死，至此已过两年。　　[4]冤酷：冤仇、惨痛。　　[5]复

见天日：指光复明朝。　　[6]恤死荣生：使死者得到抚恤，使生者得到荣封。　　[7]告成黄土：指向黄土之下的祖先报告功业完成。　　[8]奈：奈何。　　[9]锺虐：是说天降祸于明朝。锺，聚集。虐，灾害。　　[10]一旅才兴：顺治三年，夏完淳与陈子龙等共谋举义，入吴易军为参谋，惜吴易军很快遭击溃。　　[11]齑（jī 基）粉：粉末。指抗清的军队刚刚兴起就被打得粉碎。　　[12]去年之举：指顺治三年吴易军败，夏完淳流亡之事。　　[13]自分：自己料想。　　[14]斤斤：拘谨的样子。这里是自嘲多活了两年。　　[15]菽水之养：指清贫者对长辈的俭薄奉养。菽，豆类。水，汤类。　　[16]慈君：嫡母。夏允彝正室盛氏，允彝死后出家为尼。托迹：寄身。　　[17]生母：指夏允彝侧室陆氏，允彝死后寄居别姓亲戚家。　　[18]溘（kè 克）然先从九京：是说自己忽然先跟从父亲到地下。溘然，忽然。九京，春秋时晋国卿大夫的墓地所在，后用作墓地的代称。一说"京"为"原"之误。　　[19]双慈：指嫡母和生母两位母亲。　　[20]妹女：是说自己还有一个妹妹未嫁。　　[21]门祚（zuò 做）衰薄：家门衰落。祚，福运。　　[22]终鲜兄弟：《诗·郑风·扬之水》："终鲜兄弟，维予与女。"鲜，少。　　[23]已矣：罢了，算了。是说虽然如此，也只能就这样了。　　[24]推干就湿：把床上干处让给孩子，自己居于湿处，形容母亲辛勤抚育。　　[25]酬：报答。　　[26]义融女兄：指夏完淳的姐姐夏淑吉，字美南，号义融。　　[27]昭南女弟：指夏完淳的妹妹夏惠吉，字昭南，号兰隐。　　[28]新妇：夏完淳与妻子钱秦篆于顺治二年成婚，时刚两年，故称新妇。雄：指男孩。夏完淳被捕时妻子已有身孕。　　[29]置后：安排后嗣，指抱养男孩为嗣。　　[30]会（kuài 快）稽：古郡名，华亭旧属会稽郡。大望：有名望的大族。　　[31]零极：衰落到极点。　　[32]不肖：子不似父，指不成材。　　[33]西铭先生：指张溥，号西铭。张溥死时年仅四十，无子，友人为其立嗣子。　　[34]诟（gòu 够）笑：诟病耻笑。　　[35]何如不立之为愈：是说若立一不肖子嗣，还不如不立为好。愈，好，胜过。　　[36]大造：指天地自然。 [37]中兴再造：指明朝恢复。 [38]庙食：死后立庙，受人奉祀祭享。 [39]麦饭豚蹄：指祭祀用的食物。 [40]馁（něi 内，上声）鬼：不能享受祭祀的饿鬼。馁，饿。 [41]先文忠：指夏完淳之父夏允彝，谥文忠。冥冥：指阴间。诛婬（jí 急）顽嚚（yín 银）：诛杀愚妄奸邪之徒。 [42]兵戈天地：指到处是战乱。 [43]北塞之举：谓二十年后父子转世成人，将出师北伐，恢复明朝。 [44]武功甥：指外甥侯檠（qíng 情），字武功，夏淑吉之子。 [45]寒食：在清明前一或二日。民俗寒食清明期间为先人扫墓。盂兰：即盂兰盆节，每年农历七月十五日，佛教徒和民间结盂兰盆会超度亡人。 [46]若敖之鬼：春秋时楚国令尹子文为若敖氏之后，担心其兄之子越椒有灭族之罪，临终泣曰："鬼犹求食，若敖氏之鬼不其馁而？"事见《左传》宣公四年。这里是说自己死后不至作无祭享的饿鬼。 [47]结褵（lí 离）：指结婚。 [48]渭阳情：指舅甥之间的情谊。《诗·秦风·渭阳》："我送舅氏，曰至渭阳。" [49]将死言善：谓人死之前言语真诚无欺。《论语·泰伯》："人之将死，其言也善。" [50]含笑归太虚：是说自己含笑而死。太虚，天上。 [51]大道本无生：是说天地大道本无所谓生，也无所谓灭。 [52]视身若敝屣（xǐ 喜）：是说将自己的肉身视如敝屣，可以随意丢弃。敝屣，破烂的鞋子。

【解析】

"时穷节乃现，一一垂丹青。"明末清初国家民族危急存亡之际，涌现了一大批不甘国家破亡，奋起反抗，坚贞不屈，舍身取义的民族英雄、爱国志士，夏完淳就是一位以短暂生命在中华民族历史上留下闪光足迹的少年英雄。在父亲夏允彝、老师陈子龙等影响下，夏完淳自幼崇尚气节，关心国事，心中早早埋下了忠贞报国的壮志。崇祯十七年（1644）明朝覆亡、清军入关，年仅十四岁的夏完淳毅然随父亲投入到反抗异族侵略的战斗中。父亲自沉殉国，故乡惨遭蹂躏，国难家仇更坚定了他反清复明、报仇雪耻的决心。他多方奔走联络，谋划复国之策，又破家饷军，加入义军为参谋，不顾生死，独当一面，被捕后坚贞不屈，决志殉国，在狱中写下《狱中上母书》、《遗夫人书》，向家人诀别。

夏完淳虽抱定慷慨赴死的决心，但在与家人诀别时，想到母亲养育之恩未报，自己作为家中唯一的儿子，双慈在堂，家有妹女，年轻的妻子身怀有孕，兵戈天地中，哀哀八口，何以为生，不禁心痛欲绝，肝肠寸断。作者不吝表达对家人的痛惜和无限的依恋，在《遗夫人书》中这种痛楚和依恋表现得更为强烈："欲书则一字俱无，欲言则万般难吐。"这种直抒胸臆的表达，让我们看到一个十七岁少年对辛勤养育自己的母亲，对年轻的妻子和孤苦的孩子，对姐妹，对外甥，都充满真挚的感情和依依不舍的眷恋，对家人未来生活的担忧也让他心乱如麻。但是，在沉痛憾恨之中，少年英雄心中不屈的志向，慷慨报国的豪情，成仁一死的信念，始终置于个人私情之上。他安慰母亲，自己为君为父而死，死得其所，请母亲勿以自己为念；他殷殷嘱托身后事，不以无嗣为憾，而希望保持家门父子的节义文章；他遗憾复国之志未酬，表达来生仍将与父亲一起北伐中原、恢复国家的志愿。一句"虽然，已矣"，道尽千般不舍，也充满万丈豪情。作者对家人眷恋不舍、百转千回的情思，更加突显少年英雄的侠骨柔情，突显其义无反顾、从容赴死的英勇和悲壮，读来荡气回肠，令人感佩。

几何原本序

〔明〕徐光启

【题解】

徐光启（1562—1633）字子先，号玄扈，松江（今上海）人。万历三十二年（1604）进士，由庶吉士历赞善，从利玛窦学天文历算。天启五年（1625），擢礼部右侍郎。崇祯五年（1632），以礼部尚书兼东阁大学士，进文渊阁大学士。《明史》卷二五一有传。徐光启是上海地区最早的天主教徒之一，居"圣教三柱石"之首。著有《农政全书》、《崇祯历书》、《徐氏庖言》、《勾股义》等书。他在同传教士郭居静（1560—1640）、利玛窦（1552—1610）的交往中接触了西方的近代科学，译有《几何原本》、《泰西水法》等著作。《几何原本》是古希腊数学家欧几里德（约前330—前275）的不朽之作，凡十三卷。十六世纪时，意大利数学家格拉维（1537—1612）又续补两卷，是为十五卷本。利玛窦曾从学格拉维，明万历时，来中国传教，将此书介绍给徐光启，并由利玛窦口译，徐光启笔录，将其中的前六卷译出刊行。《几何原本》的全译本直到十九世纪中叶才由李善兰（1811—1882）和英国人伟烈亚力（1815—1867）完成。本文是徐光启为六卷本《几何原本》所作的序文。

唐虞之世[1]，自羲和治历[2]，暨司空[3]、后稷[4]、工[5]、虞[6]、典乐五官者[7]，非度数不为功[8]。《周官》六艺[9]，数与居一焉[10]；而五艺者，不以度数从事，亦不得工也。襄、旷之于音[11]，般、墨之于械[12]，岂有他谬巧哉？精于用法尔已。故尝谓三代而上[13]，为此业者盛，有元元本本，师传曹习之学[14]，而毕丧于祖龙之焰[15]。汉以来多任意揣摩，如盲人射的[16]，虚发无效，或依儗形似[17]，如持萤烛象，得首失尾。至于今而此道尽废，有不得不废者矣。

《几何原本》者，度数之宗，所以穷方圆平直之情，尽规矩准绳之用也。利先生从少年时[18]，论道之暇，留意艺学，且此业在彼中所谓师传曹习者，其师丁氏[19]，又绝代名家也，以故极精其说。而与不佞游久[20]，讲谭馀晷[21]，时时及之。因请其象数诸书[22]，更以华文[23]。独谓此书未译，则他书俱不可得论。遂共翻其要约六卷[24]，既卒业而复之，由显入微，从疑得信。盖不用为用，众用所基，真可谓万象之形囿，百家之学海。虽实未竟，然以当他书，既可得而论矣。私心自谓：

"不意古学废绝二千年后，顿获补缀唐、虞、三代之阙典遗义，其裨益当世，定复不小。"因偕二三同志，刻而传之。

先生曰："是书也，以当百家之用，庶几有羲、和、般、墨其人乎，犹其小者，有大用于此，将以习人之灵才，令细而确也。"余以为小用大用，实在其人。如邓林伐材[25]，栋梁榱桷[26]，恣所取之耳。顾惟先生之学，略有三种，大者修身事天[27]，小者格物穷理[28]，物理之一端，别为象数。一一皆精实典要，洞无可疑。其分解擘析[29]，亦能使人无疑。而余乃亟传其小者，趋欲先其易信，使人绎其文，想见其意理，而知先生之学可信不疑。大概如是，则是书之为用更大矣。他所说几何诸家，藉此为用，略具其自叙中，不备论。吴淞徐光启书。

《几何原本》卷首

【注释】

[1]唐虞：尧与舜的并称。尧初封于陶，又封于唐，号陶唐氏。舜为有虞氏。　[2]羲和：传说尧曾派羲仲、羲叔、和仲、和叔分驻四方，观

察天象，以制定历法。　　[3]司空：职官名，西周始置，掌水利、建造之事。　　[4]后稷：职官名，尧舜时掌管农业。　　[5]工：职官名，掌管手工业制作。　　[6]虞：职官名，尧舜时掌管山泽苑囿以及田猎等事务。　　[7]典乐：职官名，舜帝时主管朝廷礼乐。《尚书·舜典》："帝曰：夔，命汝典乐。"　　[8]度数：以度为单位计算所得的数目。《周礼·天官·小宰》："其属六十。"汉郑玄注："六官之属，三百六十，象天地四时、日月星辰之度数。"　　[9]《周官》：即《周礼》，也称《周官经》。西汉末列为经，而属于礼，故有《周礼》之名。西汉时献王在民间所得，分天、地、春、夏、秋、冬六官，记古代百官职守，相传为周公所作。六艺：古代的六种技能，即礼、乐、射、御、书、数。　　[10]屈（jū 拘）："居"的古字。　　[11]襄：即师襄，春秋时鲁国的乐官。旷：即师旷，春秋时晋国的乐官。　　[12]般：即公输般，春秋时鲁国的木匠。墨：墨翟，即墨子，春秋时墨家的代表人物，长于机械。　　[13]三代：指夏、商、周三代。　　[14]师传习曹：老师传授，学生们学习。曹，等，辈。　　[15]毕丧于祖龙之焰：都毁于秦始皇的焚烧。祖龙之焰，指前213年李斯上书秦始皇焚书之事。祖龙，指秦始皇。　　[16]的：目标。　　[17]儗（nǐ 你）：比拟。　　[18]利先生：利玛窦（1552—1610），号西泰，又号清泰、西江，意大利天主教传教士。明万历时来到中国。是第一位阅读中国文学，并钻研中国典籍的西方学者，著有《基督教远征中国史》等。　　[19]丁氏：格拉维（Clavius），利玛窦与徐光启译其姓为"丁"。　　[20]不佞：谦词，徐光启自指。　　[21]谭：通"谈"。馀晷（guǐ 鬼）：闲暇。　　[22]象数：数学。　　[23]更：更改，此处指翻译。　　[24]要约：要点。　　[25]邓林：传说夸父追日，中途渴死，弃其杖，化为一片大树林，叫作邓林。见《山海经·海外北经》卷八。　　[26]榱（cuī 崔）：房屋的椽子。桷（jué 绝）：方形的屋椽。　　[27]修身事天：指信仰天主教。　　[28]格物：推究物理。　　[29]擘（bò 帛，去声）析：剖析。

【解析】

明代后期，西方耶稣会士来华传播天主教，利玛窦就是其中的代表。他通过结识众多官员，传播西方科技而传教，客观上为中西文化交流与西学东渐作出了贡献。欧几里德的《几何原本》是其传播的重要内容之一。

徐光启从利玛窦处获知《几何原本》。利玛窦指出这部书是了解其他西方自然科学的基础。徐光启也认为《几何原本》是数学之宗，在于探究方圆平直的关系，以此作为数学的基础。于是由利玛窦口述、徐光启记录，将《几何原本》的前六卷译成中文，翻译完成后又重新校订一遍。在徐光启看来，《几何原本》是纯理论科学，是众多实用科学的基础，虽然全文没有被译出，但用它来弥补中国历史上对数学的认识和传统大有裨益。而《几何原本》的翻译刊刻也是传播利玛窦学问的重要途径，徐光启遂决定将此书刻印出版。

《几何原本》以其严密的逻辑推理，从公理、公设、定义、命题出发，建立了严密的几何学体系，是世界近代科学的基础。第一至四卷欧几里德对直边形和圆的论述颇具代表性。他巧妙地证明了勾股定理（毕达哥拉斯定理）。《几何原本》六卷本的翻译出版，为中国人认识西方自然科学提供了契机。"几何"一词作为数学的专业名词来使用，由徐光启斟酌拟定。其中的一些概念，如点、线、直线、平行线、角、三角形和四边形等的中文名称都是在这一译本中定型的，由此奠定了中国近现代数学和几何学的基础。

海瑞传

〔清〕张廷玉等

【题解】

《明史》是清张廷玉等在王鸿绪、万斯同所编修的《明史稿》基础上修订而成的纪传体史书，记载自洪武元年（1368）至崇祯十七年（1644）二百余年的明代历史。《海瑞传》选自《明史》卷二二六，记明代名臣海瑞的生平事迹。海瑞（1514—1587）字汝贤，号刚峰，广东琼山（今属海南）人。历正德、嘉靖、隆庆、万历四朝，先后任福建南平教谕、淳安知县、嘉兴通判、兴国州判官、户部主事、兵部主事、尚宝丞、两京左右通政、右佥都御史、督南京粮储、南京吏部右侍郎、南京右都御史等职。万历十五年（1587）卒于任。谥忠介。海瑞一生刚直不阿，作风清廉，是著名的清官。梁云龙作《海瑞行状》、王弘诲作《海忠介公传》、何乔远作《海瑞传》、李贽作《海忠介公传》都对海瑞事迹有所记载和赞颂，当是《明史·海瑞传》的史料来源。

海瑞字汝贤，琼山人[1]。举乡试[2]。入都[3]，即伏阙上《平黎策》[4]，欲开道置县，以靖乡土[5]。识者壮之[6]。署南平教谕[7]，御史诣学宫[8]，属吏咸伏谒[9]，瑞独长揖，曰："台谒当以属礼，此堂，师长教士地，不当屈。"迁淳安知县[10]。布袍脱粟[11]，令老仆艺蔬自给[12]。总督胡宗宪尝语人曰[13]："昨闻海令为母寿，市肉二斤矣。"宗宪子过淳安，怒驿吏，倒悬之。瑞曰："曩胡公按部[14]，令所过毋供张[15]。今其行装盛[16]，必非胡公子。"发橐金数千[17]，纳之库，驰告宗宪，宗宪无以罪。都御史鄢懋卿行部过[18]，供具甚薄[19]，抗言邑小不足容车马[20]。懋卿恚甚[21]。然素闻瑞名，为敛威去[22]，而属巡盐御史袁淳论瑞及慈谿知县霍与瑕[23]。与瑕，尚书韬子[24]，亦抗直不谄懋卿者也[25]。时瑞已擢嘉兴通判[26]，坐谪兴国州判官[27]。久之，陆光祖为文选[28]，擢瑞户部主事[29]。

时世宗享国日久[30]，不视朝[31]，深居西苑[32]，专意斋醮[33]。督抚大吏争上符瑞[34]，礼官辄表贺。廷臣自杨最、杨爵得罪后[35]，无敢言时政者。四十五年二月[36]，瑞独上疏曰：

臣闻君者，天下臣民万物之主也，其任至

重。欲称其任，亦惟以责寄臣工[37]，使尽言而已。臣请披沥肝胆[38]，为陛下陈之。

昔汉文帝[39]，贤主也。贾谊犹痛哭流涕而言[40]，非苛责也。以文帝性仁而近柔，虽有及民之美，将不免于怠废，此谊所大虑也。陛下天资英断，过汉文远甚。然文帝能充其仁恕之性，节用爱人，使天下贯朽粟陈，几致刑措[41]。陛下则锐精未久，妄念牵之而去，反刚明之质而误用之，至谓遐举可得[42]，一意修真，竭民脂膏，滥兴土木，二十馀年不视朝，法纪弛矣。数年推广事例，名器滥矣[43]。二王不相见，人以为薄于父子。以猜疑诽谤戮辱臣下，人以为薄于君臣。乐西苑而不返，人以为薄于夫妇。吏贪官横，民不聊生，水旱无时，盗贼滋炽。陛下试思今日天下，为何如乎？

迩者严嵩罢相[44]，世蕃极刑[45]，一时差快人意。然嵩罢之后犹嵩未相之前而已，世非甚清明也，不及汉文帝远甚。盖天下之人不直陛下久矣[46]。古者人君有过，赖臣工匡弼[47]。今乃修斋建醮，相率进香，仙桃天药，同辞表贺。建宫筑室，则将作竭力经营[48]，购香市宝，则度支差求四出[49]。陛下误举之，而诸臣误顺之，无一人肯为陛下正言者，谀之甚也[50]。然愧心馁气，退有后言，欺君之罪何如！

夫天下者，陛下之家。人未有不顾其家者，内外臣工皆所以奠陛下之家而磐石之者也。一意修真，是陛下之心惑。过于苛断，是陛下之情偏。而谓陛下不顾其家，人情乎？诸臣徇私废公，得一官多以欺败，多以不事事败，实有不足当陛下意者。其不然者，君心臣心偶不相值也[51]，而遂谓陛下厌薄臣工，是以拒谏。执一二之不当，疑千百之皆然，陷陛下于过举，而恬不知怪，诸臣之罪大矣。《记》曰[52]："上人疑则百姓惑[53]，下难知则君长劳。"此之谓也。

且陛下之误多矣。其大端在于斋醮。斋醮所以求长生也。自古圣贤垂训，修身立命曰"顺受其正"矣[54]。未闻有所谓长生之说。尧、舜、禹、汤、

715

文、武圣之盛也，未能久世，下之亦未见方外士自汉、唐、宋至今存者[55]。陛下受术于陶仲文[56]，以师称之。仲文则既死矣，彼不长生，而陛下何独求之。至于仙桃天药，怪妄尤甚。昔宋真宗得天书于乾祐山[57]，孙奭曰[58]："天何言哉？岂有书也。"桃必采而后得，药必制而后成。今无故获此二物，是有足而行耶？曰"天赐者"，有手执而付之耶？此左右奸人造为妄诞，以欺陛下，而陛下误信之，以为实然，过矣。

陛下又将谓悬刑赏以督责臣下，则分理有人，天下无不可治，而修真为无害已乎？《太甲》曰[59]："有言逆于汝心[60]，必求诸道；有言逊于汝志，必求诸非道。"用人而必欲其唯言莫违，此陛下之计左也[61]。既观严嵩，有一不顺陛下者乎？昔为同心，今为戮首矣。梁材守道守官[62]，陛下以为逆者也，历任有声，官户部者至今首称之。然诸臣宁为嵩之顺，不为材之逆，得非有以窥陛下之微，而潜为趋避乎？即陛下亦何利于是。

陛下诚知斋醮无益，一旦翻然悔悟，日御正朝，与宰相、侍从、言官讲求天下利害，洗数十年之积误，置身于尧、舜、禹、汤、文、武之间，使诸臣亦得自洗数十年阿君之耻[63]，置其身于皋、夔、伊、傅之列[64]，天下何忧不治，万事何忧不理。此在陛下一振作间而已。释此不为，而切切于轻举度世，敝精劳神，以求之于系风捕影、茫然不可知之域，臣见劳苦终身，而终于无所成也。今大臣持禄而好谀，小臣畏罪而结舌，臣不胜愤恨。是以冒死，愿尽区区，惟陛下垂听焉。

帝得疏，大怒，抵之地[65]，顾左右曰："趣执之，无使得遁[66]！"宦官黄锦在侧曰[67]："此人素有痴名。闻其上疏时，自知触忤当死[68]。市一棺，诀妻子[69]，待罪于朝，僮仆亦奔散无留者，是不遁也。"帝默然。少顷复取读之，日再三，为感动太息[70]，留中者数月。尝曰："此人可方比干[71]，第朕非纣耳[72]。"会帝有疾，烦懑不乐，召阁臣徐阶议内禅[73]，因曰："海瑞言俱是。朕今病久，安能视事。"又曰："朕不自谨惜，致此疾困。使朕能出御便殿，岂受此人诟詈耶[74]？"遂逮瑞下诏狱[75]，究主使者。寻移刑部，论死。狱上，仍留中。户部司务何以尚者[76]，揣帝无杀瑞意，疏请释之。帝怒，命锦衣卫杖之百[77]，锢诏狱[78]，昼夜搒讯。越二月，帝崩，穆宗立[79]，两人并获释。

帝初崩，外庭多未知。提牢主事闻状，以瑞且见用，设酒馔款之。瑞自疑当赴西市[80]，恣饮啖，不顾。主事因附耳语："宫车适晏驾[81]，先生今即出大用矣。"瑞曰："信然乎？"即大恸，尽呕出所饮食，陨绝于地，终夜哭不绝声。既释，复故官。俄改兵部。擢尚宝丞[82]，调大理[83]。

隆庆元年[84]，徐阶为御史齐康所劾，瑞言："阶事先帝，无能救于神仙土木之误，畏威保位，诚亦有之。然自执政以来，忧勤国事，休休有容[85]，有足多者。康乃甘心鹰犬，搏噬善类，其罪又浮于高拱[86]。"人韪其言[87]。

历两京左右通政[88]。三年夏[89]，以右佥都御史巡抚应天十府[90]。属吏惮其威，墨者多自免去。有势家朱丹其门，闻瑞至，黝之[91]。中人监织造者[92]，为减舆从[93]。瑞锐意兴革，请浚吴淞、白茆[94]，通流入海，民赖其利。素疾大户兼并，力摧豪强，抚穷弱。贫民田入于富室者，率夺还之。徐阶罢相里居，按问其家无少贷[95]。下令飙发凌厉[96]，所司懔懔奉行，豪有力者至窜他郡以避。而奸民多乘机告讦[97]，故家大姓时有被诬负屈者。又裁节邮传冗费[98]，士大夫出其境率不得供顿[99]，由是怨颇兴。都给事中舒化论瑞迂滞不达政体[100]，宜以南京清秩处之[101]，帝犹优诏奖瑞。已而给事中戴凤翔劾瑞庇奸民[102]，鱼肉缙绅[103]，沽名乱政[104]，遂改督南京粮储。瑞抚吴甫半岁，小民闻当去，号泣载道，家绘像祀之。将履新任[105]，会高拱掌吏部，素衔瑞[106]，并其职于南京户部[107]，瑞遂谢病归。

万历初，张居正当国[108]，亦不乐瑞，令巡按御史廉察之。御史至山中视，瑞设鸡黍相对食，居舍萧然，御史叹息去。居正惮瑞峭直，中外交荐，卒不召。十二年冬，居正已卒，吏部拟用左通政。帝雅重瑞名，畀以前职。明年正月，召为南京右佥都御史，道改南京吏部右侍郎[109]，瑞年已七十二矣。疏言衰老垂死，愿比古人尸谏之义[110]，大略谓："陛下励精图治，而治化不臻者，贪吏之刑轻也。诸臣莫能言其故，反借待士有礼之说，交口而文其非。夫待士有礼，而民则何辜哉？"因举太祖法剥皮囊草及洪武三十年定律枉法八十贯论绞[111]，谓今当用此惩贪。其他规切时政[112]，语极剀切[113]。独劝帝虐刑，时议以为非。御史梅鹍祚劾之[114]。帝虽以瑞言为过，然察其忠诚，为夺鹍祚俸。

帝屡欲召用瑞，执政阴沮之[115]，乃以为南京右都御史。诸司素媮惰[116]，瑞以身矫之。有御史偶陈戏乐，欲遵太祖法予之杖。百司惴恐，多患苦之。提学御史房寰恐见纠擿[117]，欲先发，给事中锺宇淳复怂恿[118]，寰再上疏丑诋[119]。瑞亦屡疏乞休，慰留不允[120]。十五年，卒官。

瑞无子。卒时，佥都御史王用汲入视[121]，葛帏敝籝[122]，有寒士所不堪者，因泣下，醵金为敛[123]。小民罢市。丧出江上，白衣冠送者夹岸，酹而哭者百里不绝[124]。赠太子太保[125]，谥忠介。

瑞生平为学，以刚为主，因自号刚峰。天下称刚峰先生。尝言："欲天下治安，必行井田[126]。不得已而限田[127]，又不得已而均税[128]，尚可存古人遗意。"故自为县以至巡抚[129]，所至力行清丈，颁一条鞭法[130]。意主于利民，而行事不能无偏云[131]。

《明史》卷二二六

【注释】

[1]琼山：今属海南。　　[2]乡试：指明代由南北直隶和各布政使司举行的地方考试。乡试一般由皇帝选派翰林或内阁学士等任正副主考官，通常在八月举行，中举者称举人。考试的地点在各省的贡院。　　[3]都：京师，今北京。　　[4]伏阙：拜伏于宫阙下，指向皇帝奏事。《平黎策》：平定黎民的策文，包括辟道、置县等。　　[5]靖：平定。　　[6]识者：有见识的人。壮：赞赏。　　[7]署南平教谕：代理南平县学教谕。南平，今福建南平。教谕，学官名，掌教育生员，祭祀文庙等。　　[8]御史：监察御史，隶都察院。学宫：地方官学。　　[9]伏谒：谒见尊者，伏地通报姓名。　　[10]淳安：今属浙江。　　[11]脱粟：糙米。　　[12]艺：种植。　　[13]总督胡宗宪：指直浙总督胡宗宪。总督是明代的军政长官，直浙总督掌浙江、南直隶和福建等地军务。胡宗宪（1512—1565），字汝贞，号梅林，安徽绩溪人。嘉靖十七年（1538）进士，历任浙江巡按监察御史、兵部左侍郎兼都察院佥都御史，加直浙总督，抗倭有功。嘉靖四十四年自杀身亡。后追谥襄懋。《明史》卷二〇五有传。　　[14]曩（nǎng 囊，上声）：过去。按部：巡视部属。　　[15]供

张：供应，提供。　　[16]盛：华丽。　　[17]囊（tuó 驮）金：行囊中的金子。　　[18]都御史：明都察院的长官，正二品，掌纠劾百司，辨明冤枉，提督各道。鄢懋（mào 冒）卿：懋卿字景卿，江西丰城人。嘉靖二十年（1541）进士，历任左副都御史，总两浙、两淮、长芦和河东四盐司盐政，刑部右侍郎。后因权臣严嵩失势，被贬戍边。《明史》卷三〇八有传。行部：巡行视察所属地方。　　[19]供具甚薄：所提供的酒食很少。　　[20]抗言：直言。　　[21]恚（huì 绘）：怨恨。　　[22]为敛威去：只得收敛威风而离去。　　[23]巡盐御史：官名，专门巡查产盐区的御史。慈谿（xī 溪）：今浙江慈溪。霍与瑕：广东南海人，霍韬之子。嘉靖三十八年（1559）进士，官至兵部职方司员外郎，广西佥事。《明史》卷一九七有传。　　[24]尚书韬子：尚书霍韬之子。霍韬（1487—1540）字渭先，号兀崖，南海人。明世宗时名臣，官至礼部尚书，太子太保，谥文敏。《明史》卷一九七有传。　　[25]抗直：刚直不屈。　　[26]嘉兴：今属浙江。通判：明代各府设通判，掌粮运、水利、屯田、牧马、江海防务等事务。　　[27]谪（zhé 哲）：降职外放。兴国州：今湖北阳新。　　[28]陆光祖：光祖（1521—1597）字与绳，浙江平湖人。明嘉靖二十六年（1547）进士，累官至吏部尚书，谥庄简。《明史》卷二二四有传。　　[29]户部主事：位居户部郎中、员外郎之下，从六品。　　[30]世宗：明世宗朱厚熜（cōng 聪。1507—1567），明代第十一任皇帝，在位四十五年，年号嘉靖，庙号世宗。早期为中兴时期。在位期间发生了"大礼议之争"，后期崇奉道教，发生了"壬寅宫变"。终年六十岁，葬十三陵之永陵。《明史》卷一七至一八有传。　　[31]视朝：临朝听政。　　[32]西苑：今北京中南海。　　[33]斋醮（jiào 轿）：道士祭祷、做法事的仪式。　　[34]符瑞：吉祥的征兆。　　[35]杨最：最字殿之，正德十二年（1517）进士，历宁波知府、贵州按察使、太仆卿，后因直言劝谏世宗不要相信所谓仙术而获罪，行杖刑时去世。《明史》卷二〇九有传。杨爵：爵（？—1549）字伯珍，号斛山,陕西富平(今属陕西)人。嘉靖八年(1529)进士,官至监察御史,后因直言上谏而获罪,嘉靖二十八年(1549)去世。谥忠介。《明史》卷二〇九有传。　　[36]四十五年:即嘉靖四十五年(1566)。　　[37]臣工:群臣百官。　　[38]披沥肝胆:形容非常忠诚。　　[39]汉文帝:刘恒(前202—前157),西汉刘邦第四子。在位期间,推行无为而治的黄老政治,轻徭薄赋,发展生产,形成了汉代第一个治世。《史记》卷一〇、《汉书》卷四有传。　　[40]贾谊:谊(前200—前168),洛阳人,汉文帝用为太中大夫。曾上《论积贮疏》、《治安策》等。　　[41]刑措:又作"刑厝",置刑法而不用,喻社会治安好。　　[42]遐举:成仙升天。　　[43]名器:名号和仪制。　　[44]严嵩:嵩(1480—1567)字惟中,江西分宜(今属江西)人。弘治十八年(1505)进士,世宗朝权倾一时。嘉靖四十一年(1562)被勒令致仕。《明史》卷三〇八有传。　　[45]世蕃极刑:严世蕃(1513—1565)因其父嵩入仕。当时有"大丞相,小丞相"之说。"小丞相"即指严世蕃。嘉靖四十一年(1562)下狱,嘉靖四十四年被处死。《明史》卷三〇八有传。　　[46]不直:不以为直。直,行正直之道。　　[47]匡弼:纠正补救。　　[48]将作:将作监,负责土木工程的官员。　　[49]度支:掌管财政收支的官员。　　[50]谀:奉承。　　[51]值:遇到,相逢。　　[52]《记》:指《礼记》。　　[53]"上人疑则百姓惑"二句:出自《礼记·缁衣》。是说君主有疑心则百姓迷惑,臣下怀奸诈之心则君治理劳苦。　　[54]顺受其正:《孟子·尽心上》:"莫非命也,顺受其正。"是说顺利而行,行善得善,所接受的便是正命。　　[55]方外士:此处指道士。　　[56]陶仲文:即陶典真(1475—1560),湖北黄冈人。以方术得明世宗宠爱达二十年之久。嘉靖三十九年(1560)卒。《明史》卷三〇七有传。　　[57]宋真宗得天书于乾祐山:是说宋辽在澶州城签下"澶渊之盟"后,为掩饰每年用三十万银帛换取和平这一屈辱,编造了天降天书的故事。孙奭(shì 是)指出"天书"之说不可信。天禧三年（1019），永兴军都巡检朱能上书乾祐山又见天书。孙奭再次提出质疑。宋真宗坚信此事，以坚持其粉饰太平之举。事见《宋史·孙奭传》。　　[58]孙奭：奭（962—1033）字宗古，博州博平（今山东茌平）人，北宋经学家。官至礼部尚书、龙图阁大学士，以太子少傅致仕。辑《经典微言》五十卷。《宋史》卷四三一有传。　　[59]《太甲》：指《尚书》的《太甲》篇，记商代第四代君主太甲的事迹。太甲，商汤嫡长孙，商代第四位君主，在位二十三年。他在位两年后破坏祖制，以暴虐的方式对待百姓。伊尹将他放逐到汤的墓地桐宫（今河南偃师）反省，三年后还政于他。太甲从此修德，诸王归顺，百姓得以安居乐业。　　[60]"有言逆于汝心"四句：是说有些话不顺你心，一定要从道义上考虑；有些话顺从你的心意，一定要从不道义的角度来考察。逊，恭顺。　　[61]左：偏差。　　[62]梁材：材（？—1540）字大用，号俭庵，南京人。弘治十二年（1499）进士，官至户部尚书，谥端肃。嘉靖十九年（1540）因谏言反对世宗斋醮被削职。《明史》卷一九四有传。　　[63]阿（ē 婀）：曲从，迎合。　　[64]皋（gāo 高）：即皋陶（yáo 摇），舜帝和夏朝初期的贤臣，善理刑狱，为掌管刑法的理官。夔（kuí 奎）：尧舜时乐官。伊：即伊尹，商朝名臣，辅商汤灭夏，佐四代五王。傅：即傅说（yuè 悦），商王武丁时的大臣，原为筑墙的奴隶。　　[65]抵：掷，扔。　　[66]遁（dùn 盾）：逃跑。　　[67]宦官：被阉割失去生殖能力，专供皇帝及其家族役使的内臣。　　[68]触忤（wǔ 五）：冒犯。　　[69]诀：诀别。　　[70]太息：叹息，深深地叹息。太，通"叹"。　　[71]比干：殷商末纣王的叔伯父，一说是纣王的庶兄。纣王无道，比干犯颜强谏，纣王剖其心而死。　　[72]第：但，只是。纣：商代的最后一位君主，有名的暴君。　　[73]徐阶：阶（1503—1583）字子升，松江华亭（今上海松江）人。嘉靖二年（1523）进士，嘉靖后期和隆庆初为内阁首辅。谥号文贞。《明史》卷二一三有传。　　[74]诟詈（lì 立）：责骂，辱骂。　　[75]诏狱：又称"锦衣狱"，由北镇抚司管理，可严刑拷问，取旨行事,三法司无权过问。　　[76]户部司务:官名,从九品。何以尚:兴业人(今属广西)。以乡试起家,历任光禄丞、雷州推官、南京鸿胪卿。《明史》卷二二六有传。　　[77]锦衣卫:明代的特务机构,洪武十五年(1382)置,有巡察缉捕之权,下设镇抚司。　　[78]锢(gù 固):禁闭。　　[79]穆宗:即朱载垕(hòu 后。1537—1572),明朝的第十二位皇帝,在位六年。穆宗为其庙号。《明史》卷一九有传。　　[80]西市:明代处决官吏的行刑之地,在今北京西四附近。　　[81]晏驾:古代帝王死亡的讳称。　　[82]尚宝丞:官名,掌牌符、宝玺、印章等。　　[83]大理:即大理寺,掌刑狱案件审理,明代与都察院、刑部并称为“三法司”。　　[84]隆庆元年:即1567年。隆庆,明穆宗年号。　　[85]休休有容:形容宽容而有气量。　　[86]高拱:拱(1513—1578)字肃卿,新郑(今属河南)人。嘉靖二十年(1541)进士,官至中极殿大学士,嘉靖隆庆间权臣。隆庆六年(1572)致仕。谥文襄。《明史》卷二一三有传。　　[87]韪(wěi 伟):是。　　[88]两京左右通政:明代在两京设置通政司,司设左右通政,掌收检内外章疏和臣民申诉文书。　　[89]三年:此处指明穆宗隆庆三年(1569)。　　[90]右佥都御史:明都察院的最高长官。应天:今江苏南京。元至正十六年(1356),朱元璋占领建康,改名应天府。明初建都于此。　　[91]黝(yǒu 有):涂黑。　　[92]中人监织造:明代在南京、苏州、杭州所设掌管皇室所用丝织品制造的太监。　　[93]舆从:在车马前后侍奉的人。　　[94]吴淞:即吴淞江,古称松江或吴江,源出太湖瓜泾口,经苏州、昆山、嘉定,在上海外渡桥附近入海。白茆(máo 毛):即白茆河,在今江苏江都西北邵伯镇西。　　[95]按问:究查审问。　　[96]飙发:迅猛。凌厉:气势迅速猛烈。　　[97]告讦(jié 杰):揭发,举报。　　[98]邮传:传递文书的驿站　　[99]供顿:供给行旅宴饮之物。　　[100]都给(jǐ 己)事中:官名,六科之长,掌侍从、规谏、稽察、补阙、拾遗等事。舒化:化(1539—1589)字汝德,号继峰,江西临川(今抚州)人。嘉靖三十八年(1559)进士。隆庆初,三任刑科给事中,官至刑部尚书,著有《阴符经注》、《舒庄僖公文集》等。《明史》卷二二〇有传。迂滞:迂阔固执。　　[101]清秩:清闲的职位。　　[102]已而:不久,后来。戴凤翔:嘉靖三十八年(1559)进士,时任给事中。　　[103]鱼肉:用暴力欺凌。缙绅(jìnshēn 进身):古代官宦的代称。　　[104]沽名:利用手段谋取声誉。　　[105]履:执行,实行。　　[106]衔:怀恨。　　[107]南京户部:明代实行两京制,南京也设有六部。南京户部负责土地、俸禄等财政事务。　　[108]张居正:居正(1525—1582)字叔大,号太岳,湖广江陵(今湖北荆州)人。明中后期著名的政治家,推行按亩收税的"一条鞭法"和考成法,辅佐神宗皇帝实行"万历新政"。《明史》卷二一三有传。　　[109]南京吏部右侍郎:明代南京六部中吏部设左、右侍郎。　　[110]尸谏:陈尸以谏,指以死谏君。　　[111]太祖:即朱元璋(1328—1398),濠州锺离(今安徽凤阳东北)人,在位三十一年。剥皮囊草:又称"剥皮实草",古代酷刑之一。剥下人皮,用草填充。洪武三十年:即1397年。　　[112]规切:劝谏。　　[113]剀(kǎi 凯)切:恳切。　　[114]梅鹍(kūn 昆)祚:万历十一年(1583)进士,任山东道监察御史。　　[115]执政:明代的内阁首辅。沮(jǔ 举):阻止。　　[116]媮(tōu 偷)惰:偷安怠惰。　　[117]提学御史房寰(huán 环)恐见纠摘(tī 踢):提学御史房寰担心被揭发。提学御史,明代在两京督察学政的御史。房寰,字心宇,德清(今属浙江)人,隆庆二年(1568)进士,官至提学御史。纠摘,纠举揭发。　　[118]锺宇淳:宇淳(1545—1586)字履道,号顺斋。万历丁丑(1577)进士,曾任南京兵科给事中。　　[119]丑诋(dǐ 抵):辱骂,诋毁。　　[120]慰留:安慰留任。　　[121]王用汲:字明受,晋江(今属福建)人。隆庆二年(1568)进士,累官南京刑部尚书。谥恭质。《明史》卷二二九有传。　　[122]葛帏(wéi 维):用葛布做成的帐子。敝籯(yíng 赢):破烂的竹器。　　[123]醵(jù 聚)金:凑钱。　　[124]酹(lèi

类）：将酒洒在地上，以示祭奠。　　[125]赠：追赠，皇帝赐予死者官职或称号。太子太保：原为东宫官职，负责保护太子的安全。此处指追赠荣誉官职。　　[126]井田：夏商周三代实行的土地制度。以九百亩地为一里，八家均为一百亩，馀下一百亩为公田，因形状像井字，故称井田。战国时商鞅"废井田，开阡陌"，井田制度瓦解。　　[127]限田：汉文帝开始实行的限制私人土地规模的法令。　　[128]均税：即王安石的方田均税法，是指在将土地按多少和肥瘠划分为五等的基础上，分别规定不同的税额。　　[129]巡抚：巡视各地军民政务的大臣，掌握地方军政大权。洪武二十四年（1391）始设，最初带有临时差遣的性质。宣德五年（1430），巡抚制度正式形成。　　[130]一条鞭法：明代嘉靖时期确立的赋税和徭役制度，万历九年（1581）由张居正推广到全国。其基本内容是，在丈量土地的基础上，将各州县的赋税和徭役合并，按照土地亩数征收银两。　　[131]无偏：不偏颇。

【解析】

　　海瑞一生刚正不阿，直言敢谏，廉洁自律，执法严正，深受百姓爱戴，是明代著名的清官。

　　御史巡查南平官学时，担任南平教谕的海瑞认为官学是教学的地方，不应该行跪拜礼。胡宗宪的儿子经过淳安县时殴打驿吏，担任淳安县令的海瑞没收了他所带的数千钱财。都御史鄢懋卿经过淳安时，海瑞以县小为名供给简单。这些都表现出海瑞不畏权贵、刚正不阿的精神。其刚正不阿还表现在直言敢谏上。明世宗深居西苑，沉迷于道术，妄图求得长生不老，长时间不上朝，朝廷群臣不敢直言。海瑞则坚持己见，竟然驱散了奴仆，买了棺材，与妻子诀别,义无反顾地上书。他将明世宗与汉文帝相比,明确指出明世宗的作法是不对的。结果明世宗大怒,最终将海瑞投入诏狱之中。万历时,海瑞效仿古人尸谏之意,建议万历皇帝严惩贪官污吏。可惜海瑞的建言最终几乎都没有被采纳。

海瑞生活俭朴,廉洁自律。他担任淳安县县令时着布袍,食糙米,母亲过寿也仅买二斤肉而已。张居正主政时,曾派巡按御史调查海瑞。当御史发现海瑞只用鸡黍招待,屋舍简陋,所用的葛布帐子和破竹箱甚至连穷苦书生的都不如,只能叹息而去。他死后,还要人凑钱办理丧事。但海瑞为官却是尽心尽力。隆庆三年,他以右佥都御史巡抚应天等十府时,属下的吏员忌惮海瑞的威严,贪污之人大多自行离职,权贵也多将招摇的红色大门改染成黑色,监织造的太监也减少了随从。他素来嫉恨抢夺民田的豪强,将贫民被夺走的田地追回,还减少驿站的开支。他更指出当时社会问题的主要原因在于惩罚贪官污吏的刑法不够严厉,甚至主张恢复明太祖时剥皮囊草的酷刑,主张用贪污八十贯就处以绞刑的律法严惩贪官。海瑞的目的无疑在于利民,在与贪官污吏斗争的过程中将百姓的利益与自己的行动统一,言行一致。这也是他虽然能够留下的功绩仅有疏浚吴淞江、白茆河可以称道,但仍然深受民众敬仰和爱戴的原因。

郑和传

〔清〕张廷玉等

【题解】

此传出自《明史·宦官传》。《宦官传》专记影响较大的宦官的事迹。明太祖朱元璋认为元朝之失在于设置宦官人数极少，于是在太祖末年设定宦官机构，但明令宦官不得干预朝政，不得兼任文武官衔，也不能穿着文武官员的服装，最高品级为四品。然而永乐时宦官因功得宠，身为内臣的宦官开始担任外职，或出使，或专政，或监军，或分镇，刺探臣民之事。宣宗时，不得读书识字的宦官内臣也开始读书识字。随着时间的推移，宦官的地位越来越高，并逐渐干预朝政，其中势力较大的有王振、魏忠贤等。但是宦官中也有堪称贤德者，如郑和、怀恩等即是。《郑和传》在《宦官传》中居于首位，记载了郑和出使西洋的事迹。

郑和，云南人[1]，世所谓三保太监者也[2]。初事燕王于藩邸[3]，从起兵有功。累擢太监。

成祖疑惠帝亡海外[4]，欲踪迹之，且欲耀兵异域，示中国富强。永乐三年六月[5]，命和及其侪王景弘等通使西洋[6]，将士卒二万七千八百馀人，多赍金币[7]。造大舶，修四十四丈[8]、广十八丈者六十二。自苏州刘家河泛海至福建[9]，复自福建五虎门扬帆[10]，首达占城[11]，以次遍历诸番国[12]，宣天子诏，因给赐其君长，不服则以武慑之。五年九月，和等还，诸国使者随和朝见。和献所俘旧港酋长[13]。帝大悦，爵赏有差。旧港者，故三佛齐国也[14]。其酋陈祖义，剽掠商旅[15]。和使使招谕，祖义诈降，而潜谋邀劫[16]。和大败其众，擒祖义，献俘，戮于都市[17]。

六年九月，再往锡兰山[18]。国王亚烈苦奈儿诱和至国中[19]，索金币，发兵劫和舟。和觇贼大众既出[20]，国内虚，率所统二千馀人，出不意攻破其城，生擒亚烈苦奈儿及其妻子官属。劫和舟者闻之，还自救，官军复大破之。九年六月，献俘于朝。帝赦不诛，释归国[21]。是时，交阯已破灭[22]，郡县其地，诸邦益震詟[23]，来者日多。

十年十一月，复命和等往使，至苏门答剌[24]。其前伪王子苏幹剌者，方谋弑主自立，怒和赐不及己，率兵邀击官军。和力战，追擒之喃渤利[25]，并俘其妻子。以十三年七月还朝。帝大喜，赍诸将士有差。

十四年冬，满剌加、古里等十九国[26]，咸遣使朝贡，辞还。复命和等偕往，赐其君长。十七年七月还。十九年春复往，明年八月还。二十二年正月，旧港酋长施济孙请袭宣慰使职[27]，和赍敕印往赐之[28]。比还，而成祖已晏驾[29]。洪熙元年二月[30]，仁宗命和以下番诸军守备南京[31]。南京设守备[32]，自和始也。宣德五年六月[33]，帝以践阼岁久[34]，而诸番国远者犹未朝贡[35]，于是和、景弘复奉命历忽鲁谟斯等十七国而还[36]。

和经事三朝，先后七奉使，所历占城、爪哇、真腊、旧港、暹罗、古里、满剌加、渤泥、苏门答剌、阿鲁、柯枝、大葛兰、小葛兰、西洋琐里、琐里、加异勒、阿拨把丹、南巫里、甘把里、锡兰山、喃渤利、彭亨、急兰丹、忽鲁谟斯、比剌、溜山、孙剌、木骨都束、麻林、剌撒、祖法儿、沙里湾泥、竹步、榜葛剌、天方、黎伐、那孤儿[37]，凡三十馀国。所取无名宝物不可胜计，而中国耗废亦不赀[38]。自宣德以还，远方时有至者，要不如永乐时，而和亦老且死。自和后，凡将命海表者[39]，莫不盛称和以夸外番[40]，故俗传三保太监下西洋，为明初盛事云。

《明史》卷三〇四

【注释】

[1]云南：明云南等处承宣布政使司所辖地。元时置云南行省，明洪武十五年（1382）二月癸丑，平云南，置云南都指挥使司。乙卯，置云南等处承宣布政使司，其辖境北至永宁，东至富州，西至干崖，南至木邦。　　[2]三保太监：关于三保太监的说法，学术界有不同的看法。一说因郑和小名是"三保"，故称其为"三保太监"；一说是宣德六年（1431）皇帝钦封郑和为三宝太监。太监，明代宦官的专称，为侍奉皇帝及其家族的阉臣。唐、辽时也设有太监，但与宦官无涉。　　[3]初事燕王于藩邸：最初在藩邸侍奉燕王。燕王，即明成祖朱棣（1360—1424），明太祖朱元璋第四子，早封燕王，其藩邸在北平（今北京）。藩邸，藩王的宅第。　　[4]"成祖疑惠帝亡海外"四句：是说郑和下西洋的目的是明成祖朱棣怀疑建文帝逃亡海外，试图寻找他的踪迹；并想向异域炫耀大明兵威，夸示中国的富强。成祖，即朱棣，洪武三十五年（1402）即位，年号永乐，庙号成祖。惠帝，建文帝朱允炆（wén　文。1377—？），年号建文，洪武三十一年（1398）即皇帝位，在位期间实行建文新政。建文元年（1399）七月，燕王朱棣以"清君侧"为名，发动

"靖难（平定叛乱）之役"。战争持续了三年。后建文帝不知所终。　[5]永乐三年：公元1405年。　[6]命和及其侪（chái　柴）王景弘等通使西洋：命郑和和王景弘等出使印度南部一带。侪，同辈，同类。王景弘，福建漳平（今福建漳平）人，洪武年间进宫为宦官，多次与郑和一起下西洋，和郑和一样是我国历史上伟大的航海家、外交家。西洋，文莱以西的东南亚和印度洋沿岸地区。　[7]赍（jī　基）：携带，持。　[8]修：长。　[9]苏州刘家河：今江苏太仓浏家港，明代属苏州府。　[10]五虎门：又称五门匣，位于福建长乐潭头镇闽江入海口。　[11]占城（192—1697）：古南海国名，今越南中南部。原称林邑，五代始称占城。　[12]番国：外国。　[13]旧港：音译"巴邻旁（Palembang）"，又称"三佛齐国"，今印度尼西亚南苏门答腊省首府巨港。明代在此设旧港宣慰司。　[14]三佛齐国：三佛齐源自阿拉伯语（Zabadj）和爪哇语（Samboja），即旧港。　[15]剽（piāo　飘）掠：抢劫。　[16]潜谋邀劫：暗中谋划拦路抢劫。　[17]戮（lù　路）：陈尸示众。　[18]锡兰山：古国名，也称僧伽罗国、师子国，即今斯里兰卡。　[19]亚烈苦柰（nài　奈）儿：锡兰国国王。　[20]觇（chān　搀）：窥探，侦察。　[21]释归国：明成祖赦免锡兰国王亚烈苦柰儿，让他回国。　[22]交阯（zhǐ　止）：又称交趾，Cochin的音译，今越南北部。明朝一度在该地设立交阯等处承宣布政使司。　[23]震詟（zhé　哲）：震惊恐惧。　[24]苏门答剌：古东南亚国名，今印度尼西亚苏门答腊岛。　[25]喃渤利：南海古国名，也称南巫里、南泥利等，一般认为即今印度尼西亚苏门答腊岛北部班达亚齐。　[26]满剌加：也译作马六甲，今马来西亚马六甲州。古里：古里国，今印度西南部喀拉拉邦科泽科德一带。　[27]施济孙：首任旧港宣慰使施进卿之子。永乐五年（1407），施进卿进贡明朝，明朝设旧港宣慰使。永乐二十一年，施进卿去世，遂有次年施济孙请求袭仕之举。　[28]敕印：敕符、印信。　[29]晏（yàn　艳）驾：帝王去世的委婉说法。　　[30]洪熙元年：公元1425年。洪熙，明仁宗朱高炽年号。　　[31]下番：针对上国而言，偏远的异族王国。　　[32]守备：官名，掌南京各卫所及南京留守、防卫。洪熙元年以宦官同守备。守备以公、侯、伯充任。　　[33]宣德五年：公元1430年。宣德，明宣宗朱瞻基年号。　　[34]帝以践阼（jiànzuò 建做）岁久：明宣宗于宣德元年即位，至此已五年之久。　　[35]朝贡：古代藩属国或外国使臣入朝，贡献方物。　　[36]忽鲁谟（mó 魔）斯：又作"霍乐木兹"、"和尔木斯"，西亚古代王国之一。一般认为忽鲁谟斯是今伊朗霍尔木兹甘省的一个海岛，在波斯湾和阿曼湾之间的霍尔木兹海峡中。　　[37]爪哇：今印度尼西亚的爪哇（Java）岛。真腊：我国古代史籍对七至十七世纪印度支那半岛高棉族所建王朝的通称，今柬埔寨、老挝和越南南部。暹（xiān 先）罗：十四至十八世纪泰国境内的大城王国，今泰国。渤泥：一般认为在今加里曼丹岛，或指北部的文莱，或西岸一带。阿鲁（Aru）：又作"哑鲁"，今印度尼西亚苏门答腊岛日里（Deli）河流域，或以日里、棉兰（Medan）为中心。柯枝：今印度西南岸柯钦（Cochin）。大葛兰：又作"大故蓝"，今印度南部西岸以南的阿廷加尔（Artingal）。小葛兰：今印度南部西岸的奎隆（Quilon）。西洋琐里：又作"琐里（Cola）"，印度古国，今印度科罗曼德尔（Coromandel）海岸，其首府或在讷加帕塔姆（Nagapattam）。加异勒（Kayal）：今印度南部东岸的卡异尔（Cail）镇。阿拨把丹：今印度半岛南端，邻甘把里。南巫里（Lamuri）：印度尼西亚苏门答腊岛古国名，一般认为在该岛北部的班达亚齐。甘把里：今印度南部泰米尔纳德邦西部的科因巴托尔（Coimbatore）。彭亨：今马来西亚的彭亨（Pahang）州一带。急兰丹：今马来西亚的吉兰丹（Kelantan）州一带。比剌：或谓今非洲瓜达富伊角外的阿卜德库里（Abd Al-Kuli）岛。溜山：今印度洋中的马尔代夫（Maldive）群岛和拉克代夫（Laccadive）群岛。孙剌：据《明史》卷三二六，或在今非洲东岸索科特拉（Socotra）。木骨都束：今索马里首都摩加迪沙（Mogadishu）。麻林：今柬埔寨的马德望省南部。剌撒：今阿拉伯半岛木卡拉附近La'sa村。祖法儿：今阿拉伯半岛阿曼西部沿岸的多法尔（Dhufar）。沙里湾泥：今南也门东北沿海之沙尔伟恩角（Ras Sharwayn）。竹步：今索马里南部朱巴河口的准博（Giumbo）。榜葛剌：今孟加拉（Bengal）国及印度西孟加拉邦地区。天方：又作"天房"，今沙特阿拉伯的麦加。黎伐：即"黎代（Lide）"，在今印度尼西亚苏门答腊岛北岸的洛克肖马韦（Lhokseumawe）和班达亚齐之间。那孤儿（Nagur）：印度尼西亚苏门答腊岛西部，黎代国之东，今印度尼西亚苏门答腊岛北岸的洛克肖马韦一带。　　　　[38]不赀（zī 资）：无从计量，表示耗费很多或很贵重。　　　　[39]海表：海外。　　　　[40]以夸外番：郑和向海外诸国展现了明朝的强大。

【解析】

郑和（1371—1433），原名马三保，回族，云南人，明代著名航海家、外交家。十二岁时入燕王朱棣藩邸做了太监。永乐三年（1405），明成祖朱棣为搜寻建文帝的下落，宣扬国威，派遣郑和、王景弘率领两万七千多人的船队自苏州的刘家港到福建的五虎门出发，出使西洋。首站到达占城，途经旧港等国，最远处到达古里。永乐五年（1407）回国。第二次出使西洋，始于永乐六年（1408）九月，终于永乐九年（1411）六月，到达斯里兰卡等地。第三次出使西洋，始于永乐十年（1412），他们在苏门答剌，遇到苏幹剌的攻击，最终擒获了苏幹剌及其妻子。永乐十三年（1415）还朝。第四次出使西洋是陪同满剌加、古里等十九国派来的使者去封赐这些土国的君主，永乐十四年（1416）冬动身，十七年（1419）

七月回朝。第五次出使西洋，始于永乐十九年（1421），永乐二十年（1422）八月还朝。第六次出使西洋始于永乐二十二年（1424）正月。其目的是带敕印前往旧港，去任命首任旧港宣慰使的施进卿之子施济孙为新任旧港宣慰使。回朝时，永乐帝已经去世。第七次出使西洋，始于宣德五年（1430）六月。由于此前朝贡的西方诸番国久未朝贡，故明宣宗为宣扬国威而委派郑和、王景弘出使位于霍尔木兹海峡中的忽鲁谟斯等国。

虽然明成祖朱棣命郑和下西洋的目的是扩大明朝的政治影响和开展海外贸易，然而客观上，郑和下西洋宣扬了明王朝前期国力的强盛，密切了海外各国同明王朝的外交关系和经济联系，加深了彼此之间的联系。郑和七次下西洋先后到达了三十多个国家，成为世界航海史上的空前壮举。

郑和下西洋也是海上丝绸之路发展史上的重要事件。海上丝绸之路是中外友好往来的纽带，中外科技文化交流的主要通道。它开辟于汉代，魏晋唐五代时持续发展，宋元时期空前繁荣。明代海上丝绸之路由盛转衰，清代则趋于停滞和逐渐衰落。这次由朝廷组织的远航正值海上丝绸之路由盛转衰的时期。郑和下西洋达到空前的规模，客观上促进了海上丝绸之路的发展。但由于明王朝施行海禁，在郑和以后的古代社会，乃至近代史上再也没有过这样的盛况。

原 君

〔清〕黄宗羲

【题解】

黄宗羲(1610—1695)字太冲,号南雷,又号梨洲,馀姚(今属浙江)人。其父黄尊素是明末东林党"七君子"之一。黄宗羲早年参加对阉党的斗争,是东林后续"复社"的领导者之一。明亡,曾组织抗清,失败后隐居不仕,但同意儿子黄百家、弟子万斯同参加官方的《明史》编纂。晚年讲学著述,有《明夷待访录》、《明儒学案》、《宋元学案》等,是明清之际重要的思想家和史学家。《清史稿》卷四八〇有传。《明夷待访录》作于1661年到1662年之间,是黄宗羲启蒙主义思想的代表著述,其影响及于晚清"戊戌变法"。其中《原君》篇是黄宗羲民本政治思想的重要阐发。

有生之初,人各自私也,人各自利也,天下有公利而莫或兴之[1],有公害而莫或除之。有人者出,不以一己之利为利,而使天下受其利,不以一己之害为害,而使天下释其害。此其人之勤劳,必千万于天下之人。夫以千万倍之勤劳而己又不享其利，必非天下之人情所欲居也[2]。故古之人君，量而不欲入者[3]，许由、务光是也；入而又去之者[4]，尧、舜是也；初不欲入而不得去者[5]，禹是也。岂古之人有所异哉？

好逸恶劳，亦犹夫人之情也。后之为人君者不然。以为天下利害之权皆出于我，我以天下之利尽归于己，以天下之害尽归于人，亦无不可。使天下之人不敢自私，不敢自利，以我之大私，为天下之大公。始而惭焉，久而安焉。视天下为莫大之产业，传之子孙，受享无穷，汉高帝所谓"某业所就，孰与仲多"者[6]，其逐利之情，不觉溢之于辞矣。此无他，古者以天下为主，君为客，凡君之所毕世而经营者，为天下也。今也以君为主，天下为客，凡天下之无地而得安宁者，为君也。是以其未得之也，屠毒天下之肝脑，离散天下之子女，以博我一人之产业，曾不惨然[7]，曰："我固为子孙创业也。"其既得之也，敲剥天下之骨髓，离散天下之子女，以奉我一人之淫乐，视为当然，曰："此我产业之花息也。"然则，为天下之大害者，君而已矣。向使无君，人各得自私也，人各得自利也。呜呼，岂设君之道固如是乎！

古者天下之人爱戴其君，比之如父，拟之如天，诚不为过也。今也天下之人怨恶其君，视之如寇仇，名之为独夫[8]，固其所也。而小儒规规焉以君臣之义[9]，无所逃于天地之间，至桀、纣之暴，犹谓汤、武不当诛之，而妄传伯夷、叔齐无稽之事[10]，使兆人万姓崩溃之血肉，曾不异夫腐鼠[11]。岂天地之大，于兆人万姓之中，独私其一人一姓乎？是故武王圣人也，孟子之言[12]，圣人之言也。后世之君，欲以如父如天之空名，禁人之窥伺者，皆不便于其言，至废孟子而不立[13]，非导源于小儒乎！

虽然，使后之为君者，果能保此产业，传之无穷，亦无怪乎其私之也。既以产业视之，人之欲得产业，谁不如我？摄缄縢[14]，固扃鐍，一人之智力不能胜天下欲得之者之众，远者数世，近者及身，其血肉之崩溃在其子孙矣。昔人愿世世无生帝王家[15]，而毅宗之语公主[16]，亦曰："若何为生我家！"痛哉斯言！回思创业时，其欲得天下之心，有不废然摧沮者乎[17]！是故明乎为君之职分，则唐、虞之世，人人能让，许由、务光非绝尘也。不明乎为君之职分，则市井之间，人人可欲，许由、务光所以旷后世而不闻也。然君之职分难明，以俄顷淫乐，不易无穷之悲，虽愚者亦明之矣。

《明夷待访录》（《黄宗羲全集》第一册）

【注释】

[1]莫或：没有人。　　[2]居：处其位。　　[3]"量而不欲入者"二句：许由、务光是古代不受尧、汤禅让的高士。《庄子·外物》："尧与许由天下，许由逃之；汤与务光，务光怒之。"《庄子·逍遥游》载，许由自述不受尧让天下的理由是"鹪鹩巢于深林，不过一枝；偃鼠饮河，不过满腹。归休乎君！予无所用天下为"。黄宗羲所说"以千万倍之勤劳而己又不享其利，必非天下之人情所欲居"，正与此意相符。量，考虑。　　[4]"入而又去之者"二句：意谓尧、舜虽得位，年老又让位于后贤。《史记·五帝本纪》："帝尧老，命舜摄行天子之政。"《史记·夏本纪》："帝舜荐禹于天，为嗣。"　　[5]"初不欲入而不得去者"二句：据《史记·夏本纪》载，舜在世时举荐禹继其位。舜死后，禹辞让，推举舜之子商均继位，但天下诸侯都不朝商均而朝禹，禹遂即天子位，是为"初不欲入"之谓。禹授位益，禹死后益继位，但禹之子启得天下人心，故诸侯皆不朝益而朝启，于是启遂即天子之位，开启了"家天下"的时代，是为"不得去"之谓。　　[6]"汉高帝"三句：《史记·高祖本纪》载，汉高祖刘邦年轻时"不事家人生产作业"，后来得天下，"高祖大朝诸侯群臣，置

酒未央前殿。高祖奉玉卮，起为太上皇寿，曰：'始大人常以臣无赖，不能治产业，不如仲力。今某之业所就，孰与仲多？'殿上群臣皆呼万岁，大笑为乐。"黄宗羲举此事说明帝王以天下为自家产业的心态。仲，指汉高祖刘邦之兄。　　[7]曾：乃。　　[8]独夫：不受众人拥护者。《尚书·泰誓下》："独夫受，洪惟作威，乃汝世仇。"受，谓商纣王受。　　[9]规规焉：呆板的样子。　　[10]伯夷、叔齐无稽之事：《史记·伯夷列传》载，武王伐纣，伯夷、叔齐曾劝阻。殷亡后，二人不食周粟，饿死于首阳山。　　[11]腐鼠：腐烂的死鼠，比喻无价值之物。语出《庄子·秋水》。　　[12]孟子之言：指《孟子·梁惠王下》的这段话："齐宣王问曰：'汤放桀，武王伐纣，有诸？'孟子对曰：'于传有之。'曰：'臣弑其君，可乎？'曰：'贼仁者谓之贼，贼义者谓之残。残贼之人，谓之一夫。闻诛一夫纣矣，未闻弑君也。'"　　[13]废孟子而不立：《明史·钱唐传》："帝尝览《孟子》，至'草芥'、'寇仇'语，谓：'非臣子所宜言。'议罢其配享。诏：'有谏者以大不敬论。'……卒命儒臣修《孟子节文》云。"　　[14]摄缄縢（téng 腾），固扃（jiōng 窘，阴平）鐍（jué 决）：摄，紧。缄縢，绳结。扃，关钮。鐍，锁钥。　　[15]愿世世无生帝王家：《资治通鉴》卷一三五载，宋顺帝被迫禅位于齐，王敬则领兵逼迫顺帝出宫，"帝收泪谓敬则曰：'欲见杀乎？'敬则曰：'出居别宫耳。官先取司马家亦如此。'帝泣而弹指曰：'愿后身世世勿复生王家！'宫中皆哭"。　　[16]"毅宗之语公主"二句：《明史·长平公主传》载，李自成起义军入北京，"城陷，帝入寿宁宫，主牵帝衣哭。帝曰：'汝何故生我家！'以剑挥斫之，断左臂"。　　[17]废然：灰心丧气的样子。摧沮：沮丧。

【解析】

黄宗羲《原君》是明清之际重要的民本政治思想论述。《原君》提出了三个层面的概念推衍：第一，开篇所说"有生之初，人各自私也，人各自利也"，认为人做出行为选择的最终目的是让自己利益最大化。而人类要进一步发展，必须要出现能够协作互利的社会组织，其目的在于"不以一己之利为利，而使天下受其利"。第二，在第一层概念的基础上，指出君王的社会责任是"勤劳，必千万于天下之人。夫以千万倍之勤劳而己又不享其利"，换言之，君王的设置初衷是"公仆"。黄宗羲认为，早期君王如尧、舜、禹都具备了设置初衷的特点，在此之后就背离了本源。第三，在第二层概念的基础上，黄宗羲认为凡是背离初衷的君王都可视为"独夫"，而根据上述逻辑推演，放弃"自利"本能而形成了"社会组织"的人民，对于滥用权力的"独夫"，自然获得了"怨恶其君，视之如寇仇"的反抗权力。三个意义层面的衔接推衍十分清晰，富于逻辑的力量。

当然，人民的反抗权力只是"逻辑上"的权力，就现实操作来说，黄宗羲也意识到积重难返，意欲全面彻底回归君王的设置初衷（即纯粹"公仆"状态）不太现实。黄宗羲提出的具体解决办法是以"学校公议"来监督约束君王权力，这一思想表现在《明夷待访录》的《学校》篇，他说："天子亦遂不敢自为是非，而公其是非于学校。"但所谓可以对最高权力进行约束的"学校公议"，到底是清晰的制度性机构设置，还是模糊的、具有"在野"性质的社会清流舆论，这一点似乎黄宗羲本人也无法作出准确界定。他一方面指出学校即"太学"、"书院"，一方面又强调"养士为学校之一事，而学校不仅为养士而设"，"学官不隶属于提学"。这其中的矛盾，既因为时代还没有发展到可以圆满回答这个问题的阶段，也因为黄宗羲自身有过在野的"复社"评议朝政的经历，他对此颇有留恋。思想的不清与表述的矛盾，是时代局限与个人经验纠结缠绕在一起造成的。

尽管如此，《明夷待访录》中的《原君》诸篇已经发出了中国思想启蒙的先声。梁启超《清代学术概论》就说："梁启超、谭嗣同辈倡民权共和之说，则将其书（指《明夷待访录》）节抄，印数万本，秘密散布，于晚清思想之骤变，极有力焉。"它的贡献与影响不会泯灭。

《日知录》二则

〔清〕顾炎武

【题解】

顾炎武(1613—1682)字宁人,号亭林,昆山(今属江苏)人。原名绛,字忠清,南明弘光建元后改名炎武,以示抗清之志。清兵入关之后,在南方积极开展抗清活动,弘光朝,以贡生荐授兵部司务。隆武朝,被荐为兵部职方司主事。事败后,潜心治学,坚决不仕。治学淹通文史,主张经世致用,著有《天下郡国利病书》、《肇域志》、《日知录》、《音学五书》、《韵补正》、《亭林诗文集》等,与黄宗羲、王夫之并称明末清初三大儒。《清史列传》卷六八、《清史稿》卷四八一有传。

顾炎武倾注了三十馀年的心血,写就《日知录》三十二卷。"上篇经术,中篇治道,下篇博闻"(顾炎武《与人书》),内容广博,影响深远。这里所选的《正始》、《廉耻》二篇,均出自考证历朝风气的卷一三。

正　始

有亡国,有亡天下。亡国与亡天下奚辨?曰:易姓改号,谓之亡国;仁义充塞,而至于率兽食人,人将相食，谓之亡天下。魏、晋人之清谈，何以亡天下？是《孟子》所谓杨、墨之言[1]，至于使天下无父无君而入于禽兽者也。昔者嵇绍之父康，被杀于晋文王，至武帝革命之时，而山涛荐之入仕。绍时屏居私门，欲辞不就。涛谓之曰："为君思之久矣[2]，天地四时犹有消息，而况于人乎？"一时传诵，以为名言，而不知其败义伤教，至于率天下而无父者也。夫绍之于晋，非其君也，忘其父而事其非君[3]，当其未死三十馀年之间，为无父之人亦已久矣，而荡阴之死[4]，何足以赎其罪乎？且其入仕之初，岂知必有乘舆败绩之事[5]，而可树其忠名以盖于晚也[6]。自正始以来，而大义之不明，遍于天下。如山涛者，既为邪说之魁，遂使嵇绍之贤，且犯天下之不韪而不顾[7]。夫邪正之说，不容两立。使谓绍为忠，则必谓王裒为不忠[8]，而后可也。何怪其相率臣于刘聪、石勒[9]，观其故主青衣行酒，而不以动其心者乎？是故知保天下，然后知保其国。保国者，其君其臣，肉食者谋之[10]；保天下者，匹夫之贱与有责焉耳矣[11]。

《日知录集释》卷一三

【注释】

[1] "是《孟子》所谓杨、墨之言"二句：顾炎武借孟子批判杨朱、墨子不重视儒家的秩序感来指责正始之风带来的不好影响。杨、墨之言，即孟子曰："杨氏为我，是无君也；墨氏兼爱，是无父也。无父无君，是禽兽也。"（《孟子·滕文公下》）。正始之风，主要是指三国曹魏正始时期的玄学学术及清谈活动，它们在两晋至齐梁间之玄学家的心目中享有崇高的声誉，被誉为"正始之音"或"正始之风"。　　[2] "为君思之久矣"三句：劝其入仕之意。《世说新语·政事》："嵇康被诛后，山公举康子绍为秘书丞。绍咨公出处，公曰：'为君思之久矣。天地四时，犹有消息，而况人乎！'"大意是山涛劝嵇绍说，天地四时都有此消彼长，何况王朝人世更替呢？你还是入仕吧。嵇康字叔夜，谯郡人，因曾任中散大夫，后人称其为"嵇中散"。性好老庄，禀自然。四十岁时因谗言获罪被诛。见《晋书》卷四九。山涛字巨源，河内怀人。性好老庄，与嵇康等为竹林之交。嵇康临死时，曾谓其子嵇绍曰："巨源在，汝不孤矣。"正引出以上《世说新语》中嵇绍咨询山涛之事。见《晋书》卷四三。嵇绍字延祖，魏中散大夫康之子。十岁而孤，为人孝谨，早年因父罪入私门，后武帝诏之，为秘书丞。见《晋书》卷八九。　　[3] 忘其父而事其非君：指出身曹魏而侍奉晋朝，侍奉杀害自己父亲的敌人。真可谓是无父无君。　　[4] 荡阴之死：指"八王之乱"时，嵇绍从惠帝与成都王司马颖交战，兵败荡阴，为保卫惠帝而死。荡阴，今河南汤阴县。　　[5] 乘舆：古代特指天子所乘坐的车子，这里指晋惠帝。　　[6] 盖于晚：指（忠义之名）超过后世。　　[7] 不趣：不是，错误。　　[8] 王裒（póu 剖，阳平）：裒字伟元，东汉名士王修之孙，其父为司马昭所杀，终身不臣西晋，隐居教书。　　[9] "何怪"三句：指永嘉年间，匈奴刘氏杀入洛阳城，晋怀帝被俘为仆这段史事。　　[10] 肉食者：指当官在位者。　　[11] 匹夫：指平民百姓。

廉　耻

　　《五代史·冯道传论》曰[1]：" '礼义廉耻，国之四维[2]，四维不张，国乃灭亡。'善乎，管生之能言也[3]！礼义，治人之大法；廉耻，立人之大节。盖不廉则无所不取，不耻则无所不为。人而如此，则祸败乱亡，亦无所不至。况为大臣而无所不取，无所不为，则天下其有不乱，国家其有不亡者乎！"然而四者之中，耻尤为要。故夫子之论士[4]，曰"行己有耻"。孟子曰："人不可以无耻[5]。无耻之耻，无耻矣。"又曰："耻之于人大矣[6]，为机变之巧者，无所用耻焉。"所以然者，人之不廉而至于悖礼犯义，其原皆生于无耻也。故士大夫之无耻，是谓国耻。吾观三代以下，世衰道微，弃礼义，捐廉耻，非一朝一夕之故。然而松柏后凋于岁寒[7]，鸡鸣不已于风雨[8]，彼昏之日，固未尝无独醒之人也。顷读《颜氏家训》有云[9]："齐朝一士夫，尝谓吾曰：'我有一儿，年已十七，颇晓书疏，教其鲜卑语及弹琵琶，稍欲通解，以此伏事公卿，无不宠爱。'吾时俯而不答。异哉，此人之教子也！若由此业，自致卿相，亦不愿汝曹为之。"嗟乎！之推不得已而仕于乱世，犹为此言，尚有《小宛》诗人之意[10]。彼阉然媚于世者[11]，能无愧哉？

《日知录集释》卷一三

【注释】

[1]《五代史·冯道传论》：指《新五代史·杂传序》。《新五代史》，宋欧阳修撰。 [2]维：纲纪伦常。 [3]管生：即管仲（？—前645），春秋时期齐国政治家，辅佐齐桓公期间，进行政治、经济、军事改革，使齐国成为春秋之霸。管子的这四句话，出于《汉书》卷四八《贾谊传》引《管子》。《管子》一书，由管子言行及稷下学派言论和其他齐国法家思想著作汇集而成。 [4]"故夫子之论士"二句：意为立身行事，必有一套行为准则，能知耻而有所不为。夫子，即孔子。行己有耻，《论语·子路》："行己有耻，使于四方，不辱君命，可谓士矣。" [5]"人不可以无耻"三句：是说人不能没有羞耻之心，没有羞耻之心，才是真正的羞耻。见《孟子·尽心上》。 [6]"耻之于人大矣"三句：意思是说，耻是人生的大节，但那些机巧狡诈的人是不把耻辱当回事的。 [7]松柏后凋于岁寒：寒冷的季节才知道松柏为什么最后凋零的道理。《论语·子罕》："子曰：岁寒，然后知松柏之后凋也。"凋，凋谢。松柏，喻栋梁之材。荀子则把松柏比喻为君子："岁不寒无以知松柏，事不难无以知君子无日不在是。"（《荀子·大略》） [8]鸡鸣不已于风雨：指风雨交加的夜晚，仍然有鸡鸣，这里指世道衰弱之时，仍然不乏

有识之士。《诗·郑风·风雨》:"风雨如晦,鸡鸣不已。既见君子,云胡不喜。" 　　[9]"顷读《颜氏家训》有云"数句:出自《颜氏家训》卷一《教子》篇。颜之推(531—595)字介,琅邪临沂(今山东临沂)人,生活在南北朝至隋,其代表作《颜氏家训》是一部结合人生经历、处世哲学、艺术修养等的家庭教育之书,共七卷,二十篇。　　[10]《小宛》:《诗·小雅》中的一篇。主要表达"大夫遭时之乱,而兄弟相戒以免祸"(朱熹《诗集传》)。　　[11]阉(yān 焉)然:献媚讨好的样子。

【解析】

顾炎武在《日知录》自序中曾说:"须绝笔之后,藏之名山,以待抚世宰物者之求。""世风"亦是他期以"抚世宰物"的重要标准,"论世而不考其风俗,无以明人主之功"(《日知录》卷一三《周末风俗》)。

《正始》一篇追溯汉末魏晋时期崇尚空谈玄想的"正始之音"的发展变化及其潜在影响,作者认为,它是逐渐导致"国亡"、"教沦"的重要原因。顾炎武认为这种风气逐渐导致了儒家文化的沦落,乃至于"羌胡互僭"、"君臣屡易"。他认为嵇绍侍奉晋惠帝并非忠义之举,而是"无父无君"。这一立场实际上暗含了两层意思:一是国家改名易姓即"亡国"。其背后,可以看出顾炎武对汉族儒家文化的正本清源式的推崇和维护。二是谈玄务虚,不可崇尚。王羲之就曾同谢安说过"虚谈废务,浮文妨要,恐非当今所宜"(《世说新语·言语》)。赵翼论南朝风尚也说:"至梁武帝,始崇尚经学",然魏晋之习,"依然未改,且又甚焉。风气所趋,积重难返,直至隋平陈之后，始扫除之"（《廿二史札记》卷八）。然而是否是玄学思想直接导致"亡国灭教"，还是值得商榷的。后来的学者如生于晚清的章太炎曾作《五朝学》，就反对将其归罪于当时的学风及其馀绪，章认为玄学思想"知与恬交相养，而和理出其性"，即魏晋玄学思想对人的修身养性还是有着积极作用的。鲁迅在《魏晋风度及文章与药及酒之关系》中，也指出"魏晋风度"乃当时知识者因政治社会重压下的无奈选择，是政治和文艺的双向运动的结果。

《廉耻》一篇，延续《正始》中的学问风气而论及人的言行道德。在这里，"廉耻"之耻，不单是普通意义上的羞耻，更多的是士大夫对于自身操守的一种规矩和认知。文章中追溯历代史书中的故事，认为人不可无羞耻之心。取媚于异族权贵，无节制地侵夺异族之财货，都是士大夫所不齿的行为。廉耻是士大夫精神质地的重要标准。他说："廉耻，立人之大节。盖不廉则无所不取，不耻则无所不为。"在"廉"和"耻"上，作者花费了更多的笔墨谈"耻"，其原因正如阎若璩在注中所说"廉易而耻难"，也与当时"无所不为"的乱世现象有关。正如黄汝成所说"因时立言……意虽救偏，而议极峻正"（《日知录集释序》）。

顾炎武重视"廉耻"，强调道德伦理，并要求外化在行动上，就是要按照儒家行为规范和道德准则行事，不能有所僭越，更不能无所不为，这种修养工夫至今还值得我们借鉴。

读通鉴论·叙论

〔清〕王夫之

【题解】

王夫之(1619—1692)字而农,号薑(jiāng 姜)斋,衡阳(今属湖南)人。明崇祯十五年(1642)举人。南明桂王时,授行人之职。明亡,隐居于衡阳石船山,闭门著述,不与世游,学者称船山先生。《清史列传》卷六六、《清史稿》卷四八〇有传。王夫之精于经、史、天算、舆地之学,主张经世致用,躬行实践,是清初著名学者,与顾炎武、黄宗羲一道被后人尊称为清初"三大家"。著有《船山遗书》三百五十八卷。《读通鉴论》是王夫之的代表作之一,成书于清康熙二十六年(1687),根据《资治通鉴》所载史事来评论历代政治沿革及利弊得失,集中体现了他的政治主张和历史哲学观点。全书共三十卷,卷末附《叙论》四篇,说明写作意图和主要观点。此处所选为《叙论》的第四篇。

一

治道之极致,上稽《尚书》[1],折以孔子之言[2],而蔑以尚矣[3]。其枢[4]，则君心之敬肆也；其戒[5]，则怠荒刻覈，不及者倦，过者欲速也；其大用[6]，用贤而兴教也；其施及于民[7]，仁爱而锡以极也。以治唐、虞，以治三代，以治秦、汉而下，迄至于今，无不可以此理推而行也。以理铨选[8]，以均赋役，以诘戎兵[9]，以饬刑罚，以定典式，无不待此以得其宜也。至于设为规画[10]，措之科条，《尚书》不言，孔子不言，岂遗其实而弗求详哉[11]？以古之制，治古之天下，而未可概之今日者[12]，君子不以立事。以今之宜，治今之天下，而非可必之后日者[13]，君子不以垂法[14]。故封建、井田、朝会、征伐、建官、颁禄之制[15]，《尚书》不言，孔子不言。岂德不如舜、禹、孔子者，而敢以记诵所得者断万世之大经乎[16]？

《夏书》之有《禹贡》[17]，实也，而系之以禹[18]，则夏后一代之法固不行于商、周[19]。《周书》之有《周官》，实也，而系之以周，则成周一代之规初不上因于商、夏[20]。孔子曰[21]："足食，足兵，民信之矣。"何以足，何以信，岂斩言哉[22]？言所以足[23]，而即启不足之阶；言所以信[24]，而且致不信之咎也。

孟子之言异是[25]，何也？战国者，古今一大变革之会也[26]。侯王分土，各自为政，而皆以放恣渔猎之情[27]，听耕战刑名殃民之说[28]，与《尚书》、孔子之言背道而驰。勿暇论其存主之敬怠仁暴[29]，而所行者，一令出而生民即趋入于死亡。三王之遗泽[30]，存十一于千百[31]，而可以稍苏[32]，则抑不能预谋汉、唐已后之天下，势异局迁，而通变以使民不倦者奚若？盖救焚拯溺，一时之所迫，于是有"徒善不足为政"之说[33]，而未成乎郡县之天下[34]，犹有可遵先王之理势，所由与《尚书》、孔子之言异也。要非以参万世而咸可率由也[35]。

编中所论[36]，推本得失之原，勉自竭以求合于圣治之本。而就事论法，因其时而酌其宜，即一代而各有弛张[37]，均一事而互有伸诎，宁为无定之言，不敢执一以贼道[38]。有自相蹖盭者矣[39]，无强天下以必从其独见者也[40]。若井田、封建、乡举、里选、寓兵于农、舍笞杖而行肉刑诸法[41]，先儒有欲必行之者矣。袭《周官》之名迹[42]，而适以成乎狄道者，宇文氏也；据

《禹贡》以导河[43]，而适以益其溃决者，李仲昌也。尽破天下之成规，骇万物而从其记诵之所得[44]，浸使为之[45]，吾恶知其所终哉[46]！

二

旨深哉[47]！司马氏之名是编也。曰"资治"者，非知治知乱而已也，所以为力行求治之资也[48]。览往代之治而快然，览往代之乱而愀然[49]。知其有以致治而治，则称说其美；知其有以召乱而乱，则诟厉其恶[50]。言已终，卷已掩，好恶之情已竭，颓然若忘[51]，临事而仍用其故心，闻见虽多，辨证虽详，亦程子所谓"玩物丧志"也[52]。

夫治之所资，法之所著也[53]。善于彼者，未必其善于此也。君以柔嘉为则[54]，而汉元帝失制以酿乱[55]；臣以戆直为忠[56]，而刘栖楚碎首以藏奸[57]。攘夷复中原[58]，大义也，而梁武以败；含怒杀将帅[59]，危道也，而周主以兴。无不可为治之资者，无不可为乱之媒[60]。然则治之所资者，一心而已矣[61]。以心驭政，则凡政皆可以宜民，莫匪治之资[62]。而善取资者，变通以成乎可久。设身于古之时势，为己之所躬逢；研虑于古之谋为[63]，为己之所身任。取古人宗社之安危[64]，代为之忧患，而己之去危以即安者在矣；取古昔民情之利病，代为之斟酌，而今之兴利以除害者在矣。得可资，失亦可资也；同可资，异亦可资也。故治之所资，惟在一心，而史特其鉴也[65]。

"鉴"者[66]，能别人之妍媸[67]，而整衣冠、尊瞻视者[68]，可就正焉[69]。顾衣冠之整[70]，瞻视之尊，鉴岂能为功于我哉！故论鉴者，于其得也，而必推其所以得；于其失也，而必推其所以失。其得也，必思易其迹而何以亦得[71]；其失也，必思就其偏而何以救失[72]。乃可为治之资，而不仅如鉴之徒县于室无与照之者也。

其曰"通"者，何也？君道在焉，国是在焉[73]，民情在焉，边防在焉，臣谊在焉，臣节在焉，士之行己以无辱者在焉[74]，学之守正而不陂者在焉[75]。虽扼穷独处[76]，而可以自淑[77]，可以诲人，可以知道而乐，故曰"通"也。

引而伸之，是以有论[78]；浚而求之[79]，是以有论；博而证之，是以有论；协而一之[80]，是以有论；心得而可以资人之通，是以有论。道无方[81]，以位物于有方；道无体，以成事之有体。鉴之者明，通之也广，资之也深，人自取之，而治身治世，肆应而不穷[82]。抑岂曰此所论者立一成之侀[83]，而终古不易也哉[84]！

《读通鉴论》卷末

【注释】

[1]稽（jī 基）：稽考。　　[2]折：折中。　　[3]蔑以尚：指再无更高的方法。蔑，没有。　　[4]"其枢"二句：最重要的是谨慎力行。枢，关键。敬，谨慎。肆，力行。　　[5]"其戒"四句：最需要警惕的是荒废和严苛，做得不足便流于倦怠，做得太过则不免急进。戒，防备，警惕。怠荒，懈怠荒废。刻覈（hé 核），严苛。　　[6]"其大用"二句：最重要的原则是任用贤能、施行教化。大用，指重要的原则和方法。兴教，施行教化。　　[7]"其施及于民"二句：要让百姓得到仁爱和莫大的恩惠。锡，通"赐"，赐给。　　[8]理：理顺，管理。铨（quán 全）选：量才授官。　　[9]诘（jié 洁）：整治。　　[10]"设为规画"二句：指制定具体的政策条例。措，设置。科条，法令规章。　　[11]岂遗其实而弗求详哉：难道是遗落这些实际的举措而不作细致的探求吗？　　[12]未可概之今日：不能适用于当下。概，准，量。　　[13]非可必之后日：不能作为日后的标准。　　[14]垂

法：留给后世法度。 [15]封建：古代天子将土地和爵位分封给诸侯，让其在封定区域内建立邦国的制度。秦并六国之后，废除此制。井田：相传为上古土地制度，即把方九百亩的地划为九块，中间为公田，其馀八家均私田百亩，同养公田。朝会：古代诸侯或臣属朝谒君主。 [16]以记诵所得者断万世之大经：把背诵而来的条条框框当作万世不变的准则。 [17]《夏书》之有《禹贡》：《尚书》分为《虞书》、《夏书》、《商书》、《周书》四部分，《禹贡》为《夏书》的首篇。下文《周官》为《周书》的其中一篇。 [18]系之以禹：(将《禹贡》篇)归于禹时的制度。 [19]夏后：即夏后氏，相传禹受舜禅，建立夏王朝，史称夏后氏、夏后或夏氏。 [20]成周：指周代。因：因袭，沿袭。 [21]"孔子曰"四句：出自《论语·颜渊》："子贡问政。子曰：'足食，足兵，民信之矣。'" [22]靳(jìn 进)言：吝啬于言，不肯多言。靳，吝惜。 [23]"言所以足"二句：说了如何足，便是启发了如何不足。阶，阶梯，指途径。 [24]"言所以信"二句：说了如何诚信，便会招致不诚信的过失。 [25]孟子之言异是：孟子提出"法先王"的主张，他说："今有仁心仁闻，而民不被其泽、不可法于后世者，不行先王之道也。故曰：徒善不足以为政，徒法不能以自行。《诗》云：'不愆不忘，率由旧章。'遵先王之法而过者，未之有也。"(《孟子·离娄上》)这与上文所述《尚书》、孔子之说不同。本段便是对孟子的主张加以阐发评论。 [26]会：时机。 [27]放恣(zì 白)：放纵。渔猎：捕鱼和打猎，此处引申为掠夺。 [28]耕战：指兵民合一的学说。刑名：指主张循名责实、慎赏明刑的学说。这两种是法家的代表学说。 [29]勿暇论其存主之敬怠仁暴：没有空讨论在位的君主是恭谨还是懈怠，仁爱还是残暴。存主，在位的君王。 [30]三王：指夏、商、周三代开国君王，即夏禹、商汤、周文王和周武王。 [31]存十一于千百：即百不存一，极言其少。 [32]"而可以稍苏"四句：若可以稍微重加利用，但还是不能事先考虑到汉、唐之后的情况，时局情势变迁，不如加以变通让百

757

姓免于劳倦？抑，表示转折。奚若，怎么样。　　[33]徒善不足为政：出自《孟子·离娄上》，见注25。　　[34]"而未成乎郡县之天下"三句：但当时还没形成郡县制的大一统的天下，尚且还有遵从先王做法的合理性，（所以）孟子的出发点和《尚书》、孔子有所不同。由，从，自。　　[35]率由：率从，遵循。　　[36]编：指《读通鉴论》。　　[37]"即一代而各有弛张"二句：指对某个时代、某个事件都互有褒扬和贬责。弛张，松弛与紧张。均，同。伸诎（qū 驱），伸张和弯曲。　　[38]贼：损害。　　[39]蹢躠（zhílì 直例）：脚掌扭曲，指行不通。蹢，脚背。躠，同"戾"，乖背。　　[40]强：勉强。独见：个人之见。　　[41]乡举：从地方选拔人才，唐代以后指地方通过乡试选拔人才。里选：地方向中央推荐人才。笞杖：用杖抽打。肉刑：残害肉体的刑罚。　　[42]"袭《周官》之名迹"三句：指西魏恭帝时，宇文泰命苏绰、卢辩依据《周礼》设立六官，改革官制，以此巩固统治，加强中央集权。事见《周书·文帝纪》及《卢辩传》。　　[43]"据《禹贡》以导河"三句：指北宋仁宗时，李仲昌主持治河，依据《禹贡》，堵塞黄河商胡决口，把水引入六塔河，但因为六塔河容量太小，工程刚结束，堵口就崩溃了。事见《宋史·河渠志》。　　[44]骇：惊骇，扰乱。　　[45]浸：逐渐。　　[46]恶（wū 屋）：同"乌"，不。　　[47]"旨深哉"二句：司马光把此书命名为《资治通鉴》真是用意深远啊。但是此处王夫之说有误，书名实为宋神宗所赐，详见宋神宗《资治通鉴御制序》。　　[48]资：帮助，参考。　　[49]愀（qiǎo 巧）然：忧惧貌。　　[50]诟（gòu 够）厉：诟病，辱骂。　　[51]颓然：乏力貌。　　[52]程子：指北宋理学家程颐。他曾提出"作文害道"说："凡为文不专则不工，若专意则志局于此，又安能与天地同其大也。《书》云'玩物丧志'，为文亦玩物也。"（《二程遗书》卷一八）王夫之以此为喻，指出如果没有体会治乱中蕴含的道理，没有把历史作为行事的借鉴，史书看得再多，辨证再详细，也不过只是"玩物"。　　[53]著：一本作"善者"二字。　　[54]柔嘉：美善。《诗·大雅·烝民》："仲山甫之德，柔嘉维则。"　　[55]汉元帝失制以酿乱：汉元帝刘奭（shì　是）为宣帝之子，是西汉第十一位皇帝。他为人"柔仁好儒"，然而优柔寡断，以致国势衰弱。其事见《汉书·元帝纪》。　　[56]戆（zhuàng　撞）直：刚直。　　[57]刘栖楚碎首以藏奸：刘栖楚为中唐人。唐敬宗初即位，喜好游猎而多荒废朝政，刘氏为此谏言，并以头叩龙墀，满脸鲜血，以表决心。然而此人性格狡猾，实为弄权邀宠之人。其事见《新唐书·刘栖楚传》。　　[58]"攘夷复中原"三句：梁武帝萧衍为了收复中原，曾多次北伐，但都以失败告终；后打算任用东魏降将侯景，不料侯景叛变，攻破建康（今江苏南京），梁武帝被困而死。事见《梁书·武帝纪》。　　[59]"含怒杀将帅"三句：后周世宗柴荣，在与北汉作战的过程中，斩杀临阵脱逃的将领樊爱能、何徽等人，以整顿军纪，最终取得战争的胜利，巩固了自己的地位。　　[60]媒：媒介。　　[61]一心：一心一意，用心专注。　　[62]莫匪：同"莫非"。　　[63]谋为：谋划。　　[64]"取古人宗社之安危"三句：参考古人宗庙社稷的安危情形，为他们感到忧患，于是自己远离危险、趋向安全的意识就养成了。　　[65]特：只是。　　[66]鉴：镜子。　　[67]妍媸（chī　吃）：美丑。　　[68]尊瞻视：端肃仪容。　　[69]就正：请求指正。　　[70]顾：但是。　　[71]思易其迹而何以亦得：思考如果换一种情形，怎样才能仍旧获得成功。　　[72]思就其偏而何以救失：思考如何从前人的失败、偏差中吸取教训，来纠正其过失。　　[73]国是：国家大计。　　[74]士之行己以无辱者：这里用来说君子的修养。《论语·子路》："行己有耻，使于四方，不辱君命，可谓士矣。"行己，举止。　　[75]陂（pō　颇）：同"颇"，倾斜，偏颇。　　[76]虽：即使。扼穷：居于困窘的情形下。　　[77]自淑：独善其身。淑，美，善。　　[78]论：即《读通鉴论》中的评论。　　[79]浚（jùn　俊）：深入挖掘。　　[80]协而一之：指综合众多史事，归纳其共同点。　　[81]"道无方"四句：道没有固定的方向，它通过具体事物的方位体现出来；道没有固定的形态，它经由事情的形成发展而表现出来。　　[82]肆应：随处运用自如。　　[83]立一成之俷（xíng 型）：确立固定的说法。俷，定型之物。　　[84]终古：永远。

【解析】

这里说的《通鉴》即《资治通鉴》，北宋司马光所著编年体通史，上起周威烈王二十三年（前403），下至五代后周世宗显德六年（959），涵盖战国至五代之间1363年的历史。王夫之将阅读《通鉴》的种种心得，论列成文，编排而成《读通鉴论》，内容极为丰富，多有真知灼见，而卷末《叙论》则是理解把握《读通鉴论》的一把钥匙。

在本篇《叙论》中，王夫之论述"资治通鉴"书名的深刻含义，看似为《通鉴》而发，实则也包含着自己撰写《读通鉴论》的意图："编中所论，推本得失之原，勉自竭以求合于圣治之本。而就事论法，因其时而酌其宜。"即通过对史事的梳理分析，指出其中得失，并揭示得失中蕴含的治国道理。道理是普遍的，但具体方法、规则却必须因时制宜。所以既要明理势，又要通变化。

在历史的沉思中，王夫之得到了一个非常重要的启示："事随势迁，而法必变。"（《读通鉴论》卷五《成帝八》）本文的宗旨说："以古之制，治古之天下，而未可概之今日者，君子不以立事。以今之宜，治今之天下，而非可必之后日者，君子不以垂法。"这也是在说古今情势各有不同，过去的举措制度未必适用于今天，今天的举措制度也未必适用于未来。又说："善于彼者，未必其善于此也。君以柔嘉为则，而汉元帝失制以酿乱；臣以戆直为忠，而刘栖楚碎首以藏奸。"可见为人温柔敦厚、正直刚正本是值得崇尚的品格，然而如果失去了节制，或者用错了地方，便可能带来弊端。因此，王夫之提出"无不可为治之资者，无不可为乱之媒"，"以心驭政，则凡政皆可以宜民，莫匪治之资。而善取资者，变通以成乎可久"。治国之道在于旁综博采，不拘成法，在于因时因势，变通合宜。这是王夫之对历史进程的哲理性思考，时至今日仍具有启示意义。

狱中杂记

〔清〕方苞

【题解】

方苞（1668—1749）字凤九，号灵皋，晚号望溪，安庆桐城（今属安徽）人。清康熙四十五年（1706）进士。五十年，赵申乔弹劾戴名世《南山集》"语有悖逆"，这是清初著名的文字狱案。方苞因曾为《南山集》作序，被牵连入狱。五十二年，遇赦，隶旗籍，入南书房供职，成为康熙帝的文学侍从。雍正、乾隆年间官至内阁学士、礼部侍郎。方苞是清初著名文学家，"桐城派"的创始人。《清史列传》卷一九、《清史稿》卷二九〇有传。

《狱中杂记》写于清康熙五十一年，当时他被关押在刑部大狱。在狱中，他目睹了狱吏执法的残酷黑暗，深感震惊，于是将所见所闻撰成此文。

康熙五十一年三月，余在刑部狱[1]，见死而由窦出者[2]，日四三人。有洪洞令杜君者[3]，作而言曰[4]："此疫作也。今天时顺正，死者尚希[5]，往岁多至日十数人。"余叩所以[6]，杜君曰："是疾易传染，遘者虽戚属不敢同卧起[7]。而狱中为老监者四[8]，监五室，禁卒居中央[9]，牖其前以通明[10]，屋极有窗以达气[11]，旁四室则无之，而系囚常二百馀。每薄暮下管键[12]，矢溺皆闭其中[13]，与饮食之气相薄[14]，又隆冬，贫者席地而卧，春气动[15]，鲜不疫矣[16]。狱中成法[17]，质明启钥[18]。方夜中[19]，生人与死者并踵顶而卧，无可旋避，此所以染者众也。又可怪者，大盗积贼[20]，杀人重囚，气杰旺[21]，染此者十不一二，或随有瘳[22]。其骈死[23]，皆轻系及牵连佐证，法所不及者。"

余曰："京师有京兆狱[24]，有五城御史司坊[25]，何故刑部系囚之多至此？"杜君曰："迩年狱讼[26]，情稍重，京兆、五城即不敢专决；又九门提督所访缉纠诘[27]，皆归刑部；而十四司正副郎好事者及书吏[28]、狱官、禁卒，皆利系者之多[29]。少有连[30]，必多方钩致[31]。苟入狱，不问罪之有无，必械手足[32]，置老监，俾困苦不可忍[33]，然后导以取保，出居于外，量其家之所有以为剂[34]，而官与吏剖分焉。中家以上[35]，皆竭资取保。其次，求脱械，居监外板屋，费亦数十金。惟极贫无依，则械系不稍宽，为标准以警其馀。或同系[36]，情罪重者，反出在外。而轻者、无罪者罹其毒[37]，积忧愤，寝食违节[38]，及病，又无医药，故往往至死。"

余伏见圣上好生之德[39]，同于往圣，每质狱辞[40]，必于死中求其生，而无辜者乃至此。倘仁人君子为上昌言[41]："除死刑及发塞外重犯[42]，其轻系及牵连未结正者[43]，别置一所以羁之，手足毋械。"所全活可数计哉！或曰："狱旧有室五，名曰现监，讼而未结正者居之[44]。倘举旧典，可小补也。"杜君曰："上推恩[45]，凡职官居板屋[46]。今贫者转系老监，而大盗有居板屋者，此中可细诘哉！不若别置一所，为拔本塞源之道也。"余同系朱翁、余生及在狱同官僧某[47]，遘疫死，皆不应重罚。又某氏以不孝讼其子，左右邻械系入老监[48]，号呼达旦。余感焉，以杜君言泛讯之，众言同，于是乎书。

凡死刑狱上[49]，行刑者先俟于门外，使其党入索财物，名曰"斯罗"。富者就其戚属，贫则面语之。其极刑[50]，曰："顺我，即先刺心。否，则四支解尽，心犹不死。"其绞缢，曰："顺我，始缢即气绝。否，则三缢加别械，然后得死。"惟大辟无可要[51]，然犹质其首。用此，富者赂数十百金，贫亦罄衣装[52]，绝无有者，则治之如所言。主缚者亦然[53]，不如所欲，缚时即先折筋骨。每岁大决[54]，勾者十四三，留者十六七，皆缚至西市待命[55]。其伤于缚者，即幸留，病数月乃瘳，或竟成痼疾[56]。余尝就老胥而问焉[57]："彼于刑者、缚者，非相仇也，期有得耳。果无有，终亦稍宽之，非仁术乎？"曰："是立法以警其馀，且惩后也。不如此，则人有幸心[58]。"主桁扑者亦然[59]。余同逮以木讯者三人[60]，一人予二十金，骨微伤，病间月[61]。一人倍之，伤肤，兼旬愈[62]。一人六倍，即夕行步如平常。或叩之曰："罪人有无不均，既各有得，何必更以多寡为差？"曰："无差，谁为多与者！"孟子曰："术不可不慎[63]。"信夫！

部中老胥，家藏伪章[64]，文书下行直省[65]，多潜易之，增减要语，奉行者莫辨也。其上闻及移关诸

765

部[66]，犹未敢然。功令[67]：大盗未杀人，及他犯同谋多人者，止主谋一二人立决，馀经秋审，皆减等发配。狱辞上，中有立决者，行刑人先俟于门外。命下，遂缚以出，不羁晷刻[68]。有某姓兄弟，以把持公仓，法应立决。狱具矣[69]，胥某谓曰："予我千金，吾生若[70]。"叩其术，曰："是无难，别具本章[71]，狱辞无易，取案末独身无亲戚者二人易汝名，俟封奏时，潜易之而已。"其同事者曰："是可欺死者，而不能欺主谳者[72]。倘复请之[73]，吾辈无生理矣。"胥某笑曰："复请之，吾辈无生理，而主谳者亦各罢去。彼不能以二人之命易其官，则吾辈终无死道也。"竟行之，案末二人立决。主者口呿舌挢[74]，终不敢诘。余在狱，犹见某姓。狱中人群指曰："是以某某易其首者。"胥某一夕暴卒，众皆以为冥谪云[75]。

凡杀人，狱辞无谋故者[76]，经秋审入矜疑[77]，即免死。吏因以巧法。有郭四者，凡四杀人，复以矜疑减等，随遇赦。将出，日与其徒置酒酣歌达曙。或叩以往事，一一详述之，意色扬扬，若自矜诩[78]。噫！渫恶吏忍于鬻狱[79]，无责也，而道之不明，良吏亦多以脱人于死为功，而不求其情[80]，其枉民也亦甚矣哉！

奸民久于狱，与胥卒表里[81]，颇有奇羡[82]。山阴李姓[83]，以杀人系狱，每岁致数百金。康熙四十八年，以赦出，居数月，漠然无所事。其乡人有杀人者，因代承之[84]。盖以律非故杀，必久系，终无死法也。五十一年，复援赦减等谪戍[85]，叹曰："吾不得复入此矣！"故例，谪戍者移顺天府羁候[86]。时方冬停遣，李具状[87]，求在狱候春发遣，至再三，不得所请，怅然而出。

《方望溪先生全集·集外文》卷六

【注释】

[1]刑部：掌管法律刑罚的部门。　[2]窦：小洞，此指监狱的小门。　[3]洪洞：地名，今属山西。　[4]作：振作，此指神情激愤。　[5]希：同"稀"，少。　[6]叩：问，请教。　[7]遘（gòu 够）：遭遇。　[8]老监：旧的牢房。　[9]禁卒：狱卒，看管囚犯的卒役。　[10]牖（yǒu 有）：窗。　[11]屋极：屋顶。达气：通气。　[12]下管键：上锁。　[13]矢溺（niào 尿）：即屎尿。矢，同"屎"。　[14]相薄：相混杂。薄，迫近。　[15]春气动：指春天温度上升。　[16]鲜不疫矣：很少有不生病的。　[17]成法：惯例，老规定。　[18]质明：天刚亮

时。　　[19]"方夜中"四句:在夜里,活着的人和死去的人紧挨在一起,无处回避,这就是染病者多的原因。方,当。并踵(zhǒng 肿)顶,脚挨脚,头挨头。旋,转动。　　[20]积贼:多次犯案的贼。　　[21]气杰旺:精力特别旺盛。　　[22]瘳(chōu 抽):病愈。　　[23]"其骈死"三句:那些接连死去的,都是因为轻罪被囚或受牵连而被捉来当证人,依照法律不应判罪的人。　　[24]京兆狱:指顺天府的监狱。京兆,即京城及其附近地区,明清称顺天府。　　[25]五城御史司坊:五城御史衙门设置的监狱。清代北京分为东、西、南、北、中五个街区,各设巡查御史负责治安,称五城御史。　　[26]迩(ěr 耳)年:近年。　　[27]九门提督:掌管京城九门(正阳、崇文、宣武、安定、德胜、东直、西直、朝阳、阜成)内外守卫的武官,全称"提督九门巡捕五营步兵统领",多为满族亲信大臣兼任。访缉:访查缉捕。　　[28]十四司正副郎:清初刑部下设十四司,各司长官称郎中,副长官称员外郎。书吏:各官署办事人员的统称。　　[29]利系者之多:认为关押犯人多有利可图。系,逮捕,关押。　　[30]少有连:稍有牵连。　　[31]钩致:牵连,逮捕。　　[32]械:带上刑具。　　[33]俾(bǐ 比):使。　　[34]量其家之所有以为剂:估量他们家的财产来确定保证金的数额。剂,契约,合同。　　[35]中家以上:资产中等以上的人家。　　[36]同系:同一案件被囚系的人。　　[37]罹(lí 离):遭受。　　[38]违节:失常。　　[39]好(hào 浩)生之德:即行仁政。《尚书·大禹谟》:"与其杀不辜,宁失不经。好生之德,洽于民心。"　　[40]质:质询,核查。　　[41]昌言:正直不阿之言。　　[42]发:发配,流放。　　[43]结正:定案,判决。　　[44]讼:诉讼,立案。　　[45]推恩:施行恩德。　　[46]凡职官居板屋:凡是官员犯案的,则被关押在板屋内(而不用入牢房)。　　[47]余同系朱翁、余生及在狱同官僧某:朱翁不可考,余生即余谌,字石民,戴名世的学生,因《南山集》案牵连入狱,死于狱中,方苞作《余石民哀辞》悼之,见《望溪集外文》

卷九。同官,今陕西铜川。僧某,某位僧人。　　[48]左右邻械系入老监:清代律例规定,对于诉讼子弟不孝的案件,需拘留四邻以审勘情节。见《大清律例》卷二八。　　[49]狱上:结案后上奏。　　[50]极刑:指凌迟,将人身上的肉一刀刀割去,使其慢慢死亡的残酷刑法。　　[51]"惟大辟无可要(yāo 邀)"二句:大辟,砍头。要,要挟。质其首,以犯人首级为抵押(敲诈钱财)。　　[52]罄(qìng 庆):穷尽。　　[53]主缚者:负责捆绑的人。　　[54]大决:又称"秋决",指秋审之后的处决。清律,每年八月各省将判处死刑的案件分列"情实"、"缓决"、"可矜"、"可疑"四类上报刑部,经刑部会同大理寺等集中审核后,再奏请皇帝裁决,称为"秋审"。凡皇帝同意处死的,用朱笔勾划,即文中所谓"勾者"。凡勾者,立即处决。未被勾划的,即"留者",暂缓行刑。　　[55]西市:清代京城处决犯人的场所,在今北京菜市口一带。　　[56]痼(gù 故)疾:顽固难治的病,此处指残疾。　　[57]胥:胥吏,古代官府中负责办理文书、打理杂事的小吏。　　[58]幸心:侥幸心理。　　[59]梏(gù 故):柳锁。扑:抽打。　　[60]以木讯:通过竹木刑具拷问。　　[61]间(jiàn 建)月:一个多月。　　[62]兼旬:二旬,二十天。　　[63]术不可不慎:《孟子·公孙丑上》:"矢人岂不仁于函人哉?矢人惟恐不伤人,函人惟恐伤人。巫匠亦然,故术不可不慎也。"意为造箭的工匠与造铠甲的工匠追求不同,选择职业不可不慎重,这里是说狱吏的职业使人变得残忍,所以选择职业不能不慎重。　　[64]伪章:伪造的官印。　　[65]下行直省:从中央下达到各省。　　[66]上闻:上奏的文书。移关诸部:平行机关之间来往的文书。　　[67]功令:政府法令。　　[68]不羁晷刻:一刻不停留,指立即执行。羁(jī 基),停留。晷(guǐ 鬼),日晷,利用日影来计时的工具。　　[69]狱具:案件已经判决。　　[70]生若:让你活命。　　[71]"别具本章"五句:另外再写一份奏章,判词不变,把同案犯中排在末尾的单身无亲戚的两个人和你们名字调换一下,等到审判书加封上报时偷偷替换而已。　　[72]主谳（yàn 厌）者：主审案件的人，下文"主者"意同。谳，审判定罪。　　[73]复请：发现问题，再次向上请示。　　[74]口呿（qū 驱）舌挢（jiǎo 绞）：张口结舌，形容恐惧慌张的样子。呿，张口。挢，翘。　　[75]冥谪（zhé 辄）：阴间的惩罚。　　[76]谋故：有预谋，故意杀人。　　[77]矜疑：对死刑犯的一种归类，为其情可怜、其罪可疑者。　　[78]矜诩（xǔ 许）：炫耀。　　[79]"渫（xiè 谢）恶吏忍于鬻（yù 玉）狱"二句：贪官污吏忍心贪赃枉法，这没什么好责怪的。渫，污浊。鬻，卖。狱，案件。　　[80]情：这里指真相。　　[81]表里：互为表里，内外勾结。　　[82]奇（jī 激）羡：赢利。　　[83]山阴：今浙江绍兴。　　[84]承：承担罪名。　　[85]谪戍：发配到边远地区充军。　　[86]羁候：关押待命。　　[87]具状：书写状文呈报。

【解析】

《狱中杂记》以辛辣的笔法记录了当时刑狱中种种骇人听闻的现象，深刻揭示出清初法制的腐朽黑暗。而更有深意之处在于，这些草菅人命、无法无天的行为发生在"圣上好生之德，同于往圣，每质狱辞，必于死中求其生"、"良吏亦多以脱人于死为功"的背景之下。既然君王官员都希望推行宽仁之道，那么为什么还会出现这么多残酷的不法行为呢？方苞没有给出直接的答案，但在行文间可以看到他有两方面的思考：其一，律令有不尽合理之处，无法适应实际的情况。文中引杜君所言"上推恩，凡职官居板屋。今贫者转系老监，而大盗有居板屋者，此中可细诘哉！不若别置一所，为拔本塞源之道也"，即是一例。其二，执法行为缺乏监管，以致狱卒、文书往往钻法律的漏洞，把执法作为投机牟利的工具。即使上级官员发现这些违法行为，也害怕牵连到自己，而不敢举报揭露。官官相护，违法行为便愈演愈烈，成为社会的顽疾。

康熙朝号称清明盛世，但其社会底层却涌动着这样的暗流，潜伏着如此深刻的社会危机。这不能不发人深省。

哀盐船文

〔清〕汪中

【题解】

汪中（1744—1794）字容甫，江都（今江苏扬州）人。年少力学，绝意仕途，以著述为业，才学闻于世。乾隆五十九年（1794），汪中带病前往杭州文澜阁检校《四库全书》，积劳成疾而卒。著有《述学》、《广陵通典》等。《清史列传》卷六八、《清史稿》卷四八一有传。乾隆三十五年农历腊月十九日，江苏仪征河港停泊的盐船发生大火，死伤众多。时年二十七岁的汪中目睹了这一惨剧，于事后写下了这篇悼念遇难百姓的哀祭文。

乾隆三十五年十二月乙卯，仪征盐船火[1]，坏船百有三十，焚及溺死者千有四百。是时盐纲皆直达[2]，东自泰州[3]，西极于汉阳[4]，转运半天下焉。惟仪征绾其口[5]，列樯蔽空，束江而立，望之隐若城郭。一夕并命，郁为枯腊[6]，烈烈厄运，可不悲邪！

于时玄冥告成[7]，万物休息。穷阴涸凝[8]，寒威懔慄。黑眚拔来[9]，阳光西匿。群饱方嬉，歌咢宴食[10]。死气交缠，视面惟墨。夜漏始下[11]，惊飙勃发，万窍怒号[12]，地脉荡决，大声发于空廓[13]，而水波山立。于斯时也，有火作焉。摩木自生[14]，星星如血。炎光一灼，百舫尽赤。青烟睒睒[15]，熛若沃雪。蒸云气以为霞，炙阴崖而焦熭[16]。始连樯以下碇[17]，乃焚如以俱没。跳踯火中，明见毛发。痛謈田田[18]，狂呼气竭。转侧张皇，生途未绝[19]。倏阳焰之腾高[20]，鼓腥风而一咉。泪埃雾之重开[21]，遂声销而形灭。齐千命于一瞬，指人世以长诀。发冤气之焄蒿[22]，合游氛而障日。行当午而迷方[23]，扬沙砾之嫖疾。衣缯败絮[24]，墨查炭屑，浮江而下，至于海不绝。

亦有没者善游，操舟若神[25]。死丧之威，从井有仁[26]。旋入雷渊[27]，并为波臣[28]。又或择音无门[29]，投身急濑[30]。知蹈水之必濡[31]，犹入险而思济。挟惊浪以雷奔，势若隮而终坠[32]。逃灼烂之须臾，乃同归乎死地。积哀怨于灵台[33]，乘精爽而为厉。出寒流以浃辰[34]，目眮眮而犹视。知天属之来抚[35]，愁流血以盈眦。诉强死之悲心[36]，口不言而以意。若其焚剥支离[37]，漫漶莫别。圜者如圈，破者如玦[38]。积埃填窍，攦指失节[39]。嗟狸首之残形[40]，聚谁何而同穴。收然灰之一抔[41]，辨焚馀之白骨。呜呼，哀哉！

且夫众生乘化[42]，是云天常。妻孥环之，绝气寝床。以死卫上[43]，用登明堂[44]。离而不惩[45]，祀为国殇。兹也无名，又非其命。天乎何辜，罹此冤横[46]！游魂不归，居人心绝[47]。麦饭壶浆[48]，临江呜咽。日堕天昏，凄凄鬼语。守哭屯邅[49]，心期冥遇。惟血嗣之相依，尚腾哀而属路[50]。或举族之沉波，终狐祥而无主[51]。悲夫！丛冢有坎[52]，泰厉有祀。强饮强食[53]，冯其气类。尚群游之乐，而无为妖祟。人逢其凶也邪？天降其酷也邪？夫何为而至于此极哉！

《汪容甫文笺》卷中

【注释】

[1]仪征：今江苏仪征，地处长江北岸，是古代重要的水运口岸。清代在此地设有盐引批检所，有大量盐船在此停泊。　　[2]盐纲：运盐的组织，清代盐政实行官督商销的模式，食盐由官府列名纲册的盐商来运输。纲，指

运送大批货物的编队，如茶纲、花石纲、生辰纲之类。　　[3]泰州：今属江苏，当时是重要的产盐地。　　[4]汉阳：今湖北武汉。　　[5]绾（wǎn 晚）其口：此处指仪征作为盐引批检所在地，是整条运盐航线的关键点。绾，系结，勾连。　　[6]郁为枯腊（xī 西）：是说人遭焚烧，尸体干枯如腊肉。《汉书·杨王孙传》："欲化不得，郁为枯腊。"　　[7]玄冥告成：表示时间是在深冬。玄冥，指冬神，《礼记·月令》："（季冬之月）其帝颛顼，其神玄冥。"告成，完工上报之义，此句意指冬季已进入尾声。　　[8]穷阴涸凝：阴寒之气几近凝固。　　[9]黑眚（shěng 生，上声）拔来：眚，原义是眼睛生翳，此处指遮蔽视野的雾气。当时人认为黑眚是不祥的预兆。拔来，指出现得很突然。　　[10]歌咢（è 饿）：指歌咏娱乐。《诗·大雅·行苇》："或歌或咢。"　　[11]"夜漏始下"二句：意指夜晚忽起大风。漏，古代的计时器。飙，大风。　　[12]万窍怒号：风极大。万窍，《庄子·齐物论》："是惟无作，作则万窍怒呺。"　　[13]"大声发于空廓"二句：意指天地之间回荡巨大声响，水波涌起如山峰耸立。　　[14]摩木自生：此处指起火。《庄子·外物》："木与木相摩则然（燃）。"　　[15]"青烟睒（shǎn 闪）睒"二句：睒睒，闪动的样子。熛（biāo 标）若沃雪，意指大火烧船之迅猛，仅是小火星碰到船上也有热水（汤）浇到积雪上的效果。　　[16]阴崖：阴面的堤岸。焦爇（ruò 弱）：烧焦。　　[17]"始连楫（jí 即）以下碇（dìng 定）"二句：意指原先将船都连在一起并抛锚，继而失火一起沉没。楫，船桨，此处代指船。碇，系船的石墩。　　[18]謈（pó 婆）：因疼痛而呼喊。田田：捶胸顿足的样子。　　[19]生途：生路。　　[20]"倏（shū 舒）阳焰之腾高"二句：描述火忽然腾起，肆意吞噬人命的情状。倏，疾，快。阳焰，明亮的火焰。映（xuè 谑），口吹气的声音。　　[21]"洎（jì 计）埃雾之重开"二句：是说等到烟雾散开后已经难觅这些人的踪迹了。洎，至，到。　　[22]"发冤气之焄（xūn 勋）蒿"二句：死人的怨气遮天蔽日。《礼记·祭义》："（死必归土）其气发扬于上为昭明，焄蒿凄怆，此百物之精也。"郑玄注："焄，谓香臭也；蒿，谓气蒸出貌也。"　　[23]"行当午而迷方"二句：当午，指第二天的正午。嫖（piāo 飘），轻捷状。　　[24]"衣缯（zēng 增）败絮"二句：缯，泛指衣物。查（zhā 渣），通"渣"，烧成的灰渣。　　[25]操舟若神：《列子·黄帝》："吾尝济乎觞深之渊，津人操舟若神。吾问焉，曰：'操舟可学邪？'曰：'可。能游者可教也，善游者数能。乃若夫没人，则未尝见舟而谡操之也。'"此处指善于游泳。　　[26]从井有仁：意指涉险救人。《论语·雍也》："宰我问曰：'仁者，虽告之曰："井有仁焉。"其从之也？'子曰：'何为其然也？君子可逝也，不可陷也。'"孔颖达注："宰我以仁者必济人于患难，故问有仁者堕井，将自投下从而出之不（否）乎？"　　[27]雷渊：《楚辞·招魂》："旋入雷渊，靡散而不可止些。"　　[28]波臣：水中生物，此处喻指溺水而死者。　　[29]择音：音，通"荫"，指躲避的地方。　　[30]急濑：指激流。　　[31]"知蹈水之必濡"二句：意指人们虽然知道入水有危险，但还是跳下去希望能得救。　　[32]隮（jī 基）：上升的意思。　　[33]"积哀怨于灵台"二句：灵台，指内心。《庄子·庚桑楚》："不可内于灵台。"乘，凭借。精爽，指人的魂魄。厉，厉鬼。　　[34]"出寒流以浃（jiā 加）辰"二句：意指多天后尸体从江水中漂浮出，眼睛还睁着。浃辰，古代干支记日，从子至亥十二日为浃辰。此处泛指多天之后。睊睊（juànjuàn 倦倦），睁眼的样子。　　[35]"知天属之来抚"二句：古人认为人暴死后，亲人临尸，尸体会眼鼻出血，以示泣诉。天属，血缘关系极近的亲属。抚，悼念。愸（yìn 印），伤痛。眦（zì 自），眼眶。　　[36]强死：暴死之义。　　[37]"若其焚剥支离"二句：形容尸体被烧得残缺不全、相貌难辨。支离，残碎的样子。漫漶（huàn 换），模糊不清。　　[38]玦（jué 决）：有缺口的玉。　　[39]攦（lì 力）指失节：折断骨节。　　[40]"嗟狸首之残形"二句：狸首，韩愈《残形操序》："《残形操》，曾子所作。曾子梦一狸，不见其首，而作此曲也。"谁何,谁人。 [41]然:通"燃"。一抔(póu 剖,阳平):一捧。 [42]"且夫众生乘化"二句:乘化,顺应自然规律生老病死。天常,上天的常道。 [43]上:指统治者。 [44]用:因而。明堂:古代帝王发布政令、举行祭祀典礼的地方。 [45]离而不惩:《楚辞·九歌·国殇》:"首身离兮心不惩。"不惩,不悔。 [46]罹:遭遇。横:横死。 [47]心绝:悲痛至极。 [48]麦饭壶浆:泛指酒食。 [49]"守哭屯邅(zhūnzhān 谆沾)"二句:屯邅,行走艰难之貌。冥遇,指与死者魂魄相遇。 [50]尚腾哀而属(zhǔ 主)路:指一路大哭。属路,接连一路。 [51]终狐祥而无主:《战国策·楚策》:"父子老弱俘虏,相随于路,鬼狐祥而无主。"狐祥,彷徨无依的样子。 [52]"丛冢有坎"二句:意指虽在乱葬岗上,但个人也有个人的墓穴;虽是无依之鬼,但也享有祭祀。坎,墓穴。 [53]"强饮强食"二句:此句为劝慰亡魂之语,希望他们能吃点东西,伴靠其他气味相投的鬼魂度日。强,勉强。冯(píng 凭),通"凭"。气类,相近的气性。

【解析】

这是一篇哀悼死难者的文章,但作者并没有把自己的情感径直宣泄出来,而是综合了各种材料,将它们裁剪分排、熔铸为一体,在这个过程中寄寓自己的悲痛之情。文章可分为四大部分,每部分内容各有侧重,却又相互映衬,浑然一体。开头部分,说明了灾难的总体情况,明其死伤之巨,为全文定下悲怆基调。第二部分自"于时玄冥告成"始,写火灾始末,先言其背景,摹写当日事发前诡异阴森的氛围,为下文惨烈之景做了极好的铺垫。之后写起火,其描述火势之凶猛、状写人命之脆弱,令人触目惊心,这呼应了开头中"焚及溺死者千有四百"等文字，与之前所状"隐若城郭"盛景亦形成震撼的对比，祸福无常之理则自见于此。第三部分自"亦有"句始，上一部分写的是火噬人，重点在火，这一部分则写人逃火，重点在人。笔锋如此一转，内容方照顾得周全，既写了焚死者又写了溺死者。同时，这两部分亦是相辅相成，既然之前写了火势之猛烈，则继以细述人在火中挣扎求生的过程与终难逃劫的结果，方能体现事件之惨烈。另外，这部分先写人生前的挣扎，之后又写了人死后的惨状，全文的悲怆气氛被推向了高峰。第四部分自"且夫"始，直至文末，是作者所发的议论，感慨天命无常，悯伤逝者不幸，并劝慰亡灵安息，作为全文收笔，言尽意长，升华了全文。

汪中是这场惨剧的目击者，文中很多字句都极富真实性与现场感，比如"青烟睒睒"、"蒸云气以为霞"，这些都是从外部看火场所见的样子；"倏阳焰之腾高，鼓腥风而一煦"则准确地写出了火极盛时的样子。还有一些地方，如"夜漏始下，惊飙勃发"，"始连楫以下碇，乃焚如以俱没"，虽然没写什么宏大的场面，但点出了火灾蔓延的重要原因（风大、船连），反映了一些重要的事实。从这几个方面可以看出汪中在创作此文时的征实态度，作者所运用的一切文学手法都是为叙述客观事实服务的。

在本文的末尾，作者抒发了对这场灾难的感慨：寿终正寝者，有妻孥环立于侧；为国战死者，祀为国殇，用登明堂；唯独盐船死难者，死于横祸，无人哀祭。作者的悲痛之情溢于言表，彰显了哀悯死难者的同情心，透露着一种悲天悯人的情怀。

原　学

〔清〕章学诚

【题解】

章学诚（1738—1801）字实斋，号少岩，浙江会稽（今属浙江绍兴）人。清乾隆四十三年（1778）进士，官国子监典籍，后历主定州定武、肥乡清漳、保定莲池、归德文正诸书院讲席，并纂修和州、永清、亳州等地方志。晚年入湖广总督毕沅幕府，参与《续资治通鉴》纂修，并主修《湖北通志》。《清史列传》卷七二、《清史稿》卷四八五有传。章学诚所著《文史通义》论古今学术宗旨、源流，以史学为主，兼及经学、文学，立论与流俗颇有不同，往往令人耳目一新。章氏生前，此书仅刊印了其中的一部分。临终前，章氏将遗稿委托给浙江萧山王宗炎。清道光十二年（1832），章氏次子华绂整理遗稿，将全书付梓刊行，分为内篇五卷、外篇三卷。因刊刻地点在河南开封，所以称"大梁本"。1922年，嘉业堂主人刘承幹在此基础上，又依照王宗炎当年整理的目录，对章氏遗文重加搜罗增补，刊成《章氏遗书》。其中《文史通义》为内篇六卷、外篇三卷，与"大梁本"相出入，今称"遗书本"。中华书局1985年版《文史通义校注》，附《校雠通义》三卷，其底本即"大梁本"。《原学》一文分为上中下三篇，意在说明学问之本源，树立为学之道。此处所选的是下篇。

诸子百家之患，起于思而不学。世儒之患，起于学而不思。盖官师分[1]，而学不同于古人也。后王以谓儒术不可废[2]，故立博士，置弟子，而设科取士，以为诵法先王者劝焉[3]。盖其始也，以利禄劝儒术，而其究也[4]，以儒术徇利禄[5]，斯固不足言也。而儒宗硕师[6]，由此辈出，则亦不可谓非朝廷风教之所植也[7]。夫人之情，不能无所歆而动[8]，既已为之，则思力致其实[9]，而求副乎名。中人以上，可以勉而企焉者也[10]。学校科举，奔走千百才俊，岂无什一出于中人以上者哉[11]？去古久远，不能学古人之所学，则既以诵习儒业[12]，即为学之究竟矣。而攻取之难，势亦倍于古人，故于专门攻习儒业者，苟果有以自见[13]，而非一切庸俗所可几[14]，吾无责焉耳。

学博者长于考索[15]，岂非道中之实积[16]，而骛于博者[17]，终身敝精劳神以徇之，不思博之何所取也。才雄者健于属文[18]，岂非道体之发挥？而擅于文者，终身苦心焦思以构之，不思文之何所用也。言义理者似能思矣，而不知义理虚悬而无薄[19]，则义理亦无当于道矣。此皆知其然而不知所以然也。程子曰[20]："凡事思所以然，天下第一学问。"人亦盍求所以然者思之乎[21]！

天下不能无风气，风气不能无循环，一阴一阳之道，见于气数者然也[22]。所贵君子之学术，为能持世而救偏[23]，一阴一阳之道，宜于调剂者然也。风气之开也，必有所以取。学问、文辞与义理，所以不无偏重畸轻之故也[24]。风气之成也，必有所以敝；人情趋时而好名，徇末而不知本也[25]。是故开者虽不免于偏，必取其精者，为新气之迎。敝者纵名为正[26]，必袭其伪者[27]，为末流之托。此亦自然之势也。而世之言学者，不知持风气[28]，而惟知徇风气，且谓非是不足邀誉焉[29]，则亦弗思而已矣。

《文史通义校注》卷二

【注释】

[1]官师分：指政教分流。上古学在王官，政教不分，官师合一。　　[2]后王：近世之王。　　[3]以为诵法先王者劝焉：用来鼓励学习先王之道。诵法，称颂而效法。劝，勉励。　　[4]究：结果。　　[5]徇（xùn 训）：

求取。　　[6]儒宗硕师：指学问博深、受人敬仰的学者。宗，宗师。硕，大。　　[7]植：培植。　　[8]歆（xīn 心）：欣羡，向往。　　[9]力致其实：努力取得成就。　　[10]企：企及，达到。　　[11]什一：十分之一。　　[12]"则既以诵习儒业"二句：那么就把学习儒业当作是学习的最高境界。究竟，极致，最高境界。　　[13]自见：同"自现"，出类拔萃。　　[14]可几：可比，可及。　　[15]长于考索："遗书本"下有"侈其富于山海"六字。　　[16]实积：切实的积累。　　[17]骛（wù 物）：同"务"，追求。　　[18]健于属（zhǔ 主）文："遗书本"下有"矜其艳于云霞"六字。属文，写文章。　　[19]无薄：指与实际相隔绝。薄，同"迫"，接近。　　[20]程子：指程颢（1032—1085）或程颐（1033—1107），北宋著名理学家。此句出处今已不可考。程颐曾说："语其大，至天地之高厚；语其小，至一物之所以然，学者皆当理会。"（《二程遗书》卷一八）意思与引文接近。　　[21]盍（hé 何）：何不。　　[22]气数：命运。　　[23]持：维持，遵守不变。救偏：纠正偏邪。　　[24]畸轻：与"偏重"意同。畸，偏。　　[25]徇：顺从，曲从，因循。下"徇风气"同。　　[26]纵：纵使，即使。　　[27]伪：做作的，不真实的。　　[28]持：坚持，维持。　　[29]邀誉：谋取名声。

【解析】

治学如同世风，一代有一代的风气。面对情随事变的风气，是投身其中随流而动，还是愤世嫉俗逆流而行？这是值得思考的问题。章学诚这篇《原学》即从治学的角度，阐发了他对这个问题的思考。

"以利禄劝儒术"，始于西汉武帝。《汉书·儒林传》说："自武帝立五经博士，开弟子员，设科射策，劝以官禄，讫于元始，百有馀年，传业者寖盛，支叶蕃滋，一经说至百馀万言，大师众至千馀人，盖禄利之路然也。"其中已含讽刺之意，感慨古今学术变迁，儒学不复纯粹。这一观点为后人所沿袭，即本文所谓"而其究也，以儒术徇利禄，斯固不足言也"。然而章氏并没有止步于此，而是笔锋一转，指出在利禄与儒术纠缠不清的风气下，儒宗硕师仍世代辈出，由此可见官方设科取士于学术并非没有正面意义，而时代风气对个人治学也并不能起到决定性的作用。

在章学诚所处的时代，最为盛行的是考据学，即以实事求是的态度，对古籍的文字音义和古代的名物典章制度进行考核、辨正，以期创建确凿有据的学问。与此同时，也有人提出应该考据、文章、义理三者并重，后二者也是当时颇有影响的治学风尚。章学诚并未局限于其中任何一种，他认识到三者的优长，也指出了它们的弊端，如考据者以学识博赡、考证精核为长，却容易陷于琐碎孤立，容易沦为为考据而考据，而忽视为学的要义。他认为考据、文章、义理都只是学问的载体和形式，更为重要的是其内在的实质，也就是"所以然"。

可以看到，对于时代风气，章学诚既不迷信盲从，也没有弃之不顾，而是以冷静的态度去审视和剖析。他提出优秀的学者，不能"徇风气"，而应该"持风气"。徇是因循，曲从，随波逐流；持是持正，坚守，不随波逐流。"所贵君子之学术，为能持世而救偏"，言简意赅，却振聋发聩。不管什么时代，学者所能做的，也应该做的，便是坚守为学的根本，经世而致用，以挽救时代之偏僻。

畴人传序

〔清〕阮元

【题解】

阮元（1764—1849）字伯元，号云台（或作芸台），又号擘经老人、雷塘庵主等，仪征（今属江苏）人。乾隆五十四年（1789）进士，历任翰林院编修、提督山东、浙江学政、河南巡抚、浙江巡抚、江西巡抚、两广总督、云贵总督等职，道光朝拜体仁阁大学士。卒谥文达。《清史列传》卷三六、《清史稿》卷三六四有传。阮元是清代著名的文学家、思想家，在天文历算、经史、舆地、金石、校勘等方面有卓越的贡献，编著有《畴人传》、《皇清经解》、《经籍籑诂》、《十三经校勘记》、《四库未收书目提要》、《山左金石志》、《两浙金石志》、《浙江通志》、《广东通志》、《云南通志》等著作一百八十馀种，诗文集《擘经室集》四编。《畴人传》四十六卷，始作于乾隆六十年（1795），完成于嘉庆四年（1799），纪我国古代天文历算家的学术成就。古代天文历算之学由专人执掌，世代相传，称为"畴人"。

昔者黄帝迎日推策[1]，而步术兴焉[2]。自时厥后[3]，尧命羲和[4]，舜在璇玑[5]，三代迭王[6]，正朔递改。盖效法乾象[7]，布宣庶绩，帝王之要道也。是故周公制礼，设冯相之官[8]；孔子作《春秋》，讥司术之过。先古圣人，咸重其事。两汉通才大儒，若刘向父子[9]、张衡[10]、郑元之徒[11]，纂续微言，钩稽典籍，类皆甄明象数，洞晓天官。或作法以叙三光[12]，或立论以明五纪[13]，数术穷天地，制作侔造化[14]，儒者之学，斯为大矣。

世风递降，末学支离[15]。九九之术[16]，俗儒鄙不之讲，而履观台、领司天者[17]，皆株守旧闻，罔知法意。演撰算造之家[18]，徒换易子母，弗凭圭表为合[19]，验天失之弥远。步算之道，由是日衰，台官之选，因而愈轻。六艺道湮[20]，良可嗟叹。甚或高言内学[21]，妄占星气[22]，执图纬之小言[23]，测渊微之悬象。老人之星[24]，江南常见，而太史以多寿贡谀[25]。发敛之节[26]，终古不差，而幸臣以日长献瑞。若此之等，率多错谬[27]。又或称意空谈，流为虚诞。《河图》《洛书》之数，传者非真；《元会运世》之篇[28]，言之无据。此皆数学之异端，艺术之杨、墨也[29]。

元蚤岁研经，略涉算事，中西异同，今古沿改，三统四分之术[30]，小轮椭圆之法[31]，虽尝旁稽载籍，博问通人[32]，心钝事夥，义终昧焉。窃思二千年来[33]，术经七十，改作者非一人。其建率改宪，虽疏密殊途，而各有特识[34]，法数具存，皆足以为将来典要。爰掇拾史书[35]，荟萃群籍，甄而录之，以为列传。自黄帝以至于今，凡二百四十三人，附西洋三十七人，大凡二百八十人，离为四十六卷，名曰《畴人传》。综算氏之大名，纪步天之正轨，质之艺林[36]，以谂来学[37]。俾知术数之妙，穷幽极微[38]，足以纲纪群伦[39]，经纬天地，乃儒流实事求是之学，非方技苟且干禄之具[40]。有志乎通天地人者，幸详而览焉。嘉庆四年十月[41]。

《畴人传》卷首

【注释】

[1]迎日推策：通过推算来预知未来的节气日辰。　[2]步术：历法推步术。　[3]厥：那个。　[4]尧：祁姓，陶唐氏，初封于陶，后封于唐，又称唐尧，传说中的"五帝"之一。他设官掌管天地时令，制定历法，用鲧治水，后

禅让舜。羲和:羲氏、和氏的并称。尧命羲仲、羲叔、和仲、和叔兄弟分驻四方,以观天象,制定历法。　　[5]舜:有虞氏,姚姓,冀州人,受尧禅让,五帝之一。在:观察。璇玑(xuánjī 玄基):正天文之器。　　[6]"三代迭王"二句:是说夏、商、周三代帝王颁布的历法顺次修改。正朔,帝王新颁布的历法。按夏历以建寅之月为岁首,商历以建丑之月为岁首,周历以建子之月为岁首。　　[7]乾象:天象。　　[8]冯相:亦作"冯相氏",周职官名,掌天文。《周礼·春官·冯相氏》云:"冯相氏掌十有二岁,十有二月,十有二辰,十日,二十有八星之位,辨其叙事,以会天位。"　　[9]刘向父子:刘向及其子刘歆。刘向(前77?—前6),本名更生,字子政,沛(今江苏沛县)人,西汉经学家、目录学家。历任谏大夫、宗正、光禄大夫、中垒校尉,治《春秋穀梁传》,撰有《别录》、《新序》、《说苑》、《列女传》等。刘歆(前50?—后23)字子骏,西汉著名学者,古文经学的开创者,在校勘学、天文历法等方面成绩卓著。他编定的《三统历谱》是世界上最早的天文年历的雏形。　　[10]张衡(78—139):字平子,南阳西鄂(今属河南)人,东汉著名的天文学家,历任太史令、侍中、河间相等职。他精于天文历算,制作有浑天仪等天文仪器,著有《灵宪》、《算罔论》等,建议采用《九道法》。　　[11]郑元(127—200):即郑玄(避清讳改郑元),字康成,北海高密(今属山东)人,精于天文历算,为汉代经学之集大成者。曾研学《三统历》、《九章算术》等,著《天文七政论》,注《乾象历》等。　　[12]三光:日、月、星。　　[13]五纪:岁、月、日、星辰、历数。　　[14]侔(móu 谋)造化:是说可比天工。侔,等同。　　[15]末学支离:是说末世之学支离破碎,不成体系。　　[16]九九之术:算术乘法。　　[17]观台:观察天象的高台。司天:掌管天文。　　[18]演撰算造:推演历算。　　[19]圭(guī 归)表:日规、日晷,古代测日影的一种器具,由刻度尺和标杆组成,用以测量一年和二十四节气的时间长短。　　[20]六艺:礼、乐、射、御、书、数六种技能。　　[21]甚或:甚至。高言：大言，过分之辞。内学：谶纬之学，流行于西汉时期，借用河图洛书的神话，以阴阳五行和董仲舒的天人感应理论为依据的学说。　　[22]占星气：观星宿望气以言吉凶。星气，星宿和云气。　　[23]"执图纬之小言"二句：图纬，图谶和纬书。谶即谶语，是一种神秘语言，借用神仙，占验吉凶，预知政事。谶语分为符谶和图谶两种。谶语配有图录，故称图谶，亦作"图录"。纬书，相对"经书"而言，是方士儒生受河图洛书影响，伪托孔子对儒家经典作的解释，以为当时政治服务。小言，不合大道的言论。渊微，深沉微小。悬象，日月星辰等天象。　　[24]老人之星：又称南极星，学名为船底座α星，为全天第二亮的恒星，我国长江以南地区可以看到。古人以它象征长寿，故称"寿星"。　　[25]太史：职官名，西周、春秋时掌起草文书、记载史事，兼管典籍、历法、祭祀等事。秦以后设太史令，为史官。贡谀：献媚。　　[26]发敛：进退，往还，古历指日道发南敛北之细数。　　[27]率多：大多。　　[28]《元会运世》：《皇极经世书》之篇名。《皇极经世书》是宋邵雍研习《周易》而创的预测学著作，根据河洛数理、阴阳五行、天地物理以及人类进化等推演出了"元、会、运、世"等一套预测方法。《皇极经世书》十二卷，前六卷为《元会运世》，其中一至十二篇"以元经会"，十三至二十三篇"以会经运"，二十四至三十四篇"以运经世"。　　[29]杨、墨：杨朱和墨翟的并称。此处指儒家以外的各学派。　　[30]三统：夏商周三代有岁首建子、建丑、建寅之别，谓之三统。四分：沿袭三统，以十九年为一章，然一年长度为三百六十五天又四分之一日，故称四分。　　[31]小轮：即托勒密的地心说理论。他认为各行星都在一个较小的圆周运动，且每个圆的圆心在以地球为中心的圆周上运动。绕地球的圆即"均轮"，小圆叫"本轮"。椭圆：开普勒的地心说理论。他认为行星环绕太阳沿椭圆轨道运动，相同时间内向量半径所扫过的面积相等，以太阳为焦点的椭圆轨道半长轴的立方与周期的平方之比是一个常量。　　[32]"博问通人"三句：通人，学识渊博通达的人。心钝,心智愚钝。棼(fén 汾),通"紊",纷乱,紊乱。昧,不明白,糊涂。　　[33]窃:谦词,自己。　　[34]"各有特识"三句:特识,独立的见解。法数,法度术数。典要,经常不变的准则,标准。　　[35]爰(yuán 元):于是。掇拾:搜集。　　[36]质:评断。艺林:汇集图书典籍的地方。　　[37]谂(shěn 审):告知。　　[38]穷幽极微:深入探究高妙精微的道理。　　[39]纲纪:治理,管理。群伦:同类的人们。　　[40]方技:医卜星相等各种技术。苟且:敷衍了事,马虎。干禄:求取功名利禄。　　[41]嘉庆四年:1799年。嘉庆,清仁宗年号。

【解析】

中国古代具有良好的天文历算学传统。自黄帝始,天文推步术兴起,尔后尧命羲和制历,舜观察天象,夏历建寅,商历建丑,周历建子,顺次递改。两汉刘向刘歆父子、张衡、郑玄将天文历算发扬光大。自先秦到嘉庆朝天文历法经七十馀次变化,虽然疏密不等,但反映了我国天文历法的发展历程。在阮元看来,两汉后天文历算不再受到重视,负责天文的官员多因循守旧,天文学家脱离实际,因而"步算之道,由是日衰",天文历算流于空谈荒诞,而利用天文历算进行占卜的星占之学盛行。明清时期,随着西方传教士来华,他们也把西方的天文历算带到了中国,且受到统治者的重视,逐渐取得支配地位。时人则重视西方的天文历算,而菲薄中国古代天文成就。阮元深切地感到中国天文学所面临的危机,为弘扬中国的天文历算之学,遂"网罗今古,善善从长,融会中西,归于一是",将中国古代天文历算之学进行了较大规模的系统梳理,撰成《畴人传》。

我国对天文学家立传在"二十四史"中虽已有之，但传主多限于星占、医卜等术士，对其天文学成就并不重视。《畴人传》取材于中国古代"二十四史"中的列传和《天文志》、《律历志》等史料，记载了二百八十位天文历算家的成就，其中中国古代自然科学家二百四十三人。该书对传主的生平和官宦生涯着墨不多，然对其科学成就记载较为详细，多纪天文历算资料、天文学说、天文仪器以及天文算学等，勾勒了中国古代天文学演进的状况，充分肯定了中国古代天文学的伟大成就。阮元认为天文历算之学是"实事求是之学，非方技苟且干禄之具"，其撰写《畴人传》的目的就是要"综算氏之大名，纪步天之正轨"，"纲纪群伦，经纬天地"。

阮元虽极力夸耀中国古代天文历算成就，但也客观地肯定了西方天文历算的成就。《畴人传》首次为西方天文科学家立传，其中涉及欧洲自然科学家三十七人。这既与他所处的西学东渐的历史时代有关，更与他早年的经历有关。他自称早年曾初涉算学，了解中西方天文历算的异同。

《畴人传》是中国历史上第一部中国自然科学家传记，在中国自然科学史以及中国文化史上有着重要的地位。《畴人传》完成后，引领了当时为自然科学家立传的热潮。清道光二十年（1840），罗士琳撰成《畴人传续编》六卷。光绪十二年（1886），诸可宝撰成《畴人传三编》七卷。光绪二十四年（1898），黄锺骏撰成《畴人传四编》十一卷附一卷。

病梅馆记

〔清〕龚自珍

【题解】

　　龚自珍（1792—1841）字爱吾，又字璱人，号定盦，仁和（今浙江杭州）人。清道光九年（1829）进士，累官至礼部主事。学宗《公羊》，喜言政事，尤精西北舆地之学。其文章深峻，为一代之雄。嘉道年间，与魏源并以奇才名天下。十九年，辞官归乡。《清史稿》卷四八六、《清史列传》卷七三有传。《病梅馆记》即其晚年归乡后所作。

　　江宁之龙蟠[1]、苏州之邓尉[2]、杭州之西谿[3]，皆产梅。或曰："梅以曲为美，直则无姿；以欹为美[4]，正则无景；梅以疏为美，密则无态。"固也[5]。此文人画士心知其意，未可明诏大号[6]，以绳天下之梅也[7]；又不可以使天下之民斫直、删密、锄正，以夭梅、病梅为业以求钱也[8]。梅之欹之疏之曲，又非蠢蠢求钱之民能以其智力为也[9]。有以文人画士孤癖之隐[10]，明告鬻梅者[11]，斫其正，养其旁条，删其密，夭其稚枝[12]，锄其直，遏其生气，以求重价，而江浙之梅皆病。文人画士之祸之烈至此哉！

予购三百盆，皆病者，无一完者。既泣之三日，乃誓疗之：纵之，顺之，毁其盆，悉埋于地，解其棕缚[13]；以五年为期，必复之，全之。予本非文人画士，甘受诟厉[14]，辟病梅之馆以贮之。乌乎！安得使予多暇日，又多闲田，以广贮江宁、杭州、苏州之病梅，穷予生之光阴以疗梅也哉！

《龚定盦全集》续集卷三

【注释】

[1]江宁：今江苏南京。龙蟠：南京清凉山下龙蟠里。　[2]邓尉：邓尉山，在江苏苏州西南七十里，相传汉代太尉邓禹在此隐居。　[3]西谿：在浙江杭州灵隐山西北。　[4]欹（qī 欺）：斜。　[5]固：固然，虽说如此的意思。　[6]明诏大号：公开宣告。　[7]绳：准绳。这里用作动词，以为标准的意思。　[8]妖（yāo 夭）：同"夭"，灾祸。病：这里用作动词，意谓祸害。　[9]蠢蠢：众多而杂乱的样子。　[10]孤癖之隐：心中的怪癖，即前文所说以曲、欹、疏为美之癖好。　[11]鬻（yù 育）：卖。　[12]夭：早死者称夭。这里指砍折梅花的幼枝。　[13]棕缚：用棕绳捆扎。　[14]诟（gòu 够）厉：辱骂。

【解析】

《病梅馆记》批评江浙一带的文人画士为追求所谓的"美感",培育出具有病态的梅花。龚自珍借梅言事,其立誓"疗梅"的背后,体现了对个性解放的追求。

龚自珍归乡后自购的三百盆梅花,无一具有纯天然的样态。龚自珍为此长哭三日,然后砸碎了盆盆罐罐,把花全部移栽到地里,又解开棕绳的束缚,发誓要医治这些梅花,让它们纵情生长。龚自珍既是经史大家,又是诗文名家,但他自言"予本非文人画士",这是表明宁愿挨骂,也要与病态的审美传统决绝。龚自珍哭梅花,其实也是在哭自己,更是要为一代知识分子的遭际哭泣。

龚自珍少负文才,外祖父段玉裁评价他的作品:"风发云逝,有不可一世之概。"(《怀人馆词序》)但他的仕途并不太如意。道光六年(1826),龚自珍、魏源等参加会试,尽管主试官刘逢禄力荐龚、魏,结果却是二人同时落第。道光九年,龚自珍虽考中进士,但在接下来的朝考中,三试皆不及格,没能点上翰林。不及格的原因非他,乃因其楷法不佳,字体不好。此后他便长期在京城担任闲官。

龚自珍在《乙丙之际著议第九》中,曾将世道分为"治世"、"乱世"与"衰世"三等。当"衰世"之时,"非但戮(xiǎn 显)君子也,抑小人甚戮。当彼其世也,而才士与才民出,则百不才督之、缚之,以至于戮之"!"衰世"的最大特点就是一切人才都被消磨殆尽,偶有"才士"或"才民"出现,也会受无才之辈的严督、束缚,甚至杀戮。龚自珍深刻地指出："戮之非刀，非锯，非水火；文亦戮之，名亦戮之，声音笑貌亦戮之。"真正扼杀人才的，未必是刀斧，而是腐朽的文风，虚伪的名教，种种束缚人的繁文缛节。

龚自珍之所以激烈地反对"盆景式"养梅，就是因为这种病态的审美，这种违背物性亦即人性的做法，恰恰是导致人才失去个性、社会日渐平庸的根源。龚自珍南归途中路过镇江，适逢当地祭赛玉皇与风神、雷神。龚自珍应道士之请，写下"九州生气恃风雷，万马齐喑究可哀。我劝天公重抖擞，不拘一格降人材"的诗句。风神、雷神的本职是保佑民间风调雨顺，但龚自珍念念不忘的是祈求风雷震破万马齐喑的千年暗夜，为僵化的"衰世"提供多样化的人才。这和《病梅馆记》中的主题思想是一脉相通的。

海国图志原叙

〔清〕魏源

【题解】

魏源（1794—1857）字默深（亦作"墨生"），邵阳（今湖南隆回）人。清道光二十五年（1845）进士。历东台、兴化知县，官至高邮知州。道光五年，曾受江苏布政使贺长龄聘，辑《皇朝经世文编》，撰有《筹海篇》、《筹漕篇》、《筹鹾篇》等。后受林则徐嘱托，以林氏编译的《四洲志》为基础，辅之以历代史志、明代以来岛志及外国图文资料，撰成《海国图志》。该书初刻于道光二十二年，五十卷。道光二十七年，增补为六十卷。咸丰二年（1852），增补为一百卷。《〈海国图志〉叙》撰于道光二十二年十二月（1843年1月）。道光二十七年，刊刻《海国图志》六十卷本时，改称《〈海国图志〉原叙》，并将文中"五十卷"改为"六十卷"。《原叙》中原列有《海国图志》诸篇名称，如《筹海篇》、《各国沿革图》、《东南洋海岸各国》、《东南洋各岛》、《西南洋五印度》、《小西洋利未亚》、《大西洋欧罗巴各国》、《北洋俄罗斯国》、《外大洋弥利坚》、《西洋各国教门表》、《中国西洋纪年表》、《中国西历异同表》、《国地总论》、《筹夷章条》、《夷情备采》、《战舰条议》、《火器火攻条议》、《器艺货币》等。

　　《海国图志》六十卷，何所据？一据前两广总督林尚书所译西夷之《四洲志》[1]，再据历代史志，及明以来岛志，及近日夷图、夷语[2]，钩稽贯串，创榛辟莽[3]，前驱先路。大都东南洋、西南洋增于原书者十之八[4]。大小西洋、北洋、外大西洋增于原书者十之六[5]。又图以经之，表以纬之，博参群议以发挥之[6]。

　　何以异于昔人海图之书[7]？曰：彼皆以中土人谭西洋[8]，此则以西洋人谭西洋也。是书何以作？曰：为以夷攻夷而作[9]，为以夷款夷而作，为师夷长技以制夷而作。《易》曰："爱恶相攻而吉凶生[10]，远近相取而悔吝生，情伪相感而利害生。"故同一御敌[11]，而知其形与不知其形，利害相百焉；同一款敌，而知其情与不知其情，利害相百焉。古之驭外夷者[12]，诹以敌形，形同几席；诹以敌情，情同寝馈。

　　然则执此书即可驭外夷乎？曰：唯唯[13]，否否。此兵机也[14]，非兵本也；有形之兵也，非无形之兵也。明臣有言："欲平海上之倭患[15]，先平人心之积患。"人心之积患如之何？非水非火，非刃非金，非沿海之奸民，非吸烟贩烟之莠民[16]。故君子读《云汉》、《车攻》[17]，先于《常武》、《江汉》，而知二《雅》诗人之所发愤；玩卦爻内外消息[18]，而知《大易》作者之所忧患。愤与忧，天道所以倾《否》而之《泰》也[19]，人心所以违寐而之觉也，人才所以革虚而之实也。

昔准噶尔跳踉于康熙、雍正之两朝[20]，而电扫于乾隆之中叶。夷烟流毒[21]，罪万准夷。吾皇仁勤[22]，上符列祖。天时人事，倚伏相乘[23]。何患攘剔之无期[24]，何患奋武之无会[25]。此凡有血气者所宜愤悱[26]，凡有耳目心知者所宜讲画也。去伪，去饰，去畏难，去养痈[27]，去营窟，则人心之寐患祛，其一。以实事程实功，以实功程实事[28]，艾三年而蓄之[29]，网临渊而结之，毋冯河[30]，毋画饼，则人材之虚患祛，其二。寐患去而天日昌，虚患去而风雷行。《传》曰[31]："孰荒于门[32]，孰治于田，四海既均，越裳是臣。"叙《海国图志》。

　　道光二十有二载，岁在壬寅嘉平月[33]，内阁中书邵阳魏源叙于扬州[34]。

《海国图志》卷首（《魏源全集》第四册）

【注释】

[1]前两广总督林尚书所译西夷之《四洲志》：林尚书，即林则徐（1785—1850），字元抚，一字少穆，清福建侯官（今福州）人。嘉庆十六年（1811）进士。道光十七年（1837），任湖广总督，后以钦差大臣身份前往广东禁烟。道光十九年十二月授两广总督。《四洲志》，林则徐在广东禁烟时为了解西方，主持编译的一部世界地理著作。原书为英国人慕瑞（Hugh Murray）的《世界地理大全》。《四洲志》简要介绍了亚洲、欧洲、非洲、美洲等五大洲三十馀个国家历史地理、政治状况，是当时中国第一部系统的世界地理志。　　[2]夷图、夷语：海外地图和外国语。　　[3]创榛（zhēn　真）辟莽：做前人没有做过的事。创、辟，剪开，摈除。榛、莽，丛生的荆棘。　　[4]大都：大概。东南洋：是说东南亚海域及朝鲜、日本、大洋洲海域。西南洋：印度洋，即阿拉伯海东部在内的南亚海域及西南亚东南面的阿拉伯西部等海域。　　[5]大小西洋：即今大西洋。此处大西洋指西欧诸国和西班牙、葡萄牙的西南面海域，即大西洋接连这些国家的部分海域及北海的南部和西部。小西洋是指印度洋和大西洋连接的非洲部分海域。北洋：北冰洋，指挪威、俄罗斯、瑞典、丹麦、普鲁士王国的海域及格陵兰岛周围海域。外大西洋：大西洋靠近南北美洲的海域。　　[6]发挥：阐发，把意思表达出来。　　[7]海图之书：有关海外的地理著作。　　[8]中土：中国。谭：同"谈"。西洋：大西洋两岸的欧美各国。　　[9]"以夷攻夷而作"三句：是说用西洋人的方法攻击西洋人，听从其

他西方国家的调节和西洋人和议，学习西洋人先进的技术来制约他们。魏源提出的写作本书的目的都是建立在防守的基础之上的。《筹海篇一》说："以守为战，而后外夷服我调度，是谓以夷攻夷；以守为款，而后外夷范我驰驱，是谓以夷款夷。"夷，外国或外国人，此处指西洋人。以夷攻夷，第一个"夷"指西洋人的方法，第二个"夷"指西洋人。"以夷款夷"，第一个"夷"指其他西方国家。款，和，议和，和谈。　　[10]"爱恶相攻而吉凶生"三句：《周易·系辞下》："是故爱恶相攻而吉凶生，远近相取而悔吝生，情伪相感而利害生。"是说对事务的爱好和厌恶相矛盾就会产生吉凶，对远近不同事务的选择就会形成后悔或难舍的心态，真实的情感或虚情假意相互作用就会产生得利和受害的结果。悔，后悔，悔恨。吝，过分爱惜，难舍。情，实情，此处指真实情感。伪，虚情假意。　　[11]"故同一御敌"六句：所以同是抵御敌人，了解形势和不了解形势，得利和受害相差百倍；同敌人和谈，知道他的情况和不知道他的情况，得利和受害也相差百倍。形，形势，情势。情，状况，情况。　　[12]"古之驭外夷者"五句：是说古代驭使外敌的人，了解敌人的形势，宛如熟悉自己的几案和席子；了解敌人的真实情况，如熟悉自己的睡觉和饮食。驭，驾驭，控制。诹（zōu 邹），询问。寝馈，寝食，吃住。　　[13]唯唯，否否：是，也不是。唯唯，回答时表示同意的应声。否否，回答时不顺从别人表示否定。　　[14]兵机：用兵的机谋。　　[15]倭患：自明洪武二年（1369）始，部分日本武士、浪人和商人受到西南部封建主和大寺院主的资助经常乘船到东南沿海武装抢掠，此后，部分商人、海盗和倭寇相勾结，倭寇之患愈演愈烈。　　[16]莠（yōu 有）民：品质坏的人，坏人。　　[17]"故君子读《云汉》、《车攻》"三句：《云汉》，《诗·大雅·荡之什》之一篇，全诗八章，每章十句，是纪周宣王求神祈雨的诗。《车攻》，《诗·小雅·南有嘉鱼之什》之一篇，全诗八章，每章四句，纪周宣王在东都与诸侯田猎。《常武》，《诗·大雅·荡之什》之一篇，全诗六章，每章八句，赞周宣王率兵亲征徐国平定叛乱。《江汉》,《诗·大雅·荡之什》之一篇,全诗六章,每章八句,纪召伯平淮夷,受周王赏赐。二《雅》,《诗》分为风、雅、颂三部分。雅是宫廷乐歌,又分大雅和小雅。大雅多为贵族所作,是贵族宴享或诸侯朝会的乐歌。小雅多为士大夫个人抒怀。发愤,发泄愤懑。　　[18]卦爻:《易》中的卦和组成卦体的爻。卦,是古代占卜的符号。爻,是组成卦的符号,如"—"是阳爻,"--"是阴爻,每三爻合成一卦,两卦相重,就是大爻。卦的下三爻为内卦,上三爻为外卦。消息:事物的消长、盛衰。　　[19]"天道所以倾《否》而之《泰》"三句:由《否卦》走向《泰卦》,即由厄运转为好运。倾,趋向。违寐(mèi 妹)而之觉,摆脱愚昧而觉醒。寐,入睡,睡着,此指蒙昧无知。革虚而之实,革除虚假不实而任用务实的人。　　[20]"昔准噶尔跳踉于康熙、雍正之两朝"二句:是说清康熙、雍正时期准噶尔部发动叛乱,乾隆中叶平息准噶尔部叛乱。准噶尔,蒙古旧部落名,清厄鲁特蒙古四部之一。跳踉(liáng 良),跋扈,猖獗。电扫,指事情迅速处理完毕,此处是说平息准噶尔部叛乱。　　[21]"夷烟流毒"二句:夷烟,鸦片烟。罪万准夷,罪行超过准噶尔部叛乱万倍。　　[22]吾皇:指清道光皇帝(1782—1850),在位三十年。主政前期勤于政务,平定张格尔叛乱,整治吏治和烟运,严禁鸦片,但《南京条约》签订后无所建树。　　[23]倚伏相乘:互相依存,互相转化。　　[24]攘剔:铲除。　　[25]奋武:动用武力。会:时机。　　[26]愤悱(fěi 翡):愤恨,愤慨。　　[27]"去养痈(yōng 庸)"三句:养痈,原本误作"养瘫"。养痈即不治疗肿疮而任其生长,指姑息。痈,恶性脓疮,毒疮。去营窟,离开藏身避难之所,此处指去除自私的个人谋划。寐患祛(qū 驱),去除愚昧的弊病。祛,除去。　　[28]程:衡量,考核。　　[29]艾:艾草,多年生草本植物,可以用灸法治病,艾愈陈愈好。　　[30]冯河:徒步过河。冯,通"凭"。　　[31]《传》曰:《韩诗外传》载,周成王时越裳氏派使者来献白雉,周公旦为作《越裳操》:"於戏嗟嗟,非旦之力,乃文王之德。" [32] "孰荒于门"四句：这是韩愈所拟《琴操十首·越裳操》歌词中的四句。越裳，古南海国名，在今越南、老挝一带。 [33]嘉平月：农历十二月。 [34]内阁中书：清内阁职官名，正七品，掌撰拟、缮写、记档、翻译等事务。额设一百二十四人，其中满洲七十人，蒙古十六人，汉军八人，汉人三十人。宣统三年（1911）废。魏源曾捐补内阁中书舍人候补。

【解析】

1840年，西方殖民者发动鸦片战争，清政府和战不定，最终战败。魏源经历了外国侵略危机，目睹了清政府的无能，激发了强烈的爱国热情，他投笔从戎，但仍无法改变清政府战败的命运。林则徐的虎门销烟极大地震撼了魏源，而林则徐编译的《四洲志》成为他进一步研究西方社会的基础。魏源接受林则徐的嘱托，撰成《海国图志》五十卷，后又吸收了徐继畬《瀛寰志略》等多种中外文史籍，于咸丰二年（1852）撰成我国近代历史上第一部系统介绍世界地理知识的综合性著作——《海国图志》百卷本。魏源指出，《海国图志》的编纂目的有二：一是通过学习和了解西方，使时人去掉伪饰、不畏艰难，消除愚昧，从而觉醒；二是"以实功程实事"，消除虚妄，从而务实。虽然魏源对这部书是否可以驭使外夷不置可否，但他强调这部书对时人的思想觉醒、趋于务实是有价值的。

《海国图志》据西洋文献来探讨西方国家，区别于以往海图之书用中国人的视角来看世界。魏源提出"师夷长技以制夷"的主张，将了解西方提高到关系国家民族安危的高度，强调学习西方先进的科学技术为我所用。这一思想尤其在当时具有划时代的意义。

当时中国人认识世界多以中国人的视角，认为世界以中国为中心。明末清初，利玛窦等西方传教士来到中国，带来了西方的新技艺，但仍然没有受到重视。《海国图志》的完成给当时中国人以全新的近代世界的概念，引发了中国人了解世界，向西方学习的新思潮。

《海国图志》所提出的"师夷长技以制夷"的思想一定程度上开启了民智，在当时的社会进步人士中引起了强烈的反响，推动了中国历史的近代化。洋务运动中的洋务派、戊戌变法时的维新派都接受了魏源的这一思想。此外，《海国图志》六十卷完成后便传到日本，对明治维新产生了积极的影响。

养晦堂记

〔清〕曾国藩

【题解】

曾国藩（1811—1872），初名子城，字伯涵，号涤生，湘乡（今属湖南）人。清道光十八年（1838）进士。咸丰二年（1852），奉旨帮办团练，创立"湘军"。五年，授兵部侍郎。同治元年（1862），拜协办大学士，督诸军讨伐太平天国。四年，以功封一等毅勇侯。五年，授武英殿大学士、直隶总督。九年，调两江总督。卒于任，谥文正。曾国藩早年师事理学名臣唐鉴，专究义理之学，兼及词章、考据，且素重修身齐家，留心化育天下人才。著有《曾文正公诗文集》、《曾文正公家训》、《曾文正公奏稿》，并编有《求阙斋日记类钞》、《经史百家杂钞》、《十八家诗钞》等行世。《清史稿》卷四〇五有传。《养晦堂记》作于道光三十年（1850），是为其同乡挚友刘蓉之书斋而作。

凡民有血气之性，则常翘然而思有以上人[1]。恶卑而就高[2]，恶贫而觊富[3]，恶寂寂而思赫赫之名[4]。此世人之恒情[5]。而凡民之中有君子人者，常终身幽默[6]，闇然深退。彼岂生与人异性？诚见乎其大，而知众人所争者之不足深较也[7]。

盖《论语》载，齐景公有马千驷[8]，曾不得与首阳饿莩絜论短长矣。余尝即其说推之，自秦汉以来，迄于今日，达官贵人，何可胜数？当其高据势要，雍容进止[9]，自以为材智加人万万[10]。及夫身没观之[11]，彼与当日之厮役贱卒[12]，污行贾竖[13]，营营而生[14]，草草而死者，无以异也。而其间又有功业文学猎取浮名者，自以为材智加人万万。及夫身没观之，彼与当日之厮役贱卒，污行贾竖，营营而生，草草而死者，亦无以异也。然则今日之处高位而获浮名者，自谓辞晦而居显[15]，光气足以自振矣。曾不知其与眼前之厮役贱卒，污行贾竖之营营者行将同归于澌尽[16]，而豪毛无以少异[17]，岂不哀哉！

吾友刘君孟容[18]，湛默而严恭[19]，好道而寡欲，自其壮岁，则已泊然而外富贵矣[20]。既而察物观变，又能外乎名誉。于是名其所居曰"养晦堂"，而以书抵国藩为之记。

昔周之末世，庄生闵天下之士湛于势利[21]、汩于毁誉[22]，故为书戒人以闇默自藏，如所称董梧、宜僚、壶子之伦[23]，三致意焉[24]。而扬雄亦称[25]："炎炎者灭，隆隆者绝。高明之家，鬼瞰其室。"君子之道，自得于中，而外无所求。饥冻不足于事畜而无怨[26]，举世不见是而无闷[27]。自以为晦，天下之至光明也。若夫奔命于烜赫之途[28]，一旦势尽意索[29]，求如寻常穷约之人而不可得[30]，乌睹所谓高明者哉[31]？余为备陈所以，盖坚孟容之志，后之君子，亦观省焉。道光三十年岁在庚戌冬十月。

《曾文正公文集》卷二

【注释】

[1]翘然：翘首企盼的样子。上人：位居人上。　[2]恶（wù 误）：厌恶。卑：低下。　[3]觊（jì 记）：冀望，希图。　[4]赫赫：显明、盛大的样子。　[5]恒：常。　[6]幽默：幽晦，暗默，这里指深藏不露、低调处世。　[7]较：计较。　[8]"齐景公有马千驷"二句：《论语·季氏》："齐景公有马千驷，死之日，民无德而称焉。伯夷、叔齐饿于首阳之下，民到于今称之。"大意是说齐景公有四千匹马，他死后，老百姓不觉得他有什么可以称颂的德行。伯夷、叔齐在首阳山下饿死，人民却至今传颂他们。驷

（sì 四），古代一车套四马，故称一车所用之四马或四马之车为驷。首阳饿
莩，指伯夷、叔齐。他们曾谏止武王伐纣，认为不当"以臣弑君"。殷商覆灭
之后，伯夷、叔齐"义不食周粟"，隐入首阳山，最终饿死。事见《史记·伯夷
列传》。莩，通"殍（piǎo 瞟）"，饿死。絜论短长，度量、评论短长。絜，用
绳子计量筒状物的粗细。　　[9]进止：进退举止。　　[10]加人万万：超过
常人数万倍。　　[11]没（mò 末）：死亡。　　[12]厮役：旧称执劳役供使
唤的人。　　[13]贾（gǔ 古）竖：对商人的蔑称。旧时认为商贾之人胸无大
志，犹如童竖，故称贾竖。　　[14]营营：往来、周旋的样子。这里用来形容
商贾、走卒为生计而在市井之中奔走。　　[15]辞晦而居显：告别默默无闻的
状态而居于显赫的位置。　　[16]澌（sī 斯）：死，尽。　　[17]豪毛：同"毫
毛"。　　[18]刘君孟容：刘蓉（1816—1873）字孟容，号霞仙，湘乡（今属湖
南）人。清道光十七年（1837），曾国藩过长沙，刘蓉时在省城应试，二人相
谈甚欢，遂结为朋友，后入曾国藩幕府，官至陕西巡抚，著有《养晦堂文集》、
《思辨录疑义》等。　　[19]湛默而严恭：外表沉默而内心庄严恭敬。湛，通
"沉"。下文"湛于势利"同此。　　[20]泊然而外富贵：恬然淡泊，而不考
虑富贵之事。外，置之度外，下文"外乎名誉"同此。　　[21]闵：怜念，亦作
"悯"。　　[22]汩（gǔ 古）于毁誉：沉没于毁誉声中。汩，没。　　[23]董
梧：吴国的贤人。宜僚：熊宜僚，楚国人。壶子：郑国人，《庄子》中说他
是列子的老师。以上三人分别见于《庄子》之《徐无鬼》、《山木》、《应帝
王》。伦：辈。　　[24]三致意焉：再三表达这个意思。　　[25]"而扬雄亦
称"五句：扬雄《解嘲》："炎炎者灭，隆隆者绝。观雷观火，为盈为实。天收
其声，地藏其热。高明之家，鬼瞰其室。"大意是：闪电很亮，但一下就灭了；
雷声很响，响过就没了。高明富贵之家，鬼神也会窥望、妒害其室。扬雄（前
53—后18），字子云，蜀郡成都（今属四川）人。以辞赋著称。《汉书》卷八七有
传。瞰（kàn 看），窥视。　　[26]事畜："仰事俯畜"的略语，指对上事奉父

母，对下养育妻子儿女。　　[27]举世不见是而无闷：《周易·乾传》："不成乎名，遁世无闷，不见是而无闷。"本意是因世道不好，避世逃遁，见举世皆非，心中亦不苦闷。后又发展出"虽不为人知，但心中亦不苦闷"的意思，即《中庸》所谓"遁世不见知而不悔"。这里用的是后一种意思。　　[28]烜（xuǎn　选）赫：形容声名或气势很盛。　　[29]索：尽，完结。　　[30]穷约：穷困，俭约。　　[31]乌：何，表示反问语气。

【解析】

"养晦"典出《诗·周颂·酌》："於铄王师，遵养时晦。"用以赞颂周武王虽拥有强大的军队，却能韬光养晦，静待时机，最终获得成功。

曾国藩应刘蓉之请，写这篇记，既是为了坚定刘蓉的志向，也是他"夫子自道"。他主要从三个角度来肯定"遵养时晦"的做法：

第一，他认为舍其显赫、取其晦昧的人，是因为具有更高的道德追求。曾国藩先举了《论语》中的例子：没有德行的齐景公虽然富有，死后很快被人遗忘，而守义饿死的伯夷、叔齐却得到后人的称颂。由此推开来说，不仅是乏善寡德之人，即使是已经建功立业或著作等身的人，如果没有了道德的支撑，死去之后也与贩夫走卒没有什么区别。

第二，懂得"养晦"的人，是因为懂得"察物观变"，因此更能把握有利的时机。所谓"自以为晦，天下之至光明也"，在世道黑暗的时候，退藏自守，致力于道德的修养与提升，这反而是最光明的事；在最没有机会的时候，顺势退守，可能又会迎来最好的机会。

第三，"养晦"还是一种人生哲学与政治经验。文章的结尾说：奔命于烜赫之途的人，一旦失势，会比一般人更悲惨，这时再要想过平常人的生活，也已不可能。秦丞相李斯被腰斩于咸阳，行刑前对他的儿子说："吾欲与若复牵黄犬俱出上蔡东门逐狡兔，岂可得乎？"（《史记·李斯列传》）衡诸历史与现实，类似的例子不胜枚举。

曾国藩所主张的"养晦"，亦非一味深退。"养晦"是等待时机、积蓄力量。即使后来身居高位，曾国藩依然注意"遵养时晦"，不仅其修养值得称道，在为人处世方面也的确有大智慧。

译《天演论》自序

〔近代〕严复

【题解】

严复（1854—1921），初名传初，改名宗光，字又陵，又改名复，字几道，侯官（今福建福州）人。清同治十年（1871），毕业于福州马尾船厂附设船政学堂，派往建威、扬武舰实习。光绪二年（1876），入英国格林尼次海军大学学习。五年，归国。六年，调北洋水师学堂，任总教习。二十年，甲午海战中国失败后，严复开始从事西方名著的翻译。其间曾任京师大学堂编译局总办。1912年任京师大学堂总监督兼文科学长。《清史稿》卷四八六有传。戊戌政变后，他翻译了大量西方名著，继续介绍并倡导西学中的民主和科学，表现出强烈的爱国主义思想。其主要译著有《天演论》（赫胥黎著）、《名学浅说》（耶方斯著）、《原富》（亚当·斯密著）、《群学肄言》（斯宾塞著）、《群己权界论》（约翰·穆勒著）、《社会通诠》（甄克斯著）、《法意》（孟德斯鸠著）、《穆勒名学》（约翰·穆勒著）等八种。赫胥黎的《天演论》由严复于1898年翻译出版，最初由沔阳卢氏慎始基斋木刻，1931年商务印书馆将以上八种译作汇为"严译名著丛刊"问世。"天演论"即"进化论"。赫胥黎原书名《进化论与伦理学》。严复翻译时仅选择了其中的部分内容。"进化论"是赫胥黎书的第一部分内容的名称。本文即严复为所译《天演论》而作的自序,作于光绪二十二年(1896)。

英国名学家穆勒约翰有言[1]:"欲考一国之文字语言,而能见其理极[2],非谙晓数国之言语文字者不能也。"斯言也,吾始疑之,乃今深喻笃信[3],而叹其说之无以易也。岂徒言语文字之散者而已[4],即至大义微言[5],古之人殚毕生之精力[6],以从事于一学,当其有得,藏之一心,则为理;动之口舌,著之简策,则为词,固皆有其所以得此理之由,亦有其所以载焉以传之故[7]。呜呼,岂偶然哉!自后人读古人之书,而未尝为古人之学,则于古人所得以为理者,已有切肤精恍之异矣[8]。又况历时久远,简牍沿讹,声音代变[9],则通假难明,风俗殊尚[10],则事意参差[11]。夫如是,则虽有故训疏义之勤[12],而于古人诏示来学之旨,愈益晦矣[13]。故曰,读古书难。虽然,彼所以托焉而传之理,固自若也。使其理诚精,其事诚信,则年代国俗无以隔之。是故不传于兹，或见于彼，事不相谋而各有合。考道之士[14]，以其所得于彼者，反以证诸吾古人之所传，乃澄湛精莹[15]，如寐初觉[16]。其亲切有味，较之觇毕为学者[17]，万万有加焉。此真治异国语言文字者之至乐也。

今夫六艺之于中国也[18]，所谓日月经天[19]，江河行地者尔。而仲尼之于六艺也，《易》、《春秋》最严[20]。司马迁曰："《易》本隐而之显[21]，《春秋》推见至隐。"此天下至精之言也[22]。始吾以谓本隐之显者，观《象》、《系辞》以定吉凶而已；推见至隐者，诛意褒贬而已[23]。及观西人名学，则见其于格物致知之事，有内籀之术焉[24]，有外籀之术焉[25]。内籀云者，察其曲而知其全者也，执其微以会其通者也。外籀云者，据公理以断众事者也，设定数以逆未然者也[26]。乃推卷起曰：有是哉，是固吾《易》、《春秋》之学也。迁所谓本隐之显者，外籀也；所谓推见至隐者，内籀也。其言若诏之矣[27]。二者即物穷理之最要途术也[28]。而后人不知广而用之者，未尝事其事，则亦未尝咨其术而已矣。

近二百年，欧洲学术之盛，远迈古初[29]。其所得以为名理、公例者[30]，在在见极[31]，不可复摇。顾吾古人之所得[32]，往往先之，此非傅会扬己之言也[33]。吾将试举其灼然不诬者[34]，以质天下[35]。夫西学之最为切实而执其例可以御蕃变者[36]，名、数、质、力四者之学是已[37]。而吾《易》则名、数以为经，质、力以为纬，而合而名之曰《易》。大宇之内，质、力相推，非质无以见力，非力无以呈质。凡力皆乾也，凡质皆坤也。奈端动之例三[38]，其一曰："静者不自动[39]，动者不自止，动路必直，速率必均。"此所谓旷古之虑[40]，自其例出，而后天学明，人事利者也。而《易》则曰："乾[41]，其静也专，其动也直。"后二百年，有斯宾塞尔者[42]，以天演自然言化[43]，著书造论，贯天地人而一理之，此亦晚近之绝作也。其为天演界说曰[44]："翕以合质[45]，辟以出力，始简易而终杂糅。"而《易》则曰："坤[46]，其静也翕，其动也辟。"至于全力不增减之说[47]，则有自强不息为之先，凡动必复之说[48]，则有消息之义居其始[49]。而"易不可见[50]，乾坤或几乎息"之旨，尤与"热力平均[51]，天地乃毁"之言相发明也。此岂可悉谓之偶合也耶? 虽然，由斯之说，必谓彼之所明，皆吾中土所前有，甚者或谓其学皆得于东来，则又不关事实，适用自蔽之说也[52]。夫古人发其端，而后人莫能竟其绪[53]；古人拟其大[54]，而后人未能议其精，则犹之不学无术未化之民而已。祖父虽圣，何救子孙之童昏也哉[55]!

大抵古书难读，中国为尤。二千年来，士徇利禄[56]，守阙残，无独辟之虑。是以生今日者，乃转于西学，得识古之用焉。此可与知者道，难与不知者言也。风气渐通，士知弇陋为耻[57]。西学之事，问途日多。然亦有一二巨子，訑然谓彼之所精[58]，不外象数、形下之末；彼之所务，不越功利之间。逞臆为谈[59]，不咨其实[60]，讨论国闻[61]，审敌自镜之道[62]，又断断乎不如是也。赫胥黎氏此书之旨[63]，本以救斯宾塞任天为治之末流[64]，其中所论，与吾古人有甚合者。且于自强保种之事，反复三致意焉。

夏日如年，聊为迻译[65]。有以多符空言、无裨实政相稽者，则固不佞所不恤也[66]。光绪丙申重九严复序[67]。

《天演论》

【注释】

[1]名学家:逻辑学家。穆勒约翰:约翰·穆勒(John Stuart Mill, 1806—1873),英国著名的古典自由主义思想家,孔德实证主义哲学的继承者,著有《逻辑体系》、《政治经济学原理》、《论自由》等。　　[2]理极:透彻的道理。极,尽。　　[3]深喻:深切明白,确切知晓。笃信:深信不疑。　　[4]散者:只言片语。　　[5]大义微言:隐藏在简单语言中的深刻道理。　　[6]殚(dān 丹):竭尽,用尽。　　[7]载焉以传:记载传播。　　[8]切肤:亲身,切身。精忤(wǔ 午):精思。《广雅·释诂三》:"忤,思也。"　　[9]"声音代变"二句:是说古代著作行文中常用同义同音字代替,读音发生了变化,通假字的原义就难搞明白了。　　[10]殊尚:崇尚不同。　　[11]参差:不一致。　　[12]故训疏义:注解字词,疏通文义。　　[13]晦:昏暗不明,不彰显。　　[14]考道之士:研究学问的人。　　[15]澄湛精莹:清晰,透彻。　　[16]寐(mèi 妹):睡,睡着。　　[17]觇(chān 搀)毕:即"占毕",诵读,原指不解经义,仅视简上文字诵读以教人。　　[18]六艺:此处指《诗》、《书》、《礼》、《易》、《乐》、《春秋》六经。　　[19]"所谓日月经天"二句:是说日月每天都经过天空,江河永远流经大地,形容人和事物永恒。　　[20]严:尊敬,推崇。　　[21]"《易》本隐而之显"二句:是说《周易》根据微妙的卜卦来推测清楚人事,《春秋》依据具体的事情推导出精深的道理。见《史记·司马相如列传》。　　[22]至精之言:十分精辟的言论。　　[23]诛意:不论事实,只就其动机好坏、用心善恶而加以责备。　　[24]内籀(zhòu 宙)之术:归纳推理,通过特殊事例总结出普遍规律。穆勒名学有内籀四法(实为"五法"),即统同术(求同法)、别异术(差异法)、同异合术(求同差异并用术)、归馀法(剩馀法)、消息术(共变法)。　　[25]外籀之术:演绎法,根据普遍规律推断特殊事

例。　　[26]定数：原则，定律。逆：逆推，预测。　　[27]诏：宣扬，明白地显示。　　[28]途术：方法，办法。　　[29]迈：超过。古初：古时，往昔。　　[30]名理：辨别是非异同的理论。公例：一般的规律。　　[31]在在见极：处处分清。　　[32]顾：不过，表示轻微的转折。　　[33]傅会扬己：牵强附会，炫耀自己。　　[34]灼然不诬：明显是正确的。不诬，不妄，不假。　　[35]质：责问，质问。　　[36]执其例：掌握定理、规律。御蕃变：驾驭事物繁杂的变化。蕃，通"番"，繁杂，众多。　　[37]名：即逻辑学。数：即数学。质：即化学。力：即物理学。　　[38]奈端动之例三：牛顿运动三定律。奈端，即牛顿（1643—1727），英国著名的科学家，提出万有引力定律、牛顿运动三定律，著有《自然哲学的数学原理》等。　　[39]"静者不自动"四句：是说静止的物体在没有外力作用下，总保持静止状态，运动的物体在没有外力作用下，不会自行停止运动，运动的路线必定是直的，运动的速率一定是均等的。此处所指为牛顿的运动第一定律。　　[40]旷古之虑：前所未有的思想。　　[41]"乾，其静也专"三句：《周易·系辞上》："夫乾，其静也专，其动也直，是以大生焉。"是说天静时专一，动时不差。严复以此附会牛顿的运动第一定律。　　[42]斯宾塞尔：即赫伯特·斯宾塞（1820—1903），英国著名的哲学家、社会学家，社会达尔文主义之父。他将适者生存的进化理论应用于社会学，特别是教育学和阶级斗争中，著有《群学肄言》等。　　[43]以天演自然言化：斯宾塞用生物进化理论来阐释人类社会的演化。天演，生物进化理论。　　[44]界说：对事物的特征和概念的外延作精确说明。　　[45]"翕（xī溪）以合质"二句：是说聚集合成为物质，分解散发能量。翕，聚集。辟，散发。　　[46]"坤，其静也翕"三句：《周易·系辞上》："夫坤，其静也翕，其动也辟，是以广生焉。"是说地静止时闭合，运动时张开。严复以此来比拟进化论。　　[47]全力不增减之说：是说能量守恒定律。　　[48]凡动必复之说：是说牛顿运动第三定律。物体之间的作用力和反作用力,在同一直线上,大小相等,方向相反。　　[49]消息之义:天地万物的消长、盛衰。　　[50]"易不可见"二句:《周易·系辞上》:"乾坤毁,则无以见《易》。《易》不可见,则乾坤或几乎息矣。"是说变化不存在了,乾坤也就接近停止了。　　[51]"热力平均"二句:是说德国物理学家克劳修斯的"热寂说"。他认为一切运动形式都会转化为热,热逐渐消失,在太空中达到热力平均,一切运动都将停止,世界就要毁灭。　　[52]自蔽:为自己的成见所蒙蔽。　　[53]绪:前人未完成的事业。　　[54]拟:草创。　　[55]童昏:年幼无知。　　[56]徇:谋求。　　[57]弇(yǎn 眼)陋:见识浅薄。　　[58]訑(yí 宜)然:自得的样子。　　[59]逞臆:任意臆测。　　[60]咨:询问。　　[61]国闻:本国传统的学问。　　[62]审敌自镜:审察敌情,对照自己,引以为戒。　　[63]赫胥黎(Thomas Henry Huxley, 1825—1895):英国著名博物学家,达尔文进化论的代表人物,著有《人类在自然界的位置》、《进化论与伦理学》。严复将赫胥黎的《进化论与伦理学》中的一部分翻译为《天演论》出版。　　[64]救:纠正。任天为治:斯宾塞把自然法则运用到人类社会中,主张治理国家要任其自然。　　[65]迻(yí 移)译:翻译。　　[66]不佞:不才,对自己的谦称。恤:顾及,考虑。　　[67]光绪丙申:即1896年。

【解析】

　　1894年中日甲午海战,中国战败,民族危机空前深重,中国面临亡国灭种的危险。为救亡图存,一批具有爱国精神的有识之士试图寻找救国之道。严复将赫胥黎的《天演论》翻译过来,将进化论介绍到中国,开启民智,希望实现强国保种的目的。

　　如何正确对待西学,是严复在这篇序文中讨论的重点。他阐释了自己对西方学术的认识过程，强调通晓异国语言文字以了解异国文化的必要性。他批评了部分保守人士强调西方学术与中国学术有着种种联系，甚至来源于东方学术的自大言论，指出中西方学术之间确有相通之处，如西方的归纳法和演绎法、牛顿的运动定律和斯宾塞的天演论都与《易经》、《春秋》中的说法相通。

斯宾塞将达尔文的进化论应用于社会之中，但他强调治理国家要顺其自然。赫胥黎《天演论》的主要观点是说自然界的生物是不断进化的，原因在于"物竞天择，适者生存"，这一原理同样适用于人类社会。严复强调了赫胥黎《天演论》对斯宾塞理论的发展，"以救斯宾塞任天为治之末流"，指出"物竞天择"的理论对于当时身处民族危机的民众自强保种有深刻的意义。

严译《天演论》面世以后，先后出版数十次，轰动一时，深受时人的欢迎。《天演论》中的"物竞天择"、"适者生存"等词语被广泛使用。维新派的康有为、梁启超都阅读过《天演论》。康有为认为严复为"中国西学第一者"。生物进化的观点目前仍为我国自然科学界所认同。

原　强

〔近代〕严复

【题解】

　　甲午战争失败后，严复开始提倡变法自强，在天津《直报》上发表了《论世变之亟》、《原强》、《辟韩》、《救亡决论》等四篇论文，翻译了赫胥黎的《天演论》，创办了《国闻报》。《原强》最初发表于1895年3月4日至9日的天津《直报》，全文约8000字。之后严复对此文进行了修订，未重新发表，光绪二十七年（1901）收录于《侯官严氏丛刻》。修改稿较原本文字增加了将近一半，补写了很多内容。本文即节选自《原强》修订稿。

　　盖一国之事，同于人身。今夫人身，逸则弱，劳则强者，固常理也。然使病夫焉[1]，日从事于超距赢越之间[2]，以是求强，则有速其死而已矣。今之中国，非犹是病夫也耶？且夫中国知西法之当师[3]，不自甲午东事败衄之后始也[4]。海禁大开以还[5]，所兴发者亦不少矣[6]：译署[7]，一也；同文馆[8]，二也；船政[9]，三也；出洋肄业局[10]，四也；轮船招商[11]，五也；制造，六也；海军，七也；海署[12]，八也；洋操[13]，九也；学堂，十也；出使，十一也；矿务，十二也；电邮，十三也；铁路，十四也。拉杂数之[14]，盖不止一二十事。此中大半，皆西洋以富以强之基，而自吾人行之，则淮橘为枳[15]，若存若亡，不能实收其效者，则又何也？苏子瞻曰[16]："天下之祸[17]，莫大于上作而下不应。上作而下不应，则上亦将穷而自止。"斯宾塞尔曰[18]："富强不可为也，政不足与治也。相其宜，动其机，培其本根，卫其成长，则其效乃不期而自立。"是故苟民力已荼[19]，民智已卑，民德已薄，虽有富强之政，莫之能行。盖政如草木焉，置之其地而发生滋大者，必其地之肥硗燥湿寒暑与其种性最宜者而后可[20]。否则，萎悴而已[21]，再甚则僵槁而已[22]。往者，王介甫之变法也[23]，法非不良，意非不美也，而其效浸淫至于亡宋[24]，此其故可深长思也。管、商变法而行[25]，介甫变法而敝[26]，在其时之风俗人心与其法之宜不宜而已矣。达尔文曰[27]："物各竞存[28]，最宜者立。"动植如是，政教亦如是也。

夫如是，则中国今日之所宜为，大可见矣。夫所谓富强云者，质而言之，不外利民云尔。然政欲利民，必自民各能自利始[29]；民各能自利，又必自皆得自由始[30]；欲听其皆得自由，尤必自其各能自治始[31]，反是且乱。顾彼民之能自治而自由者，皆其力、其智、其德诚优者也。是以今日要政，统于三端[32]：一曰鼓民力，二曰开民智，三曰新民德。夫为一弱于群强之间，政之所施，固常有标本缓急之可论。唯是使三者诚进，则其治标而标立；三者不进，则其标虽治，终亦无功，此舍本言标者之所以为无当也。虽然，其事至难言矣。夫中国今日之民，其力、智、德三者，苟通而言之，则经数千年之层递积累，本之乎山川风土之攸殊[33]，导之乎刑政教俗之屡变，陶钧炉锤而成此最后之一境[34]。今日欲以旦暮之为，谓有能淘洗改革，求以合于当前之世变，以自存于佢儴烦扰之中[35]，此其胜负通窒之数[36]，殆可不待再计而知矣[37]。然而自微积之理而观之[38]，则曲之为变，固有疾徐；自力学之理而明之，则物动有由，皆资外力。今者外力逼迫，为我权借[39]，变率至疾，方在此时。智者慎守力权，勿任旁守，则天下事正于此乎而大可为也。即彼西洋之克有今日者[40]，其变动之速，远之亦不过二百年，近之亦不过五十年已耳，则我何为而不奋发也耶！

《严复集》第一册

【注释】

[1]病夫：体弱多病的人。　　[2]超距赢越：跳跃，奔跑。　　[3]西法：西方的制度。　　[4]甲午东事败衄（nǔ　女，去声）：是说甲午中日海战，中国战败。甲午，即清光绪二十年（1894）。　　[5]海禁大开：指光绪年间广开海禁之事。　　[6]兴发：兴起，产生。　　[7]译署：清政府于1861年设立的总理各国事务衙门。　　[8]同文馆：京师同文馆，1862年官方设立的外语学校，主要用于培养外语人材，也供西方人学习汉语。1900年停办，1902年并入京师大学堂。　　[9]船政：左宗棠以富国强兵为目的，在福建马尾所设船政学堂。　　[10]出洋肄业局：洋务运动中创办于上海的幼童公费留美预备学校。　　[11]轮船招商：轮船招商局，晚清第一家官督商办的近代企业，1873年创立于上海。　　[12]海署：总理海军事务衙门，又称海军衙门。光绪十一年（1885）九月设立，以管理全国海军，实权由李鸿章掌握。甲午海战后裁撤。　　[13]洋操：西式军事和体育方面的操练。　　[14]拉杂：凌乱，无条理。　　[15]淮橘为枳（zhǐ　旨）：淮南的橘子移植到淮河以北变为枳树，指事物性质随环境而变化。　　[16]苏子瞻：即苏轼（1037—1101），号东坡居士，眉州眉山（今属四川眉山）人。北宋著名文学家、政治

家。　　　[17]"天下之祸"四句：是说天下最大的祸患莫过于君主有所作为而属下却不响应。如此，君主也将不得已而停止作为。见《苏轼文集》卷九《策别·训兵旅三》。　　　[18]斯宾塞尔：即赫伯特·斯宾塞（1820—1903），英国著名哲学家、社会学家，社会达尔文主义之父。他将适者生存的进化理论应用于社会学，特别是教育学和阶级斗争中。　　　[19]苶（nié 聂，阳平）：疲惫，疲倦。　　　[20]硗（qiāo 敲）：土地坚硬不肥沃。　　　[21]萎：枯萎。矬：变矮小。　　　[22]僵：僵硬，僵死。槁（gǎo 稿）：干枯。　　　[23]王介甫之变法：是说王安石变法，又称"熙宁变法"。宋神宗熙宁二年（1069），神宗皇帝任用王安石主持变法，以发展生产、富国强兵为目的，设立制置三司条例司，施行农田、水利、青苗、市易、保甲、方田均税法等，取得了一定效果。元丰八年（1085），因宋神宗的动摇而结束。王安石（1021—1086）字介甫，临川（今江西抚州临川区）人。北宋著名思想家、政治家、改革家、文学家。　　　[24]浸淫：逐渐蔓延。　　　[25]管、商变法：管仲、商鞅变法。管仲（前723?—前645），名夷吾，颍上（今安徽颍上）人。春秋时期著名的法家代表人物、政治家、思想家。齐桓公时，管仲主持变法，富国强兵，寓兵于农，施行"相地而衰征"的赋税政策，发展商业，使齐桓公成为春秋五霸之首。商鞅（前390—前338），又名公孙鞅、卫鞅，卫国人，战国时期法家代表人物。公元前361年，商鞅由魏入秦，受到秦孝公的重用，开始主持变法，实施开阡陌、重农桑、奖励军功、统一度量衡等措施，使秦国迅速成为强大的国家，为后来秦统一六国奠定了基础。　　　[26]敝：败坏，失败。　　　[27]达尔文（Charles Robert Darwin, 1809—1882）：英国著名生物学家，生物进化论的奠基人。著有《物种起源》。　　　[28]"物各竞存"二句：是说生物互相竞争，最能够适应生活环境者生存下来。今译作"物竞天择，适者生存"。　　　[29]自利：自己获得好处。　　　[30]自由：指在法律规定范围内，可以按自己的意志行动。　　　[31]自治：自行管理。　　　[32]统于三端：总起来有三个方面。　　　[33]攸殊：不同。　　　[34]陶钧：陶冶，造就。炉锤：亦作"炉槌"，锤炼。　　　[35]俇儴（kuāngráng 匡瓤）：惶急不安的样子。　　　[36]窒：阻塞不通。　　　[37]计：谋划。　　[38]微积之理：微积分理论，主要包括函数、极限、微分数、积分学及其应用。　　　[39]权借：政府部门暂时向企业借用大件资产。　　[40]克：能够。

【解析】

1894年甲午海战后，西方列强掀起了瓜分中国的狂潮，中国面临亡国灭种的危险。严复认为要救亡图存，就必须学习西方，近者可以"保身治生"，远者可以"经国利民"，而西学之中，尤为关键者是达尔文的"物竞天择"理论和斯宾塞用进化论来阐述社会人伦的社会学思想。严复十分推崇斯宾塞的社会思想，认为斯氏的社会思想"以浚智慧、练体力、厉德行为纲"。他试图将斯氏的理论与中国相结合，以求强国保种。他认为中国为避免丧权辱国，就要富强，百姓要强壮体力，健全民智，推崇民德。在他看来，中国民众民力疲惫、民智未开、道德沦丧。西方的自由平等观念、社会制度较之中国都处于优势，其学术上追求真理，政治上"自由为体，民主为用"，使西方有了积极的面貌，而"物竞天择，适者生存"是双方消长的原因。但他也认为双方的实力相差并非遥不可及，反对夸大西方的力量。他指出中国的积贫积弱是社会发展所致，简单地学习西方社会制度并不能使中国富强。为此，他提出当时国家施政的要点在三个方面：鼓民力、开民智、新民德。所谓鼓民力，是说全国人民要有健康的体魄，禁绝鸦片和女子缠足；所谓开民智，是说学习西方的自然科学，废除科举；所谓新民德，是说要强调信仰，强化道德教育，倡导平等、信用，提倡君主立宪。三者是图强的根本所在，而问题的关键在于朝廷除旧布新，采取相应的变革措施，以实现强国御辱。

从节选的这一部分内容可以看出严复强国之路的主要旨趣。他强调强国和强身既有相同之处，又有差异。当时中国宛若一介病夫，要强壮但不能超出自己能力，否则只会加速死亡。中国人知道要变法图强，学习西方，并不始于甲午战败。光绪年间开海禁之后，中国就效法西方兴办了很多实务。这些措施中，大多数都是西方得以富强的基础，但是中国行之，反而未能达到富强的效果。这与当时民力凋敝、民智卑微、民德沦丧的社会有关。政治制度也当遵循达尔文的"物各竞存，最宜者立"的社会发展理论。他认为当时中国要富强就是要让人民得到好处。民众只有自利、自由，乃至实现自治，才能最终实现国家富强。

斯宾塞将达尔文"物竞天择，适者生存"的进化理论推广到社会学中，严复则把斯宾塞的社会学理论与中国实际相结合，客观地分析了中国所面临的问题，以及中西方之间存在的差距，进而强调中国朝廷应该鼓民力、开民智、新民德，而并非简单地学习西方的科技和政治制度，从而逐步实现强国保种。这一思想对当时所处的近代社会有着振聋发聩的作用，对当今我们提高民众素质，实现中华民族伟大复兴也有启发。

少年中国说

〔近代〕梁启超

【题解】

梁启超(1873—1929)字卓如,号任公,别署饮冰室主人、哀时客、中国之新民等,新会(今属广东)人。家贫,有志于学。初学于广州学海堂。清光绪十七年(1891),入万木草堂,拜康有为为师。二十一年,赴京会试,协助康有为发动"公车上书",要求清政府拒签《马关条约》。二十二年至上海,主编《时务报》,呼吁维新变法。二十四年入京,参与新政。戊戌变法失败后,流亡日本,在横滨创办《清议报》。辛亥革命后,梁启超提出"虚君共和"方案,并为之奔走。1912年,由日本归国。1917年,任段祺瑞政府财务总长。1918年,赴欧洲考察。1925年春,任清华大学国学研究院导师,致力于国民教育,对中国古代文化作了较为系统的研究整理,著有《墨子学案》、《中国佛教史》、《中国近二百年学术史》、《清代学术概论》等。1929年病逝。其著作由后人编成《饮冰室合集》一百四十八卷。

本文作于1900年,于当年2月10日发表在《清议报》第35册。文章写于戊戌变法失败之后,外不得攘,内尚未安,国家政局一片混乱，作者对中国处境表现出了无限的焦灼感，故文章中强烈地表达了建立新型"少年中国"之希望。

日本人之称我中国也，一则曰老大帝国[1]，再则曰老大帝国。是语也，盖袭译欧西人之言也。呜呼！我中国其果老大矣乎？梁启超曰：恶[2]，是何言！是何言！吾心目中有一少年中国在。

欲言国之老少，请先言人之老少。老年人常思既往，少年人常思将来。惟思既往也，故生留恋心；惟思将来也，故生希望心。惟留恋也，故保守；惟希望也，故进取。惟保守也，故永旧；惟进取也，故日新。惟思既往也，事事皆其所已经者，故惟知照例；惟思将来也，事事皆其所未经者，故常敢破格。老年人常多忧虑，少年人常好行乐。惟多忧也，故灰心；惟行乐也，故盛气。惟灰心也，故怯懦；惟盛气也，故豪壮。惟怯懦也，故苟且；惟豪壮也，故冒险。惟苟且也，故能灭世界；惟冒险也，故能造世界。老年人常厌事，少年人常喜事。惟厌事也，故常觉一切事无可为者；惟好事也，故常觉一切事无不可为者。老年人如夕照,少年人如朝阳。老年人如瘠牛[3],少年人如乳虎。老年人如僧,少年人如侠。老年人如字典,少年人如戏文。老年人如鸦片烟,少年人如泼兰地酒[4]。老年人如别行星之陨石,少年人如大洋海之珊瑚岛。老年人如埃及沙漠之金字塔,少年人如西伯利亚之铁路。老年人如秋后之柳,少年人如春前之草。老年人如死海之潴为泽[5],少年人如长江之初发源。此老年与少年性格不同之大略也。梁启超曰:人固有之,国亦宜然。

梁启超曰:伤哉,老大也!浔阳江头琵琶妇[6],当明月绕船,枫叶瑟瑟,衾寒于铁,似梦非梦之时,追想洛阳尘中春花秋月之佳趣。西宫南内[7],白发宫娥,一灯如穗,三五对坐,谈开元、天宝间遗事,谱《霓裳羽衣曲》。青门种瓜人[8],左对孺人,顾弄孺子,忆侯门似海珠履杂逦之盛事。拿破仑之流于厄蔑[9],阿剌飞之幽于锡兰[10],与三两监守吏,或过访之好事者,道当年短刀匹马驰骋中原,席卷欧洲,血战海楼,一声叱咤,万国震恐之丰功伟烈,初而拍案,继而抚髀[11],终而揽镜。呜呼,面皱齿尽,白发盈把,颓然老矣。若是者，舍幽郁之外无心事，舍悲惨之外无天地，舍颓唐之外无日月，舍叹息之外无音声，舍待死之外无事业。美人豪杰且然，而况于寻常碌碌者耶！生平亲友，皆在墟墓；起居饮食，待命于人。今日且过，遑知他日。今年且过，遑恤明年。普天下灰心短气之事，未有甚于老大者。于此人也，而欲望以擎云之手段[12]，回天之事功，挟山超海之意气，能乎不能？

呜呼！我中国其果老大矣乎？立乎今日以指畴昔[13]，唐、虞三代，若何之郅治[14]；秦皇、汉武，若何之雄杰；汉、唐来之文学，若何之隆盛；康、乾间之武功，若何之炬赫。历史家所铺叙，词章家所讴歌，何一非我国民少年时代良辰美景、赏心乐事之陈迹哉！而今颓然老矣。昨日割五城，明日割十城，处处雀鼠尽，夜夜鸡犬惊。十八省之土地财产[15]，已为人怀中之肉；四百兆之父兄子弟[16]，已为人注籍之奴[17]，岂所谓"老大嫁作商人妇"者耶？呜呼！凭君莫话当年事，憔悴韶光不忍看。楚囚相对[18]，岌岌顾影，人命危浅，朝不虑夕。国为待死之国，一国之民为待死之民。万事付之奈何,一切凭人作弄,亦何足怪!

梁启超曰:我中国其果老大矣乎?是今日全地球之一大问题也。如其老大也,则是中国为过去之国,即地球上昔本有此国,而今渐渐灭,他日之命运殆将尽也。如其非老大也,则是中国为未来之国,即地球上昔未现此国,而今渐发达,他日之前程且方长也。欲断今日之中国为老大耶?为少年耶?则不可不先明"国"字之意义。夫国也者,何物也?有土地,有人民,以居于其土地之人民,而治其所居之土地之事,自制法律而自守之;有主权,有服从,人人皆主权者,人人皆服从者。夫如是,斯谓之完全成立之国。地球上之有完全成立之国也,自百年以来也。完全成立者,壮年之事也。未能完全成立而渐进于完全成立者,少年之事也。故吾得一言以断之曰:欧洲列邦在今日为壮年国,而我中国在今日为少年国。

夫古昔之中国者,虽有国之名,而未成国之形也。或为家族之国,或为酋长之国,或为诸侯封建之国,或为一王专制之国。虽种类不一,要之,其于国家之体质也，有其一部而缺其一部。正如婴儿自胚胎以迄成童，其身体之一二官支[19]，先行长成，此外则全体虽粗具，然未能得其用也。故唐、虞以前为胚胎时代，殷、周之际为乳哺时代，由孔子而来至于今为童子时代。逐渐发达，而今乃始将入成童以上少年之界焉。其长成所以若是之迟者，则历代之民贼有窒其生机者也。譬犹童年多病，转类老态，或且疑其死期之将至焉，而不知皆由未完全未成立也。非过去之谓，而未来之谓也。

且我中国畴昔，岂尝有国家哉？不过有朝廷耳！我黄帝子孙，聚族而居，立于此地球之上者既数千年，而问其国之为何名，则无有也。夫所谓唐、虞、夏、商、周、秦、汉、魏、晋、宋、齐、梁、陈、隋、唐、宋、元、明、清者，则皆朝名耳。朝也者，一家之私产也。国也者，人民之公产也。朝有朝之老少，国有国之老少。朝与国既异物，则不能以朝之老少而指为国之老少明矣。文、武、成、康，周朝之少年时代也。幽、厉、桓、赧，则其老年时代也。高、文、景、武，汉朝之少年时代也。元、平、桓、灵，则其老年时代也。自馀历朝，莫不有之。凡此者谓为一朝廷之老也则可，谓为一国之老也则不可。一朝廷之老且死，犹一人之老且死也，于吾所谓中国者何与焉。然则吾中国者，前此尚未出现于世界，而今乃始萌芽云尔。天地大矣，前途辽矣。美哉我少年中国乎！

玛志尼者[20]，意大利三杰之魁也。以国事被罪，逃窜异邦。乃创立一会，名曰"少年意大利"。举国志士，云涌雾集以应之。卒乃光复旧物，使意大利为欧洲之一雄邦。夫意大利者，欧洲第一之老大国也。自罗马亡后，土地隶于教皇，政权归于奥国，殆所谓老而濒于死者矣。而得一玛志尼，且能举全国而少年之，况我中国之实为少年时代者耶！堂堂四百馀州之国土，凛凛四百馀兆之国民，岂遂无一玛志尼其人者！

龚自珍氏之集有诗一章，题曰《能令公少年行》[21]。吾尝爱读之，而有味乎其用意之所存。我国民而自谓其国之老大也，斯果老大矣；我国民而自知其国之少年也，斯乃少年矣。西谚有之曰："有三岁之翁，有百岁之童。"然则，国之老少，又无定形，而实随国民之心力以为消长者也。吾见乎玛志尼之能令国少年也，吾又见乎我国之官吏士民能令国老大也。吾为此惧。夫以如此壮丽浓郁、翩翩绝世之少年中国，而使欧西、日本人谓我为老大者，何也？则以握国权者皆老朽之人也。非哦几十年八股，非写几十年白折[22]，非当几十年差，非捱几十年俸[23]，非递几十年手本[24]，非唱几十年诺，非磕几十年头，非请几十年安，则必不能得一官、进一职。其内任卿贰以上，外任监司以上者，百人之中，其五官不备者，殆九十六七人也。非眼盲则耳聋，非手颤则足跛，否则半身不遂也。彼其一身饮食、步履、视听、言语，尚且不能自了，须三四人在左右扶之捉之，乃能度日，于此而乃欲责之以国事，是何异立无数木偶而使之治天下也！且彼辈者，自其少壮之时，既已不知亚细、欧罗为何处地方[25]，汉祖、唐宗是那朝皇帝，犹嫌其顽钝腐败之未臻其极，又必搓磨之，陶冶之，待其脑髓已涸，血管已塞，气息奄奄，与鬼为邻之时，然后将我二万里山河，四万万人命，一举而畀于其手[26]。呜呼！老大帝国，诚哉其老大也！而彼辈者，积其数十年之八股、白折、当差、捱俸、手本、唱诺、磕头、请安，千辛万苦，千苦万辛，乃始得此红顶花翎之服色，中堂大人之名号[27]，乃出其全副精神，竭其毕生力量，以保持之。如彼乞儿拾金一锭，虽轰雷盘旋其顶上，而两手犹紧抱其荷包，他事非所顾也，非所知也，非所闻也。于此而告之以亡国也，瓜分也，彼乌从而听之[28]，乌从而信之！即使果亡矣，果分矣，而吾今年既七十矣，八十矣，但求其一两年内，洋人不来，强盗不起，我已快活过了一世矣！若不得已，则割三头两省之土地[29]，奉申贺敬[30]，以换我几个衙门；卖三几百万之人民作仆为奴，以赎我一条老命，有何不可？有何难办？呜呼！今之所谓老后、老臣、老将、老史者，其修身齐家治国平天下之手段，皆具于是矣。西风一夜催人老，凋尽朱颜白尽头。使走无常当医生，携催命符以祝寿，嗟乎痛哉！以此为国，是安得不老且死，且吾恐其木及岁而殇也。

梁启超曰：造成今日之老大中国者，则中国老朽之冤业也。制出将来之少年中国者，则中国少年之责任也。彼老朽者何足道，彼与此世界作别之日不远矣，而我少年乃新来而与世界为缘。如僦屋者然[31]，彼明日将迁居他方，而我今日始入此室处。将迁居者，不爱护其窗栊，不洁治其庭庑，俗人恒情，亦何足怪。若我少年者，前程浩浩，后顾茫茫。中国而为牛为马为奴为隶，则烹脔鞭箠之惨酷[32]，惟我少年当之。中国如称霸宇内，主盟地球，则指挥顾盼之尊荣，惟我少年享之。于彼气息奄奄与鬼为邻者何与焉？彼而漠然置之，犹可言也。我而漠然置之，不可言也。使举国之少年而果为少年也，则吾中国为未来之国，其进步未可量也。使举国之少年而亦为老大也，则吾中国为过去之国，其澌亡可翘足而待也。故今日之责任，不在他人，而全在我少年。少年智则国智，少年富则国富；少年强则国强，少年独立则国独立；少年自由则国自由，少年进步则国进步；少年胜于欧洲则国胜于欧洲，少年雄于地球则国雄于地球。红日初升，其道大光。河出伏流，一泻汪洋。潜龙腾渊，鳞爪飞扬。乳虎啸谷，百兽震惶。鹰隼试翼，风尘吸张。奇花初胎，矞矞皇皇[33]。干将发硎[34]，有作其芒。天戴其苍，地履其黄。纵有千古，横有八荒。前途似海，来日方长。美哉我少年中国，与天不老！壮哉我中国少年，与国无疆！

"三十功名尘与土，八千里路云和月。莫等闲、白了少年头，空悲切。"此岳武穆《满江红》词句也。作者自六岁时即口受记忆，至今喜诵之不衰。自今以往，弃"哀时客"之名，更自名曰"少年中国之少年"。作者附识。

《饮冰室合集》文集卷五

【注释】

[1]老大帝国：1840年鸦片战争之后，外国人说中国是"老大帝国"，有两种意思：一是中国已经有几千年历史，是个老牌国家；二是中国思想保守落后，国家岌岌可危，是一个衰老的国家。　[2]恶（wū 乌）：感叹词，表示惊讶。　[3]瘠（jí 集）牛：瘦弱的牛。瘠，瘦弱。　[4]泼兰地酒：即白兰地酒，意为"烧制过的酒"，多为葡萄酿制，酒精浓度较高。　[5]潴（zhū 朱）：聚积的水流。　[6]"浔阳江头琵琶妇"六句：唐白居易的《琵琶行》中说他在浔阳江头碰到一位弹琵琶的女性，自陈过往，曾做过歌女，后"老大嫁作商人妇"。　[7]"西宫南内"六句：白居易《长恨歌》所写唐玄宗与杨贵妃的故事。说安史之乱后，白头宫女闲谈此事，不免唏嘘凄凉。唐元稹《行宫》说："白头宫女在，闲坐说玄宗。"西宫，太极宫。南内，兴

庆宫。唐明皇由蜀返京后,先居兴庆宫,后迁至西宫。《霓裳羽衣曲》,本名《婆罗门曲》,源出印度,开元中传入中国。一说是唐玄宗梦中所得,令乐工谱就。　　[8]"青门种瓜人"四句:《史记·萧相国世家》:"召平者,故秦东陵侯。秦破,为布衣,贫,种瓜于长安城东,瓜美,故世俗谓之'东陵瓜',从召平以为名也。"这里"青门种瓜"代指归隐田园。孺人,古代士大夫之妻称孺人。珠履,用珠子装饰的鞋子。杂遝(tà 沓),杂乱。　　[9]拿破仑之流于厄蒾:十九世纪初,拿破仑一世曾经在欧洲称霸,不可一世,后欧洲各国攻破巴黎,他被流放到厄尔巴岛。厄蒾,即厄尔巴岛,在意大利半岛和法国科西嘉岛之间。　　[10]阿剌飞之幽于锡兰:埃及爱国将领阿拉比带领埃及人民进行民族解放运动,结束了英法"双重监督制度"。后遭到镇压,失败后被俘,流放到锡兰岛上。阿剌飞,即阿拉比(1839—1911)。　　[11]抚髀(bì 蔽):《三国志·蜀书·先主传》裴注引《九州春秋》:"(刘)备住荆州数年,尝于(刘)表坐起至厕,见髀里肉生,慨然流涕。还坐,表怪问备,备曰:'吾常身不离鞍,髀肉皆消;今不复骑,髀里肉生。日月若驰,老将至矣,而功业不建,是以悲耳!'"这里是为岁月流逝而悲叹。髀,大腿。　　[12]挐(ná 拿)云:凌云。亦喻志向高远。　　[13]畴昔:往昔,过去。　　[14]郅(zhì 至)治:至治,把国家治理得太平昌盛。郅,极。　　[15]十八省:清初全国分为十八个省。光绪末年增至二十三个省。　　[16]四百兆:即四亿。一兆为一百万。　　[17]注籍之奴:被列入奴隶户籍的人。这里指失去自由者。　　[18]楚囚相对:比喻遇到强敌,窘迫无计。《晋书·王导传》载,晋元帝时,国家动乱,中州人士纷纷避乱江左。"过江人士,每至暇日,相要出新亭饮宴。周顗中坐而叹曰:'风景不殊,举目有江河之异。'皆相视流涕。惟(王)导愀然变色曰:'当共戮力王室,克复神州,何至作楚囚相对泣邪?'"　　[19]官支:五官和四肢。　　[20]玛志尼:玛志尼(1805—1872)和加里波第、加富尔并称为"意大利三杰"。曾组织意大利资产阶级革命,推翻奥地利帝国的统治,统一意大利。　　[21]《能令公少年行》:龚自珍所写的杂言诗,句如:"应客有玄鹤,惊人无白鸥。相思相访溪凹与谷中,采茶采药三三两两逢,高谈俊辩皆沉雄。"借隐逸主题抒发怡情放旷的胸怀。这里指借此情怀而永葆青春之意。　　[22]白折:朝廷应制书之一种。因由白纸折叠成册而得名。清代朝廷大考,或御史军机中书教导诸生,皆用白折。康有为《广艺舟双楫·原书》:"应制之书,约分二种:一曰大卷,应殿试者也;一曰白折,应朝考者也。"　　[23]俸:这里指官吏任职的年资。　　[24]手本:明清官场中下级见上级时用的名帖。　　[25]亚细、欧罗:指亚细亚、欧罗巴,即亚洲和欧洲。　　[26]畀(bì 必):给予。　　[27]中堂:明清时对大学士的称呼。明代大学士实际掌握宰相的权力,在内阁办公,中书居东、西两房,大学士居中,故称"中堂"。清代包括协办大学士均用此称。　　[28]乌:何,哪里。　　[29]三头两省:闽粤方言,三两个省。　　[30]奉申贺敬:送礼单上的套语,以表达敬贺之意。　　[31]僦(jiù 就)屋:租赁房屋。僦,租赁。　　[32]脔(luán 峦):小块的肉,这里用作动词,宰割。箠(chuí 垂):捶打。　　[33]矞(yù 玉)矞皇皇:指繁荣昌盛、富丽堂皇。《太玄经·交》:"物登明堂,矞矞皇皇。"　　[34]"干将"二句:这里指刚磨了锋刃的宝剑。干将,春秋时期,吴人干将、莫邪夫妻善铸剑,曾铸二剑,一名干将,一名莫邪。这里指宝剑。发硎(xíng 型),刀刃新磨。硎,磨刀石。

【解析】

　　维新变法失败之后,梁启超流亡日本,接触了当时日本译介过来的西方的新思想、新知识,更加深感祖国和自身处境都极为窘迫,加之异国人对中国直呼"老大帝国"、"东亚病夫"的轻蔑态度,使他万分激愤。于是,他以"老大"为创作切入点,希望以"少年"之气，来唤起从国民到国家政体的蓬勃发展之力。

　　他说："朝有朝之老少，国有国之老少。朝与国既异物，则不能以朝之老少而指为国之老少明矣。"于是，他推翻了中国历史上王朝更迭盛衰的历史循环论，希望建立一个新型的民主政权国家。他也深知，这种新型国家的建立，离不开新的"国民"的培养，所以他呼吁中国的年轻人不要再做"老大帝国"的改朝换代之民，不要再汲汲于旧王朝的功名利禄，而应具备世界的眼光和视野，树立新的国家观念，奋发向上，担起家国的责任，"少年独立则国独立，少年自由则国自由，少年进步则国进步"。

　　在这里要注意的是，由于特殊的写作语境，梁启超在文末提到的"中国如称霸宇内，主盟地球，则指挥顾盼之尊荣，惟我少年享之"一句中的"称霸"，应当是指发奋努力，独立自强，使国家富强，并非现在国际政治意义上的霸权主义。在本文中，"少年"也不仅仅是指我们一般所说的青春少年，而是广泛意义上的能够担负国家社会责任的青年人。

本书引用参考书目

本书目分为两部分，前一部分是引用书目，翔实胪列入选诸文所依据的古籍版本（即底本），后一部分则是参考书目，择要说明撰稿中曾参考过的当代学术著述。两部分的细目，大体按照经史子集四部分类法编次。

周易注疏　〔三国魏〕王弼　〔东晋〕韩康伯注　〔唐〕孔颖达等正义　中华书局1979年影印清阮元校刻《十三经注疏》本

周易略例　〔三国魏〕王弼撰　〔唐〕邢璹注　吉林大学出版社1992年影印《汉魏丛书》本

尚书注疏　〔西汉〕孔安国传　〔唐〕孔颖达等正义　中华书局1979年影印清阮元校刻《十三经注疏》本

毛诗注疏　〔西汉〕毛公传　〔东汉〕郑玄笺　〔唐〕孔颖达等正义　同上

礼记注疏　〔东汉〕郑玄注　〔唐〕孔颖达等正义　同上

春秋左传注疏　〔西晋〕杜预注　〔唐〕孔颖达等正义　同上

春秋公羊传注疏　〔东汉〕何休注　〔唐〕徐彦疏　同上

楚辞补注　〔东汉〕王逸章句　〔北宋〕洪兴祖补注　中华书局1983年版

论语注疏　〔三国魏〕何晏等注　〔北宋〕邢昺疏　中华书局

1979年影印清阮元校刻《十三经注疏》本

孝经注疏　〔唐〕唐玄宗注　〔北宋〕邢昺疏　同上

孟子注疏　〔东汉〕赵岐注　〔北宋〕孙奭疏　同上

四书章句集注　〔南宋〕朱熹撰　中华书局1983年版

说文解字注　〔东汉〕许慎撰　〔清〕段玉裁注　上海古籍出版
　　社1988年版

史　记　〔西汉〕司马迁撰　〔南朝宋〕裴骃集解　〔唐〕司马贞
　　索隐　〔唐〕张守节正义　中华书局点校本

汉　书　〔东汉〕班固撰　〔唐〕颜师古注　同上

后汉书　〔南朝宋〕范晔撰　〔唐〕李贤等注　同上

三国志　〔西晋〕陈寿撰　〔南朝宋〕裴松之注　同上

晋　书　〔唐〕房玄龄等撰　同上

旧唐书　〔五代后晋〕刘昫等撰　同上

新五代史　〔北宋〕欧阳修撰　同上

明　史　〔清〕张廷玉等撰　同上

国　语　〔三国吴〕韦昭注　国家图书馆出版社2006年《中华再
　　造善本》影印宋刻宋元递修本

战国策　〔西汉〕刘向集录　上海古籍出版社1985年版

贞观政要　〔唐〕吴兢撰　〔元〕戈直集论　商务印书馆1934年
　　《四部丛刊续编》影明本

史通通释　〔唐〕刘知幾撰　〔清〕浦起龙通释　王煦华校点
　　上海古籍出版社1978年版

读通鉴论　〔清〕王夫之撰　舒士彦点校　中华书局1975年版

畴人传　〔清〕阮元等撰　中华书局2011年重印《丛书集成初编》本

文史通义校注　〔清〕章学诚撰　叶瑛校注　中华书局1985年版

荀子集解　〔清〕王先谦撰　中华书局1986年重印《诸子集成》本

张载集　〔北宋〕张载撰　中华书局2014年版

传习录　〔明〕王守仁撰　中华书局2015年《王文成公全书》本

十一家注孙子校理（增订本）　〔三国魏〕曹操等注　杨丙安校
　　理　中华书局1999年版

管　子　〔唐〕房玄龄注　商务印书馆1919年《四部丛刊》影
　　宋本

商君书　〔清〕严万里校　中华书局1986年重印《诸子集成》本

韩非子集解　〔清〕王先谦撰　中华书局1986年重印《诸子集
　　成》本

齐民要术校释　〔北朝魏〕贾思勰撰　缪启愉校释　中国农业出
　　版社1998年版

黄帝内经素问　〔唐〕王冰注　〔北宋〕林亿等校正　人民卫生
　　出版社2012年版

几何原本　〔意大利〕利玛窦译　〔明〕徐光启记　王红霞点
　　校　上海古籍出版社2011年《徐光启全集》本

天演论　〔英〕赫胥黎撰　〔近代〕严复译　商务印书馆1981年版

墨子閒诂　〔清〕孙诒让撰　孙以楷点校　中华书局1986年版

吕氏春秋　〔东汉〕高诱注　中华书局1986年重印《诸子集成》本

论衡校释　〔东汉〕王充撰　黄晖校释　中华书局1990年版

颜氏家训集解（增补本）　〔北朝齐〕颜之推撰　王利器集

解　中华书局1993年版

日知录集释　〔清〕顾炎武撰　〔清〕黄汝成集释　栾保群、吕宗
力校点　上海古籍出版社2006年版

老子注　〔三国魏〕王弼注　中华书局1986年重印《诸子集成》本

庄子集释　〔清〕郭庆藩撰　王孝鱼点校　中华书局1961年版

庄子注疏　〔西晋〕郭象注　〔唐〕成玄英疏　曹础基、黄兰发
整理　中华书局2011年版

陶渊明集笺注　〔东晋〕陶渊明撰　袁行霈笺注　中华书局2003年版

陆贽集　〔唐〕陆贽撰　中华书局2006年版

韩昌黎文集校注　〔唐〕韩愈撰　马其昶校注　上海古籍出版社
1986年版

柳宗元集　〔唐〕柳宗元撰　中华书局1979年版

樊川文集　〔唐〕杜牧撰　陈允吉校点　上海古籍出版社1978年版

王黄州小畜集　〔北宋〕王禹偁撰　国家图书馆出版社2006年
《中华再造善本》影印宋刻本

范文正公集　〔北宋〕范仲淹撰　中华书局1984年《古逸丛书三
编》影印宋刻本

嘉祐集笺注　〔北宋〕苏洵撰　曾枣庄、金成礼笺注　上海古籍
出版社1993年版

欧阳修全集　〔北宋〕欧阳修撰　李逸安点校　中华书局2001年版

元公周先生濂溪集　〔北宋〕周敦颐撰　国家图书馆出版社2006
年《中华再造善本》影印宋刻本

温国文正司马公文集　〔北宋〕司马光撰　商务印书馆1919年

《四部丛刊》影印宋刻本

临川先生文集　〔北宋〕王安石撰　国家图书馆出版社2006年
　　《中华再造善本》影印宋刻元明递修本

苏轼文集　〔北宋〕苏轼撰　孔凡礼点校　中华书局1986年版

文山先生全集　〔南宋〕文天祥撰　商务印书馆1919年《四部丛
　　刊》影印明刻本

遗山先生文集　〔金〕元好问撰　同上

伯牙琴　〔元〕邓牧撰　清鲍廷博辑刻《知不足斋丛书》（第十一
　　集）本

宋学士文集　〔明〕宋濂撰　商务印书馆1919年《四部丛刊》影
　　印明刻本

宗子相集　〔明〕宗臣撰　上海古籍出版社影印文渊阁《四库全
　　书》本

七录斋诗文合集　〔明〕张溥撰　上海古籍出版社《续修四库全
　　书》影印明刻本

夏完淳集笺校　〔明〕夏完淳撰　白坚笺校　上海古籍出版社
　　1991年版

黄宗羲全集　〔清〕黄宗羲撰　浙江古籍出版社2005年版

方望溪先生全集　〔清〕方苞撰　商务印书馆1919年《四部丛
　　刊》影印清刻本

汪容甫文笺　〔清〕汪中撰　古直选注　人民文学出版社1958年版

龚定盦全集　〔清〕龚自珍撰　清光绪万木书堂刻本

曾文正公文集　〔清〕曾国藩撰　商务印书馆1919年《四部丛

刊》影印清刻本

魏源全集　〔清〕魏源撰　岳麓书社2005年版

严复集　〔近代〕严复撰　王栻主编　中华书局1986年版

饮冰室合集　〔近代〕梁启超撰　中华书局2015年版

文　选　〔南朝梁〕萧统编　〔唐〕李善注　中华书局1977年影印清胡克家刻本

六臣注文选　〔南朝梁〕萧统编　〔唐〕李善、吕延济、刘良、张铣、吕向、李周翰注　中华书局2012年影印《四部丛刊》宋刻本

周易译注　黄寿祺、张善文撰　上海古籍出版社2004年版

周易译注　周振甫译注　中华书局1991年版

尚书校释译论　顾颉刚、刘起釪著　中华书局2005年版

白话尚书　周秉钧译注　岳麓书社1996年版

诗经译注　周振甫译注　中华书局2002年版

礼记译解　王文锦著　中华书局2001年版

春秋左传注（修订本）　杨伯峻编著　中华书局1990年版

左氏会笺　〔日〕竹添光鸿著　巴蜀书社2008年版

春秋公羊学讲疏　段熙仲著　南京师范大学出版社2003年版

论语本解（修订版）　孙钦善著　三联书店2013年版

论语译注　杨伯峻译注　中华书局2009年版

孟子译注　杨伯峻译注　同上

孟子研究　董洪利著　江苏古籍出版社1997年版

史记会注考证　〔日〕泷川资言考证　〔日〕水泽利忠校补　上海

　　古籍出版社1986年版

史记斠证　王叔岷著　中华书局2007年版

国语集解　徐元诰集解　中华书局2002年版

战国策集注汇考　诸祖耿著　江苏古籍出版社1985年版

管子集校　郭沫若、闻一多、许维遹撰　科学出版社1956年版

管子校注　黎翔凤校注　中华书局2004年版

商君书锥指　蒋礼鸿撰　中华书局1986年版

传习录注疏　邓艾民注　上海古籍出版社2012年版

孙子译注　李零译注　中华书局2009年版

论衡校读笺识　马宗霍著　中华书局2010年版

老子道德经注　〔三国魏〕王弼注　楼宇烈校释　中华书局2008
　　年版

老子注译及评介　陈鼓应著　中华书局2006年版

帛书老子校注　高明校注　中华书局1996年版

屈原集校注　金开诚、董洪利、高路明校注　中华书局1996年版

王弼集校释　楼宇烈校释　中华书局1980年版

吕氏春秋注疏　王利器著　巴蜀书社2002年版

观堂集林　王国维著　中华书局1959年版

说文解字通论　陆宗达著　中华书局2015年版

黄帝内经研究大成　王洪图总主编　北京出版社1997年版

国故论衡疏证　章太炎撰　庞俊、郭诚永疏证　中华书局2008年版

先秦文学史参考资料　北京人学中国文学史教研室选注　中华书
　　局1962年版

两汉文学史参考资料　同上

魏晋南北朝文学史参考资料　同上

中国通史参考资料（古代部分第一至二册）　何兹全主编　中华
　　书局1962年版

中国通史参考资料（古代部分第三册）　唐长孺主编　中华书局
　　1965年版

中国通史参考资料（古代部分第四册）　董家遵主编　中华书局
　　1965年版

中国通史参考资料（古代部分第五册）　邓广铭主编　中华书局
　　1982年版

中国哲学史资料选辑（魏晋隋唐之部）　中国社会科学院哲学研
　　究所中国哲学史研究室编　中华书局1982年版

中国哲学史资料选辑（宋元明之部）　中国社会科学院哲学研究所
　　中国哲学史研究室编　中华书局1982年版

中国哲学史教学资料选辑　北京大学哲学系中国哲学史教研室
　　选注　中华书局1981年版

周易古史观　胡朴安著　上海古籍出版社2005年版

尚书学史（订补本）　刘起釪著　中华书局1996年版

春秋学史　赵伯雄著　山东教育出版社2004年版

王禹偁事迹著作编年　徐规著　商务印书馆2003年版

中国思想通史　侯外庐主编　人民出版社1960年版

宋明理学　陈来著　华东师范大学出版社2004年版

中国近世思想史研究　陈来著　三联书店2010年版

后 记

2015年春李克强总理在国务院参事、中央文史馆馆员座谈会上，倡议编纂一部关于中国传统文化的文选，这个倡议得到馆员们热烈的响应。参事室党组将这项工作确定为当年的重点工作，召集馆员和馆外专家就此进行深入研讨，并迅速成立了组委会和馆内外专家共同组成的编委会。

编委会确定了选文的范围、读者对象、时限、体例等等。经过会上和会下的反复研究，最终确定了101篇作品。

此后，编委们指定了一些助理，这些助理都有博士学位，他们在编委的指导下起草初稿，编委审阅后，主编和副主编再逐字逐句地反复修改，最后由主编会议定稿。承担出版任务的中华书局接到稿件后，又认真加以审校，连同编委和主编，本书前后共经九审三校才付印。

所选文章的内容不仅包括哲学、社会科学，还涉及科学技术、中外关系、军事思想等诸多领域，尤其注重那些关乎修身立德、治国理政、申张大义、嫉恶刺邪，以及亲情伦理的传世佳作。

前人的文选中流行较广的《古文观止》编成于康熙三十四年（1695），是为当时的学童编纂的带有启蒙性的读物，所选文章到明代为止。《古文辞类纂》编成于乾隆四十四年（1779），选文以唐宋八大家为主，代表桐城派古文学家的观点。《经史百家杂钞》编成于咸丰十年（1860），所选文章绝大部分都是宋以前的，明代以后只有两篇清人的文章。就《经史百家杂钞》而言，从编成至今